한국과 국제사회

;

세계 속의 한국

한국과 국제사회; 세계 속의 한국

1판 1쇄 찍은날 2013년 2월 25일
1판 1쇄 펴낸날 2013년 2월 28일
지은이 소치형
펴낸이 송희영

펴낸곳 건국대학교출판부
등록 / 제 4-3 호(1971. 6. 21)
주소 / 143-701, 서울시 광진구 능동로 120 건국대학교
전화 / (02)450-3891～3
팩스 / (02)457-7202
홈페이지 / http://press.konkuk.ac.kr
e-mail / press@konkuk.ac.kr

찍은곳 ㈜동화인쇄공사

정가 13,000원

ISBN 978-89-7107-557-9 93340

이 도서의 국립중앙도서관 출판시도서목록(CIP)은 서지정보유통지원시스템 홈페이지(http://seoji.nl.go.kr)와 국가자료공동목록시스템(http://www.nl.go.kr/kolisnet)에서 이용하실 수 있습니다.(CIP제어번호: CIP2013001147)

한국과 국제사회
;
세계 속의 한국

소치형 저

건국대학교출판부

머리말

국제사회는 냉전적 양극질서를 벗어났음에도 불구하고 세계적인 불안과 위기는 계속되고 있다. 이미 탈냉전 시기가 도래했지만, 각국은 매년 수천 억 달러의 군사비를 지출하고 있다. 핵무기는 어떠한 평화 구실도 될 수 없음에도 불구하고 확산일로에 있다. 시간과 장소를 가리지 않고 발생하는 테러사태와 제3세계의 빈국을 중심으로 '자유와 공정한 분배를 위한 개혁과 혁명' 분위기는 계속 만연하고 있다. 게다가 현재 세계 인구는 70억을 헤아리고 있고, 40년 후에는 두 배로 증가할 것이므로 벌써부터 식량 · 식수 · 질병 · 환경오염 등이 매우 심각한 지구촌의 과제로 등장하고 있어 해결책 마련을 요청하고 있다. 이는 미 · 소가 이끌던 양극질서의 국제정치체제가 무너지고, 세계 문제를 주도해 나갈 수 있는 독보적인 행위 주체가 존재하지 않는 가운데 냉전체제 이후의 새로운 국제질서가 형성되는 과정의 모습이다.

국제정치의 현재와 미래가 불확실하다고 해서 개별 국가들이 이기적 · 충동적 욕구에만 집착하면 '만인의 만인에 대한 투쟁'의 홉스적 행동양식만이 정당화되므로 결국 지구촌에는 평화와 질서가 자리 잡지 못하게 된다. 특히, 강대국들이 자신의 배타적 이익에만 급급, 약소국의 미래에 불확실성을 확산시킨다면 약육강식이라는 정글 법칙만이 정률(定律)로서 자리매김하게 될 뿐이다. 이는 바로 국제사회의 규범 · 도덕 · 윤리의 사장(死葬)을 뜻한다. 만일 강대국들이 힘에 의존하여 국제질서의 게임 규칙을 자의대로 운영해 나간다면, 이는 국제사회 운명을 매우 비관적으로 만들게 할 것이다.

그러나 다행히 지구촌 사회의 곳곳에서는 '세기적 발상의 전환'을 요청하는 목소리가 점차 커다란 반향을 불러일으키고 있다. 냉전 이후의 국제사회에서는 인류의 공존공영과 평화와 안전 등과 관련하여 '삶의 질적 향상'에 대한 비전이 다양하게 제기되는 가운데 '공동운명체 의식'의 바탕이 점차 확대되고 있다. 새로운 국제질서 속에서 화해 · 교류 · 협력의 시대적 정신이 새로운 가치관의 정립을 고취시켜 나가고 있다. 과거의 정치 · 군사 · 이데올로기가 지녔던 상극성이 점차 희석되는 가운데 경제의 상호의존성과 문화 콘텐츠 공유 그리고 지식가치의 중요성이 더욱 강조되고 있다.

그러나 한반도는 여전히 '냉전의 고도'로서 남아 있으며, 남북한은 이념과 체제가 다르다는 이유로 대립 · 갈등이라는 냉전 유산의 잔재를 털어내지 못하고 있다. 불행하게도 21세기에 와서도 한반도와 그 주변에서 발생하고 있는 핵개발과 영유권 시비 등 일련의 긴장과 대결 분위기는 탈냉전의 미래를 비관하게 만들고 있다. 이는 국제정치질서의 변화가 우리에게 무엇을 요구하며, 무엇을 해야 할지와 관련된 심원한 과제를 부여하고 있음을 뜻한다.

이 책은 이러한 문제의식에 바탕하여 대학 교양교재로서 그리고 일반인 교양서로서 씌어졌다. 국내의 출판 환경이 매우 어려운 데도 불구하고, 이 책의 발간에 도움을 주신 건국대학교출판부 여러분께 깊이 감사드린다.

2013년 2월

晩翠 蘇 致 馨

차 례

제1장
지속가능 발전의 지구촌사회

1. 환경문제(Environmental Issues)

1972년 ≪로마클럽 보고서≫는 세계적 자원의 고갈, 생태계 파괴, 생존조건의 피폐화 등으로 인하여 '성장의 한계(limits to growth)' 현상을 화두 삼아 세계인의 관심을 촉발시켰다. 이에 따라 지구촌의 구명정(救命艇) 신세 등이 국제사회에서 심각한 주제로 대두되어 왔다.

지구상의 물질, 에너지와 생물은 각기 서로 작용하면서 균형을 유지하고 있다. 그러나 환경을 무시한 인류의 무분별한 개발활동의 여파로 물질과 에너지 그리고 생물의 균형이 붕괴되고 있다. 지구환경의 위기는 에너지 자원의 고갈, 삼림파괴, 지구온난화, 생물종의 멸종 등을 초래하고 있다. 지구환경의 개선을 위해 그린피스* 등의 환경단체 활동 지원도 필요하고, 사인별로 각각 대책을 세워야 하지만, 각각의 현상이 상호

* 그린피스(Greenpeace): 1970년 캐나다에서 결성된 국제적인 환경보호 단체이다. 핵실험 반대 및 자연보호 운동을 목적으로 한다. 본래 프랑스 핵실험을 반대하기 위해 발족했고, 고래 보호 단체로도 유명하다. 그 후 원자력 발전 반대, 방사성 폐기물 해양투기 저지운동 등 폭넓은 활동을 했다. 그린피스는 1985년 7월 일어난 레인보우 워리어(Rainbow warrior) 폭파 사건으로 세계에 알려졌다. 그린피스 소속의 대표 선박인 레인보우 워리어호는 히로시마 원폭투하 40주년을 기하여 1985년 8월 6일에 프랑스 핵실험기지인 폴리네시아 무루로아 환초 일대를 시위 항해할 예정이었으나, 7월 10일 뉴질랜드 오클랜드 항에 정박 중에 폭파 침몰되었다.

밀접하게 연계되어 있기 때문에 보다 근본적인 장기 대책을 수립해야 하는데 이에는 개별국가 차원이 아닌 전 지구 차원에서의 논의와 공동 대응이 필요하다. 이런 환경 속에서 1982년 유엔환경계획(UNEP) 회의는 '지속가능 발전(sustainable development)'을 제기하여 '현재의 필요를 충족시킴에 있어서 미래세대가 필요를 충족시킬 능력을 저해하지 않는 것'이라고 규정지었다.

(1) 오존층 파괴(Depletion of Ozone Layer)

성층권에 분포해 있는 오존은 지구환경에 중요한 역할을 하고 있다. 오존층에서는 자외선이 잘 흡수되기 때문에 결국 유해한 자외선을 차단하는 커튼 역할을 하고 있다. 즉, 오존층에 의해 태양광선 속의 유해 자외선이 차단되어 지상의 생물이 존재할 수 있는 것이다. 오존층이 파괴되어 자외선이 증가하게 되면 인간에게 피부암, 피부 노화, 백내장 증가 등을 유발시키며 식물에게는 생육장애를 일으킨다.

이러한 오존층은 인간이 대기에 방출하고 있는 프레온 가스 등에 의해 점점 파괴되어 가고 있다. 1930년대 개발된 이래 헤어스프레이, 냉장고의 냉매, 세정제로 쓰이는 프레온은 1950년대부터 생산이 급증했다. 1986년 NASA는 남극 상공에 오존 구멍이 뚫린 사실을 발표했다. 이 발표는 세계 여론을 불러일으켜 이에 대한 국제적 대처방안을 마련하게 되었다. 1989년 〈오존층 보호를 위한 비엔나 협약〉이 발효되었고, 한국은 1993년에 가입한 바 있다. 오존에 관한 국제적 합의는 환경문제에 대한 국제적 협조의 가장 좋은 사례로 간주되고 있다.

(2) 지구의 온난화(Global Warming)

지구가 더워지고 있다. 최근 100년 동안 섭씨 0.5도의 지구온난화가 진행되었다고 한다. 이와 같은 지구 온난화의 주된 원인은 이산화탄소를 비롯하여 메탄, 프레온가스 등 인류가 자연계에 방출하고 있는 기체의 대기중 농도가 증대되었기 때문이다. 월드워치연구소(Worldwatch Institute)에 따르면, 현재 최대 이산화탄소 배출 국가는 한 해 13억 7천만 톤을 토해내는 미국이며, 그 뒤를 중국과 러시아가 뒤따르고 있다.

선진국과 주요 개도국들이 이산화탄소를 비롯한 온실가스를 뿜어내는 동안 지구는 몸살을 앓고 있다. 최근 엘니뇨와 라니냐는 물론 허리케인과 토네이도 등의 잦은 발생과 기상이변은 지구 온난화와 밀접한 관련이 있다는 전문가의 연구가 나오고 있다. 21세기 말에는 기온이 현재보다 섭씨 2도 가량 더 상승할 것으로 보이며, 농작물 피해와 해수면 상승과 같은 악영향이 우려되고 있다.

(3) 산성비(Acid Rain)

석탄, 석유 등 화석 에너지의 연소 때에 발생하는 배기가스로 인해 발생하는 산성비는 산성도(酸性度)가 높아 산림을 황폐화시키고 호수를 오염시키게 된다. 이러한 산성비 문제는 선진국의 공업지대 주변의 문제에서 벗어나 이제는 전 지구 차원의 문제로 확대되고 있다. 산성비 문제는 규제조치와 탈황기술에 의해 그 피해를 사전에 어느 정도 방지할 수 있다.

예를 들어, 자동차 배기가스 개선책과 저유황 무연휘발유 판매 등 석유의 탈황기술 발달로 선진국에서는 이미 적극적으로 시행되고 있다. 그러나 개도국에게는 그 비용부담이 크므로 장차 해결해야 할 과제가 되고 있다. 우리나라의 경우 인접한 중국과의 환경협력이 장차 주요 과제가 될 것으로 보인다.

(4) 생물다양성(Biodiversity)

생물다양성이란 지구상의 생태계에서 살아가는 동식물과 유기물의 다양함을 의미한다. 이 말은 생명체의 다양성이 모든 생물체의 생존에 중요하다는 점을 부각시킬 때 쓰인다. 약 6,500만 년 전 공룡이 일시에 멸종되었던 경우를 제외하고는 20세기에 들어서 지구 역사상 가장 많은 생명체가 멸종되었다고 한다. 이런 추세라면 2020년경에는 지구상 생명체가 약 20% 멸종될 것이라는 예측도 나오고 있다.

생명체의 감소는 농업, 축산업, 어업 등에 종사하는 사람들에게 생존문제와 결부되어 있기 때문에 생명체의 멸종은 단순히 적자생존의 원리에 따른 일부 동식물이 사라지는 것이 아니라 농업을 비롯하여 생태계 그리고 생존의 기반 자체가 무너짐을 의미한다.

(5) 환경호르몬(Environmental Hormone)

환경호르몬은 인간의 정자수를 감소시키고, 성(姓)에 의한 동물의 역할을 혼란스럽게 만드는 것으로 알려진 물질이다. 다이옥신, PCB, DDT, 농약 등 합성 화학물질이 대표적이며, 이들은 정상적인 호르몬의 기능을 혼란시켜 성기의 기형, 생식기능의 저하, 발육장애 등을 유발한다.

환경호르몬은 먹이사슬과 생태계 전체를 훼손함으로써 인간이 딛고 살아야 하는 터전을 손상시킨다. 농약을 많이 뿌린 채소나 과일을 먹으면 그만큼 인체 내에 환경호르몬이 축적된다. 지난 1998년 노르웨이 북극지역에서는 수컷과 암컷의 성기를 모두 가진 백곰 새끼들이 발견되어 전세계를 놀라게 했다. 원인은 환경호르몬의 일종인 폴리염화페닐(PCB) 중독으로 판명되었다.

(6) 리우회의, 의제21(Lio Conference, Agenda21)

1992년 6월 브라질의 리우데자네이루에서 개최된 유엔환경개발회의(United Nations Conference Environment and Development; UNCED)에서 〈리우 선언〉과 〈의제 21(Agenda21)〉이라는 환경과 개발에 관한 포괄적인 문서가 채택되었다. 이 문서는 유엔의 주관 아래 모든 국가가 참여하여 합의의 정신에 의해 채택되었으며, 앞으로 전개될 모든 무역, 환경관련 협상도 포함될 것이다. 리우 선언에는 '지속가능 개발(sustainable development)'이라는 개념이 도입되었는데, 이는 지속 가능한 개발과 현재의 개발이 장래 세대의 생존 및 복지를 저해하지 않는 범위 내에서 행해져야 함을 의미한다. 기후변화 협약, 생물다양성 협약, 사막 방지화 협약 등

세 가지 환경협약의 발효는 리우 회의의 중요한 상과로 볼 수 있다.

2. 식량문제

인류는 생활을 향상시키고 유지하기 위하여 자원을 필요로 한다. 인간 생활이 향상됨에 따라 욕구의 범위가 증대되고 그와 동시에 많은 양의 자원을 소비하게 된다. 하지만 자원의 한계는 유한하고 인간의 욕구는 무한함에 따라 문제가 발생한다. 국제사회의 분쟁의 역사는 냉전 이후 정치/경제/인종/종교/지정학적인 문제와 더불어 자국의 이익과 생존을 지키기 위한 식량 및 에너지자원을 확보하고, 자원에 대한 배타적인 영향력을 행사하기 위한 노력이 심화되고 있다. 즉 냉전이 붕괴된 후 자국의 이익이라는 개별적인 현실문제가 대두되면서 국제사회의 정치 경제 분야는 새로운 전환기에 직면하고 있다.

오늘날 세계는 필연적으로 서로에게 의지할 수밖에 없다. 자원의 문제에 있어서 핫 이슈가 되는 것은 석유자원과 식량자원이다. 세계화라는 추세에서 식량자원과 석유자원 문제의 심각성은 개별국가만이 아니라 세계의 경제문제와 환경문제 나아가서는 세계전쟁이라는 문제에까지도 확산되고 있다.

(1) 인구와 식량문제

식량 부족문제에서 가장 큰 위협은 인구 증가문제에 기인한다. 지금은 견딜 수 있는 식량재고가 있다고 하나 — 아프리카 등의 식량 부족문제는 제외 — 매년 약 1억의 인구가 증가하고 있는 실정을 심각하게 고려해야 한다. 13억 중국 인구와 8억 인도 인구는 국제곡물가격의 상승과 밀접하게 연관되고 있다. 따라서 최근 각국 정부는 해외에서의 곡물 확보에 외교적 총력전을 전개하고 있다.

한편 식량문제의 정치/군사화 문제도 갈수록 국제적 관심의 대상이 되고 있다. 주요 곡물 수출국은 실제로 정치적 및 군사적 수단으로서 국제 협상 테이블에서 식량이라는 카드로 우위를 점하고 있기도 하다.

미국, 유럽, 캐나다 등의 선진국 수출국의 5대 곡물메이저(카길, 콘티넨탈, 드레퓌스, 붕게, 앙드레)가 세계 곡물의 85%를 지배하고 있으므로 식량 수입국들은 발언권이 거의 없고, '울며 겨자 먹기' 식으로 이들의 정책에 대해 따르고 있는 형편이다.

(2) 식량위기의 원인

주요 원인으로서는 식량수요의 증가, 소득의 증대, 그리고 대체/재생에너지개발에 기인한다. 특히 인구가 폭발적으로 증가하는 데 따라 곡물수요도 그만큼 증가하고 있는 현실은 기본적 생활권을 지키게 힘들게 하고 있다.

세계인구는 식량연쇄단계라는 관점에서 세 가지 범주로 구분된다.

식량연쇄단계란 종자를 사서 농민이 재배한 농작물이 소비자의 입에 들어가기까지의 과정을 의미한다.

① 세계인구 중 가장 부유한 5분의 1인 10억 정도는 축산물로 배를 채우고 있다(대부분 북아메리카, 유럽, 일본, 오스트레일리아, 아르헨티나 등지에서 생활).

② 나머지 40억은 소득이 향상되는 저소득 혹은 중간소득 국가군에서 생활하고 있는데, 이들은 연쇄단계를 끌어올리려고 하고 있다. 다시 말해 곡물의 추가 사용이 필요한 대상이다.

③ 소득이 증가하지 않는 빈곤국가 10억(대부분의 아프리카 나라)은 연쇄단계를 끌어올리려고 하지만 능력이 없는 실정에 처해 있다.

(3) 식량위기의 대안

실천적 대안으로는 ① 식물 생장에 필요한 환경적 요인의 중요성 인식, 적극적인 대안 강구, ② 환경문제는 개별국문제가 아닌 지구의 모든 문제와 연관되므로 이산화탄소의 배출 억제, ③ 인구, 수자원 문제 등 여러

문제도 동시 고려, ④ 화력이 아닌 풍력, 태양열 등 대체/재생 에너지 개발, ⑤ 산아제한, ⑥ 지하수의 과다 사용 억제 등이 있다.

3. 에너지문제

세계적인 에너지 수요의 증대 추세에 비추어 볼 때, 에너지 문제는 지구적 차원에서 공동으로 대응해야 할 중요한 과제이다. 경제협력개발기구(OECD) 산하 국제에너지기구(IEA)의 보고서에 따르면, 2040년이 되면 석유가 완전히 고갈될 것이라고 한다. 매년 평균 2%의 세계 석유소비 증가율로 보아 전 세계에 매장되어 있는 1조 376억 배럴의 석유가 40년이면 바닥난다는 계산이다. 1995년에 석유가 세계 에너지 공급원의 40%를 차지했으며, 2020년에도 에너지 공급에서 석유 의존도가 38%에 이를 것으로 전망되는 반면에, 수력이나 풍력 등 대체 에너지의 비중은 2020년에도 1995년과 똑같은 3% 수준에 불과할 것이라는 전망이다.

현재 세계 인구는 70억으로, 특히 세계 인구의 3/4을 차지하는 개발도상국에서의 인구팽창과 1인당 에너지 소비량 상승으로 에너지 수요 증가율이 선진국보다 훨씬 빨리 상승하고 있다. 특히 아시아 지역은 2020년까지 석유 소비 증가율이 연평균 4%에 달할 것으로 전망되며, 1996년 44%의 수입 의존도에 비해 2020년에는 86%를 역외 수입해야 할 것으로 에너지기구는 전망하고 있다.

그동안 낮은 유가와 세계 경기의 회복으로 세계적으로 에너지 수요가 증대되었으나 1999년 OPEC를 중심으로 한 석유 감산합의 이행으로 당시 국제유가는 30달러 수준에 육박하였다. 석유는 에너지의 대표 상품이기 때문에 국제유가의 변동은 세계 전체의 에너지 수급에 큰 영향을 미친다. 석유 자원이 지구의 일부 지역에 편재되어 있고 중동산 석유에의 의존도가 높아서 장차 석유 공급문제를 포함한 에너지의 안정적 수급문제는 경제안보 차원에서 석유 소비국의 큰 걱정거리이다. 석유, 석탄 등 화석 에너지의 대량 소비로 지구는 환경오염, 산성비, 지구온난화 등의 문제에 직면해 있다.

(1) 재생 가능 에너지

자연 상태에서 만들어진 에너지를 일컫는 것으로, 재생 가능 에너지의 종류는 매우 다양하다. 가장 흔한 것이 태양 에너지이고, 그밖에도 풍력, 수력, 생물자원(바이오매스), 지열, 조력, 파도 에너지 등이 있다. 재생 가능 에너지의 종류는 여러 가지가 있지만, 이것들의 대부분은(99.98%) 태양으로부터 온 것이다. 바람은 공기가 태양 에너지를 받아서 움직이기 때문에 생기고 물의 흐름도 햇빛을 받아 증발한 수증기가 비가 되어서 내려오기 때문에 생긴다. 파도나 해류도 바닷물이 햇빛을 받아 온도차가 일어나기 때문에 생긴다. 나무도 광합성을 통해서 만들어지는 것으로 태양 에너지가 변형된 것이다.

재생 가능 에너지 중에서 태양 에너지와 크게 상관없는 것은 조력과 지열이다. 조력은 조수를 이용하는 것인데, 조수는 달이 지구를 잡아당기는 힘에 의해서 생긴다. 지열은 지구 내부의 열로 인해서 생긴다. 재생가능에너지의 기술적 범위는 태양 너지, 풍력, 수력 발전, 바이오 연료도 매우 범위가 넓다. 기후변화 문제의 심화와 화석연료의 고갈 등으로 재생 가능 에너지의 중요성과 비중은 점차 증가하고 있다.

(2)연료전지

연료전지는 수소를 공기 중 산소와 화학 반응시켜 전기를 생성하는 미래 동력원이다. 물을 전기분해하면 수소와 산소로 분해된다. 반대로 수소와 산소를 결합시켜 물을 만들면 이때 발생하는 에너지를 전기 형태로 바꿀 수 있다. 연료전지는 이 원리를 이용한 것이다. 연료전지 구성은 전해물질주위에 서로 맞붙어있는 두 개의 전극봉으로 구성돼 있으며 공기 중의 산소가 한 전극을 지나고 수소가 다른 전극을 지날 때 전기화학반응을 통해 전기와 물, 열을 생성하는 원리이다. 화학적 반응에 의해 전기를 외부로부터 공급 받으므로 배터리와는 달리 충전이 필요 없고, 연료가 공급되는 한 전기를 발생시킨다. 또 연료의 연소반응 없이 에너지를 발생시키기 때문에 기존의 내연기관과 달리 유독공해물질의 배출이 없고 이산화탄소배출량도 획기적으로 줄일 수 있으며 소음이 거의 없다. 에너지효율도 50%로 기존의 내연기관 30%보다 높다.

(3) 셰일 가스(Shale Gas)

탄화수소가 풍부한 셰일층(근원암)에서 개발, 생산하는 천연가스를 말한다. 셰일이란 우리말로 혈암(頁岩)이라고 하며, 입자 크기가 작은, 진흙이 뭉쳐져서 형성된 퇴적암의 일종으로 셰일 가스는 이 혈암에서 추출되는 가스를 말하는 것이다. 전통적인 가스전과는 다른 암반층으로부터 채취하기 때문에 비전통 천연가스로 불린다. 유전이나 가스전에서 채굴하는 기존 가스와 화학적 성분이 동일해 난방용 연료나 석유화학 원료로 사용할 수 있다.

보통 천연가스는 셰일층에서 생성된 뒤 지표면으로 이동해 한 군데에 고여 있는 것이지만, 셰일 가스는 가스가 투과하지 못하는 암석층에 막혀 이동하지 못한 채 셰일층에 갇혀 있는 가스다. 따라서 일반적 의미의 천연가스보다 훨씬 깊은 곳에 존재하고 있으며, 암석의 미세한 틈새에 넓게 퍼져 있는 것이 특징이다.

셰일 가스는 미국 · 중국 · 중동 · 러시아 등 세계 31개국에 약 187조 4,000억m^3가 매장되어 있는 것으로 추정되는데, 이는 전 세계가 향후 60년 동안 사용할 수 있는 양이다. 경제적, 기술적 제약으로 채취가 어려웠던 셰일 가스는 2000년대 들어서면서 미국을 중심으로 물과 모래, 화학약품을 섞은 혼합액을 고압으로 분사하는 수압파쇄법과 수평정시추 등이 상용화되면서 신 에너지원으로 급부상하고 있다. 2010년 북미 지역의 셰일 가스 생산량은 2000년에 비해 15.3배나 확대되었으며, 미국은 2009년 이후 러시아를 제치고 천연가스 1위 생산국에 등극하였다.

4. 수자원 위기(Water Resources Crisis)

지구촌의 물 부족사태는 물을 무한한 자유재에서 희소한 경제재로 바꿔놓고 있다. 21세기가 개발도상국에게는 물 전쟁 시대가 될 가능성이 크다면, 선진국에게는 물 거래 시대가 될 것으로 예상되고 있다. 지구상에 물이 무제한적으로 공급된다고 믿고 있지만 그것은 잘못된 생각이다.

전 세계적으로 필요한 깨끗한 물은 지구 전체 수량의 0.5%도 되지 않는다. 나머지는 바닷물이거나 빙하로 결빙된 상태이다. 물의 세계소비는 인구 성장률의 두 배 이상으로 매 20년간 두 배씩 증가하고 있다. 유엔 통계에 따르면, 지구상의 10억 명 이상이 이미 식수 부족에 직면하고 있다. 이러한 추세가 지속된다면 2025년에는 식수의 수요가 현재보다 56% 이상 증가할 것으로 전망된다.

수자원 부족의 여파는 자칫 세계 지역정세의 불안정 요소가 될 수도 있다. 세계 곳곳에서 수자원 분쟁이 일어나고 있으며, 특히 중동지역의 수자원 전쟁 가능성이 가장 높다. 터키와 이라크, 시리아 3국의 분쟁이 가장 대표적인 사례이다. 터키는 국토가 황무지로 바뀌는 '사막화 현상'을 겪어 왔다. 결국 자국에서 발원하는 티그리스, 유프라테스 강에 댐을 지어 수자원 확보에 나서려 하지만, 이는 두 강에 전적으로 의존하고 있는 하류의 이라크와 시리아를 위협하는 행위이다. 지난 1967년 중동전쟁도 이스라엘, 요르단, 시리아, 레바논 등에 걸쳐 흐르는 요르단 강의 수원지 확보 분쟁이 도화선이었다. 요르단의 고(故) 후세인 국왕은 이스라엘이 요르단의 물 공급을 통제하기 때문에 이스라엘과의 유일한 전쟁 유발 요인은 물이 될 것이라고 언급한 바 있다.

5. 인구문제

유엔인구기금(UNFPA)에 따르면, 세계 인구는 2011년 말 현재 70억을 이미 능가하였고, 21세기 중반 경에는 100억을 넘어설 것으로 보인다. 세계 인구는 1800년에 10억에서 160년 후인 1960년에는 30억, 1987년에는 50억을 돌파했다. 세계의 연평균 인구증가율은 1.4%로 매년 약 9천만 명이 증가하고 있으며, 1초에 3명씩 늘어나고 있는 셈이다. 인구가 증가하고 지역은 중동 및 북아프리카 지역으로 이 지역의 평균 인구증가율은 3%에 달한다. 실제로 인구증가율이 높은 지역은 모두 개발도상국이거나 가난한 나라이다. 이러한 개도국들의 급격한 인구증가는 환경 오염, 빈곤 심화와 식량, 식수, 에너지 부족 등을 초래한다. 사람들의 숫자가 늘어날수록 지구 환경의 질(質)은 계속 떨어질 것이다.

인구증가와 더불어 또 다른 심각한 문제는 세계 인구의 노령화 현상이다. 인구 구성비로 볼 때, 1985년 기준으로 선진국에서는 15세 이하 어린이들이 전체 인구의 22%를 차지하는 한편 개도국에서는 37%에 이른다. 특히 아프리카에서는 전체 인구의 45%가 어린이들이다. 노령인구는 선진국이 16%, 개도국이 7%로 구성되어 있어서 앞으로 노령화 현상이 모든 나라에서 진행될 것으로 보인다. 특히 일부 유럽국가와 북아메리카, 일본 등에서 노령인구의 비율이 급증하고 있다.

노령인구의 증대는 연금, 의료혜택 등 더 많은 사회복지 혜택을 필요로 할 것이고 정부의 재정에 큰 부담으로 작용할 것이다. 유엔의 인구문제 전문가들은 22세기까지 계속 인구가 증가하여 116억에 도달할 것으로 전망하고 있다. 지구의 수용능력과 자원의 고갈현상 등의 문제에 비추어 볼 때, 인구문제는 인류의 생존과 번영을 위해 지구차원에서 다뤄져야 할 당면 과제이다.

6. 남북문제

현재 지구 전체 인구의 78%가 개도국에 밀집해 있다. 세계 인구증가의 약 94%가 그곳에서 이루어지고 있다. 특히 이들 국가에서 취약한 사회복지제도로 인해 인구증가에 따른 환경, 범죄, 도시로의 인구집중 등의 문제가 심각한 상황이다. 현재와 같이 지구적 불평등이 심각한 상태에서 인구증가는 빈곤문제를 극도로 악화시킬 것이다. 현재 약 13억의 인구가 하루 1달러 정도의 식비로 생활하는 극빈층에 속하고 있다. 이들은 식료품 값이 조금만 올라도 곧 바로 생존의 위협에 직면한다.

빈곤과 기아에 가장 먼저 희생당하는 계층은 어린이와 여성들이다. 가난과 인구문제 그리고 여성의 지위는 매우 밀접하게 연관되어 있다. 1980년대 중반부터 인구문제 전문가들은 경제개발, 인구증가, 빈곤, 여성의 지위, 보건복지, 환경보존 사이에 밀접한 연관성이 존재한다는 사실에 공감대를 형성하였다. 이에 따라 유엔도 인구증가, 빈곤문제, 환경개선이 이제 가난한 나라들만의 문제가 아니며, 공평한 분배를 위한 개혁과제(분배적 정의문제)는 지구차원에서 논의되어야 할 사안으로 인식하고 '새천년개발목표(Millennium Development Goals; MDGs)'를 제시하였다.*

7. 세계화의 명암

지구촌 전체로 볼 때, 대략 20%의 상위권 사람들만이 안정된 일자리를 가지고 윤택한 생활을 누리면서 자아실현을 할 수 있으며, 나머지 80%에 달하는 대다수는 실업 상태 혹은 불안정한 일자리와 싸구려 음식 등으로 그럭저럭 살아갈 수밖에 없는 현실, '20대 80의 사회(Society in 20 versus 80)'에 처해 있다.

1993년에 발간된 유엔개발프로그램(UNDP)의 보고서에 의하면, 당시 60억에 달하는 세계 인구 중에서 전 세계 소득의 84.7%를 차지하는 사람

* 192개 회원국들이 2015년까지 달성키로 합의한 8개항의 국제계발목표는 ① 절대적 빈곤 및 기아의 근절, ② 보편적 초등교육 실시, ③ 양성평등의 증진 및 여성의 권리강화, ④ 유아 사망의 감소, ⑤ 임산부 건강의 개선, ⑥ 에이즈, 말라리아, 기타 질병의 퇴치, ⑦ 환경의 지속가능성 보장, ⑧ 개발을 위한 글로벌 파트너십 발전 등이다.

들이 주로 선진국에 거주하는 부유층 상위 20%의 인구인 반면에, 하위 20%의 사람들은 전 세계 소득의 1.4% 수준으로 근근이 생활해 가고 있거나 아니면 최악의 상황에서 기아선상에 놓여 있는 형편이다.

신국제경제질서의 대두, 자원민족주의, 신보호무역주의, UR 및 WTO, 신자유주의의 등장 이래 국제적인 부의 편중으로 인해 세계화의 향후 질서에 대한 부정적 견해가 최근 세계금융위기와 경제위기와 맞물려 확대일로에 놓여 있다.

8. 종교, 인종, 소수민족문제

이란·이라크 전쟁, 이스라엘·팔레스타인 분쟁, 영국·아일랜드 분쟁, 러시아와 체첸 간의 무력분쟁, 코소보 분쟁, 사이프러스 분쟁, 수단을 비롯한 아프리카 여러 국가들에서의 인종분쟁과 폭동사태, 중국내에서의 소수민족 분리독립문제, 필리핀/인도네시아/스리랑카 등지에서의 무장독립운동 등의 원인으로 수억 명이 기초생활에 심각한 위협을 받고 있다.*

9. 테러문제

9·11테러 사태를 비롯한 중동 여러 지역과 이스라엘, 이라크, 파키스탄, 아프가니스탄, 인도네시아 등지에서의 지속적이고 연쇄적인 테러가 발생하고 있다. 또한 세계 곳곳에서 비군사적 테러 발생 가능성이 상존하고 있는 실정이다. 2013년 1월에도 알제리에서 알카에다와 관련된 무장단체가 서방측 인질을 포함한 수십 명의 인질살해 사건이 발생했다.

---

* 내전과 가난에 찌든 나라들의 고통에 대하여 유엔은 2004년부터 매년 '세계가 귀 기울여야 할 10가지 이야기'를 발표해 오고 있다.

10. 군축문제

미·소 군축회담이 결실을 보아 SALT Ⅰ-Ⅱ 및 START Ⅰ-Ⅱ가 체결되었다.* 그러나 이미 보유 중인 수만 개의 핵탄두는 여전히 제거되지 않고 있으며, 북한을 비롯하여 이란 등은 여전히 국제적 핵확산 노력을 무시하는 가운데 핵무기 개발에 나서고 있다. 오늘날 지구촌사회는 거대한 화약고로서 전 세계는 해마다 약 1조 달러의 군사비를 지출하고 있는데, 냉전 종식 이후에도 불구하고 국제사회는 이전보다 전쟁방지문제에 더욱 많은 노력을 경주해야 할 형편에 놓여 있다.

11. AIDS 및 마약문제

전 세계적으로 마약 거래액이 매년 약 5천억 달러에 달하고 있다. 또한 에이즈문제는 국제적 공조가 불가피한 세계적 문제로 취급되고 있다.

12. 동서문제

이데올로기문제와 관련하여, 제2차 세계대전 이후 월남에서의 사상전은 장기화를 초래하였고, 미국과 중국의 관계정상화는 이념이 다른 적대적 공존에서 평화공존으로서의 전환을 기록하였다. 탈이념의 탈냉전시

---

* 1972년 5월 미국의 닉슨 대통령과 브레즈네프 소련공산당 서기장은 전략무기제한 협정(SALT I)을 체결했다. 이 협정으로 양국의 대륙간탄도탄(ICMB)과 잠수함 발사 탄도탄(SLBM) 수가 당시 수준으로 동결되었다. 1979년 6월 카터 대통령과 브레즈네프 사이에 SALT II가 체결되었으나 미국 의회가 비준을 거부함으로써 사문화되었다. 전략무기협정은 보유 무기 숫자의 상한을 정하는 협정이지만 1991년 부시 대통령과 고르바초프 대통령이 서명한 전략무기감축 협정(START I)은 핵무기 수를 줄이는 더욱 진전된 조치였다. 이 협정에 따라 양국은 향후 7년에 걸쳐 보유 핵무기를 각각 6,000~7,000기 수준으로 낮추었다. 1993년 1월 부시 대통령과 옐친 대통령이 START II를 체결, 2003년까지 전략핵무기 수를 각각 3,000~3,500기 수준으로 감축키로 합의했다.

대에 접어들면서 공산권의 해체 및 붕괴로 인해 서방세계의 가치관이 우위를 확보하게 되었다. 그러나 세계문제를 윤리적으로나 도덕적으로 총괄해서 책임질 유력한 행위자가 부재한 가운데 이데올로기보다는 힘과 패권을 중심으로 하는 강대국이 등장하는 현상이 나타나고 있다. 동북아에서는 중국과 일본의 헤게모니 쟁탈전처럼 힘의 우열경쟁이 여전히 지속되고 있는 실정이다.

제2장 국제정치체제의 전환

1. 양극체제의 형성과 특징

양극체제는 제2차 세계대전 이후 나타난 국제정치체제의 하나이다. 양극체제는 여러 가지의 측면에서 전쟁 전의 세력분포와는 대단히 다른 면을 보여주었다. 전쟁의 결과로 기존의 국제정치를 좌우하면서 주요 행위자로서 영향력을 행사해 왔던 영국·독일·프랑스 등 유럽의 전통적 강대국들이 국제권력정치의 장에서 퇴장하고, 전쟁 수행과정에서 일약 세계적 강대국으로 부상한 미국과 소련은 국제정치 무대에서 명실상부한 주역으로 등장하였다. 미국과 소련은 제각기 자국을 중심으로 하는 세력권을 형성하면서 여러 가지의 요인에 의해 점차 적대세력으로서의 대결자세를 표방하게 되었다. 이처럼 제2차 세계대전 이후 미국과 소련에 의해 국제질서가 양분·형성된 것이 양극체제의 주된 성격이 되었다. 즉, 미국과 소련의 이질적 양극성(polarity)이 국제정치에서 새로운 규범으로 정착되었다.

1) 양극체제의 형성 배경과 과정

전후 양극체제가 등장할 수 있었던 제1차적 배경은 미국과 소련이 유럽에서 그들의 관심사를 논의하는 데에서 합의를 이루었기 때문이다. 제2차 세계대전이 발생하고 미국이 참전을 결정하면서 1941년 8월 루즈벨트(F. D. Roosevelt) 대통령과 처칠(W. Churchill) 수상이 대서양헌장(Atlantic Charter)에 서명한 후 스탈린(J. Stalin)도 이에 서명함으로써 추축국의 삼국동맹에 대한 연합전선이 형성되었다. 미국과 소련은 이를 계기로 하여 동맹관계에서 연합국의 승리를 위해 공동으로 노력하였고, 이에 따라 소련과 20년 간 유효한 군사동맹조약을 체결하였다.

루즈벨트 대통령은 전후 서구에서 힘의 공백을 메울 수 있는 국제사회의 새로운 질서를 모색하였다. 그리하여 적절한 국제정치체제가 없다는 데 착안하여 전후의 세계평화를 유지하기 위한 국제정치체제를 구상하였다. 그러한 구상의 내용은 1815년 나폴레옹체제가 붕괴된 이후 유럽 강대국들로 구성되었던 유럽협조체제를 모방한 19세기형의 세력균형체제였다. 미국의 구상은 연합국의 동맹관계를 주축으로 하는 국제질서였는데, 이것을 '위대한 계획(great design)'이라고 한다. 이 계획은 미국과 소련의 동의를 얻었을 뿐만 아니라 성공적인 실천을 위해 공동으로 노력할 것을 보장받았다. '4개 국가 경찰체제(four policemen)'라고 불리는 이 계획은 미・영・소 3개 국가와 중국을 포함시켜 세계평화를 보장하기 위해 군사력을 독점하여 패전국과 기타 국가의 안전에 대한 위협요소와 세계평화에 대한 파괴행위를 저지하는 데에서 4개 국가가 협력체제를 구축하자는 내용이었다. 이를 위한 실천방법으로서 '위대한 전략(great strategy)'이 루즈벨트에 의해 구상되었다.

미국은 유럽의 정치문제와 중요한 지역문제의 해결을 위한 집단적 정책결정제도를 고안했는데, 그것이 곧 '위대한 전략'이었다. 루즈벨트는 전후 연합국이 효율적으로 협력하고 단결을 지속시킬 수 있는 새로운 협조체제(new concert system)의 결성을 시도하였다. 이러한 구상에는 소련의 합법적인 안전을 염두에 둔 것이 사실이다. 다시 말해서, 전후 동유럽에서의 모스크바의 절대적인 영향력을 양해한다는 것을 의미하였다. 이처럼 미국과 소련의 이해일치는 제2차 세계대전이 수행되는 과정에서 일시적·부분적으로 가능하였다.

양극체제가 형성될 수 있었던 두 번째 배경으로는 미국의 소련에 대한 정책 변화를 지적할 수 있다. 제2차 세계대전의 전개과정에서 보여준 미국과 소련의 협력관계는 점차 포위(encirclement)와 봉쇄(containment)라고 하는 현실 정치개념에 의해 변질되어 갔고, 나아가 각기 자신을 옹호하는 이데올로기와 결부된 사활적인 국가이익의 충돌사태를 야기하여 결국 '냉전(cold war)'이라는 새로운 국제질서를 형성하게 되었다. 미국과 소련은 자국을 중심으로 하는 하나의 극(極)을 둘러싸고 배타적인 유인력을 행사하고 제각기 진영을 결속하는 것에 대외정책의 최우선 순위를 두었다. 그것은 양 진영 가운데 광범위한 힘의 공백지대를 서로 경쟁적으로 장악하기 위해서 힘의 우위를 확보하고자 하는 냉전논리를 정당화하는 것으로 나타났다.

특히 미국과 소련이 전후문제의 처리를 둘러싸고 이견을 보이기 시작한 것은 폴란드 문제에 관한 〈얄타(Yalta) 협정〉의 해석을 둘러싸고 비롯되었다. 루즈벨트 대통령 사후에 집권한 트루먼(H. S. Truman) 대통령은 당초 전임자의 정책을 답습하고자 하였기 때문에 소련과 기존의 협력관계를 지속시키기 위해 국내에서의 내소(對蘇) 강경론에 대해 뚜렷한 반응을 보이지 않았다. 그러나 고위관리들이 소련에 대해 강경하게 대처해야 한다는 것을 거듭 건의하고, 미국의 세계 경찰국가로서의 역할과 임무를 강조함에 따라 대소정책의 전환을 모색하게 되었다.

전후 소련주재 미국 대사였던 케난(George Kennan)이 소련에 대한 경계를 강조하였고, 다른 지역에 파견된 미국 관리들도 소련의 침략적인 팽창주의 정책을 우려하는 내용의 보고서를 국무성에 제출하였다. 국무성은 케난에 대해 소련의 행위에 관한 보고서를 제출하도록 요청하였다. 이에 케난은 러시아의 역사와 마르크스·레닌주의에 기초하여 소련의 행위를 철저히 배타적이고 침략적이며 비협조적인 것으로 묘사하여 소련에 대해서는 강경하게 대처해야 한다는 전문을 타전하였다. 그리고 1946년 여름 대통령 특별보좌관인 클리포드(Clark Clifford)는 트루먼의 요청에 따라 ≪미 · 소 관계(American Relation's with the Soviet Union)≫라는 극비보고서를 작성하였는데, 그 역시 케난의 전문 내용을 인용하여 소련의 호전성과 침략정책을 경계할 것을 주장하였다. 약 10만 자에 달하는 클리포드의 보고서는, 소련의 정책은 세계 공산화에 있다는 것과, 그리스와 터키에 대한 소련의 위성국 시도 등에 관해 기술한 것이었다. 그리고 미 · 영의 제휴와 군사력 강화 및 핵전쟁 수행능력 보유, 미국의 세계 경찰국가로서의 임무 부여 등을 강조하였다.

이와 같이 미국 내에서의 현실주의론이 점차 강력하게 대두됨에 따라 트루먼의 대소정책도 서서히 윤곽을 드러내기 시작하였다. 트루먼은 루즈벨트의 '위대한 계획'이나 '위대한 전략'을 포기하지 않으면서 대소(對蘇) 전술적 차원에서 강경입장을 취하기 시작하였다. 그는 먼저 대소 전술을 바꾸고, 다음으로 전략을 변경시켰으며, 끝으로 정책을 전환시키는 방법을 택하였다. 이에 따라 트루먼 대통령은 소련으로부터의 위협을 과장하였고, 소련에 대한 나쁜 이미지를 확산시켰으며, 미 · 소 간 절박한 투쟁을 대대적으로 선전하게 되었다. 봉쇄정책의 변화는 보다 구체적인 원칙 및 교리(doctrine)를 표방하게 했는데, 그것은 1947년에 발표된 '트루먼 독트린(Truman Doctrine)'과 봉쇄정책을 대표하는 '마셜 플랜(Marshall Plan)'이었다.

트루먼 대통령에 의해 정형화된 봉쇄정책은 1949년 중화인민공화국이 수립되고, 1950년 한국전쟁이 발생함에 따라 전 세계적인 규모로 확대되었으며, '봉쇄정책의 세계화'라는 형태로 유럽과 아시아에 대한 미국의 대외정책을 한 파일에 철하게 만들고 말았다. 이러한 미국의 작용에 대해 반작용은 소련에 의해 제기되었으며, 그 결과 냉전체제는 한때 쉽게 붕괴될 수 없는 '철의 장막'과 '죽의 장막'을 내리치는 결과를 초래하였다.

양극체제를 형성하게 된 세 번째 배경은 소련이 직접적인 위협세력이 아님에도 불구하고, 또한 소련의 주도 아래 미·소 간의 적대관계를 형성하지 않았음에도 미국이 소련에 대한 명백한 적대정책을 전개하는 것으로 인식했던데 기인하였다.

소련은 미·소의 대립이라는 갈등관계의 측면에서 볼 때, 1947년까지 미국에 대한 도전이나 위협의 가능성이 없었으며, 실제로 그와 같은 시도도 하지 않았다. 또한 소련은 국제평화에 도전하는 팽창정책을 추진하지도 않았을 뿐만 아니라 그러한 여력도 갖지 못했다. 그러나 미국의 정책에 대한 소련의 반응도 역시 힘의 대결양식으로 나타나게 되었다. 소련은 1947년 9월 이미 결성된 국제연합과 북대서양조약기구(NATO)에 대항하기 위해 바르샤바에서 동유럽 9개 국가의 정상회담을 개최하여 코민포름(Communist Information)을 결성하고, 한편으로 스탈린의 극단주의가 구체적으로 표출됨으로써 동유럽은 점차 공산화되어 소련의 위성국으로 전락하기 시작하였다.

미국을 비롯한 자본주의 세력의 공산주의 세력에 대한 봉쇄정책은 공산권의 '자본주의 세력의 포위(capitalists encirclement)' 개념을 정당화하게 만들었다. 그리하여 미국과 소련의 현실주의적 정책관은 점차 적대감의 상승작용을 가져오게 되었고, 한국전쟁을 계기로 냉전체제는 보다 확고한 특징을 굳히게 되었다.

2) 양극체제의 구조적 특징

양극체제의 현실은 미국과 소련으로 대표되는 두 강대국이 그들의 동맹세력과 위성국가들 간의 양극적 대치를 통하여 실전의 위협과, 냉전적 긴장과 대결의 지속으로 일관되었다. 전쟁 전 서유럽을 중심으로 전개되었던 다극적 국제사회는 미국과 소련에 의해 통제되는 양극체제로 대치되었다. 양극체제는 각기 자본주의 대 공산주의의 생활양식 가운데 한 가지를 선택해야 하는 결단을 촉구함으로써 흑백논리에 의한 진영내부의 단결과 결속을 견지하였다. 전후 국제사회의 힘의 구조는 미·소 양국에 의해 양분되었고, 양국의 투쟁사는 직접대결이 아닌 간접대결 형태로 점철되었다.

'미국과 소련 주도에 의한 세계평화(Pax Russo-Americana)'가 구조적으로 틀지어진 체제적 특징은 무엇인가 하는 것이 국제질서의 한 패턴으로서의 양극체제를 이해하는 데에 도움이 되리라 여겨진다.

첫째, 정치적 측면에서의 특징이다. 양극체제는 자유민주주의 국가와 공산주의 국가 간의 대립과 항쟁을 하나의 특징으로 한다. 정치적 이념과 입장을 근본적으로 달리하는 국가들 사이의 적대적 관계로 인해 과거 19세기 국제정치체제에서 볼 수 있었던 협력관계는 조성될 수 없었다. 이와는 반대로 한 진영 내부에서의 상호 협력과 의존 관계는 그 어느 체제에 비해서도 급속하게 강화되었다. 그것은 공동의 적(common enemy)에 대항하기 위해서는 공동보조의 일치가 요청되었기 때문이다. 따라서 미국을 정점으로 하는 자유주의 진영과 소련을 중심으로 하는 공산주의 진영이 세계 대부분의 국가를 양분시켰다. 그리고 양극체제에서는 미국의 이득은 소련의 손실이고, 소련의 이득은 미국의 손실이라는 '제로섬 게임(zero-sum game)' 원칙에 따라 양국은 극한적으로 대립되었다. 이처럼 세계는 정치적으로 양분되어 쉽게 붕괴되지 않는 철벽이 형성되었으며, 미국과 소련은 한쪽의 보호자 역할을 담당하였다.

둘째, 경제적 특징으로 들 수 있는 것은 양극체제하에서는 제각기 별개의 시장을 이룬다. 자유주의 진영은 자본주의 체제를 근간으로 하는 하나의 시장을 형성하였고, 공산주의 진영은 사회주의 체제를 기본 바탕으로 하는 다른 하나의 시장을 구성하였다. 그리하여 세계의 경제시장도 양분되었고, 진영 상호 간의 교역과 교류는 엄격하게 통제될 수밖에 없었다. 전쟁 전의 강대국들은 전화(戰禍)로 인해 국력이 피폐되고 말았으나, 미국과 소련은 전쟁의 상처에도 불구하고 국제적인 강대국으로 변신하여 각 진영의 경제력을 좌우하였다.

셋째, 군사적인 면에서의 특징이다. 세계적인 쟁점과 문제를 해결할 수 있는 유일한 힘의 원천은 미국과 소련에 의해 양분되었다. 진영 내부의 국가들은 자국의 안보를 위해 자의든 타의든 진영 내 지도국의 안보공약이나 군사개입에 의존하지 않을 수 없었다. 미국은 소련의 팽창주의적 호전성을 극복하기 위해 힘에 바탕하는 세계적인 규모의 봉쇄정책을 전개하였다. 이에 따라 북대서양조약기구(NATO)를 비롯하여 동남아조약기구(SEATO), 중앙조약기구(CENTO), 앤저스동맹(ANZUS), 그리고 각국과 개별적으로 쌍무적인 군사조약 및 군사동맹조약을 체결하였다. 이에 반해 소련도 자본주의 진영의 포위망 구축정책에 대항하기 위하여 바르샤바조약기구(WTO)를 포함하여 공산주의 국가와의 다양한 안보조약과 군사동맹조약을 맺음으로써, 세계는 군사적인 봉쇄와 포위로부터의 탈출이라는 어지러운 군사적 대립양상을 노정시키게 되었다.

넷째, 이념적인 특징을 지적할 수 있다. 서방의 자유민주주의와 소련권의 공산주의는 정치적 이데올로기로서의 논리적 명분뿐만 아니라 체제유지의 정통성도 제공하였다. 미국과 소련은 자신들이 표방한 이데올로기야말로 진영 내부 구성원들의 이익과 안전, 평화, 질서를 보장해 줄 수 있는 것으로 확신하여 배타적 세력권을 구축하는 데에서 정당성의 근거로 제시하였다. 미국과 자본주의 진영은 국제질서의 원리를 자본주의와 민주주의로 표방하였고, 소련과 공산주의 진영은 공산주의와 사회주의를 국제주의의 불변적 원리로 선전함으로써 이념적인 주도권 쟁탈을 전개하였다.

다섯째, 양극체제에서는 제3의 세력, 즉 균형세력이 존재하지 않았다. 초강대국 미국과 소련이 중심이 되어 형성한 냉전구조는 이들 세력권의 이해관계를 조정할 수 있는 3자적 세력의 존재가 허용될 수 없었다. 이에 따라 양대 진영은 적나라한 권력행사에 아무런 장애가 없었다. 제3세력이 출현할 수 없었던 상황에서 국제사회의 가치와 부 그리고 평화는 오직 양대 진영을 대표하는 미국과 소련에 의해 독점되고 말았다.

여섯째, 식민지 지배체제가 급속하게 붕괴되어 갔다. 과거 영국·독일·프랑스 등에 의해 지배되었던 세계 각 지역의 민족들이 독립을 획득할 수 있었고, 민족해방운동이 전개됨에 따라 제국주의적 식민지체제는 와해되고 말았다. 물론 이러한 사태 진전의 중요한 동기 중의 하나는 아시아·아프리카·중동에 있는 여러 민족의 자각이었다. 이와 함께 미·소 간의 이데올로기적인 대립·경쟁이 지속되는 가운데 양국은 모두 제국주의적 지배체제를 제각기 다른 의도에서 배격하였다. 미국과 소련은 식민지 지배를 반대하였고, 제3세계의 반식민지운동과 반제국주의 운동은 그들 나름의 이념적 기반을 쌓는 데 기여하게 되었다. 이른바 비동맹운동의 발달은 식민지 지배체제가 붕괴되는 것과 궤를 같이하여 성장해 왔으며, 양대 진영 어디에도 소속되거나 구애됨이 없이 상당 기간에 걸쳐 착실히 성장해 왔다.

2. 양극체제의 와해

1950년대 국제사회의 특징이 미국과 소련에 의한 극한정책(brinkmanship)의 대결이었다면, 1960년대의 특징으로는 힘에 의존한 권력정치의 양극성이 앞의 시기에 비하여 호소력과 설득력을 상실한 상태에서 이루어졌다고 볼 수 있다. 그것은 미국과 소련이 국제사회의 가치와 힘을 더 이상 독점적으로 향유할 수 없는 근본적인 변화에 직면하게 되었다는 것을 의미한다. 1960년대의 가장 큰 특징의 하나는 중국이 국제무대에서 무시할 수 없는 핵보유국으로 등장했다는 것과, 중국과 소련 간에 돌이킬 수 없을 정도의 심각한 분쟁이 일어났다는 점이다. 이러한 의미에서 양극체제가 2점반체제(two and a half system)로 변모된 것으로 지칭되기도 했다. 말하자면, 미·소 초강대국 관계 사이에 중국이라는 반(半)강대국이 포함됨으로써 유럽 및 기타 지역에서는 여전히 양극체제가 존속하였지만, 동아시아, 특히 동북아시아에서는 다극체제가 형성되기 시작했다는 것을 뜻한다. 그리고 미·소의 양극질서가 군사적인 면에서는 존속되었으나, 비군사적으로는 다극질서가 유지되었다는 의미로 소개되기도 했다.

이러한 상황에서 양대 진영의 구성원들과 주변국들은 민족적 이익과 주장을 높여갔고, 진영의 단결보다는 자주성의 증대를 모색하였다. 종래와 같은 경직된 이데올로기 대립은 완화되었으며, 교조적인 정책은 후퇴하였다. 이와 관련해서 가장 강조되어야 할 것은 중국이 핵을 보유하게 됨으로써 소련으로 하여금 국제적인 쟁점, 특히 유럽에서의 긴장완화를 모색하도록 자극했다는 사실이다. 중국의 등장에 대한 미·소의 정책평가가 동일하지는 않았으나, 양국의 대중(對中)정책이 전환되기에 이르렀고, 미·소는 상대국에 대한 종전의 이미지와 상호관계에서 개선의 필요성을 느끼게 되었다. 1960년대의 국제정치환경의 변화는 이처럼 강대국간의 대외정책 변화와 밀접히 관련되는 하나의 전환점을 가져다주었다. 양극체제의 붕괴가 가능했던 요인을 크게 두 가지로 지적하고자 한다.

1) 미국과 소련의 정세관의 일치

세계 전략적 측면에서 볼 때, 1960년대 초까지 지켜져 왔던 미국의 절대적이고 우월한 지위는 서서히 무너지기 시작하였다. 미·소 간 국방비 및 대륙간탄도미사일(ICBM) 보유수가 점차 비슷해짐에 따라 군사면에서의 격차는 좁혀지게 되었다. 이처럼 핵군비에서도 미국이 절대우위를 지키지 못하게 되었고, 또한 미·소의 군사적 정면충돌은 서로간의 자살행위를 의미하게 됨으로써, 미·소의 이러한 전략적 균형은 자연히 동맹국에 대한 미국의 안보 공약을 불확실하게 만들었다.

미국의 상대적인 전력 약화는 대외정책 변화에 결정적으로 작용하였다. 1960년대 중반부터는 미국을 중심으로 했던 경제질서가 서서히 붕괴되기에 이르렀으며, 정치·경제적 영향력도 점차 감소되었다. 미국의 군사적·경제적 역량의 상대적 약화는 정치적 영향력의 감소를 수반하지 않을 수 없었으며, 국제사회에서 미국의 위치에도 변화를 가져올 수밖에 없었다.

다른 한편으로 소련은 이 시기를 전후하여 핵시대의 대외전략을 수립하였다. 흐루시초프(N. Khrushchyov)는 1956년에 개최된 제20차 소련공산당대회에서 레닌주의의 '전쟁은 불가피하다'는 명제와 스탈린주의의 '고립과 경감될 수 없는 적대감(isolation and unmitigated hostility)'이라는 명제를 수정함으로써 대외정책 변화를 시사하였다. 그리고 종래 '자본주의 세계의 포위' 개념을 포기하고, 낙관적인 사회주의 진영의 승리를 확신하였다. 이러한 소련의 입장 변화는 양 진영 간에 힘의 균형이 이루어지는 데에 대한 신념에 근거하였다.

한편 소련의 정책 변화를 자극했던 모스크바의 외교적 실패사례는 ① 1960년대 소련경제의 침체로 인한 동유럽에 대한 영향력 감소, ② 동유럽 하위체계의 정치적 분열, ③ 중국의 진영 이탈, ④ 국제 공산주의 운동의 와해, ⑤ 제3세계 관계 개선 조정, ⑥ 쿠바사태로 인한 소련의 위신 추락, ⑦ 중부 유럽에서의 정치적 해결책의 상실, ⑧ 1967년의 중동전 종결이 소련에게 불리하게 이루어진 것 등이다. 이와 같은 배경하에서 1960년대 후반부터 소련은 대외정책에서 새로운 전기를 모색하게 되었는데, 브레즈네프(L. Brezhnev) 정권은 대외정책의 기초를 강력한 군사력의 구축에 두었다. 그 주요 내용은 국방예산의 대폭 증액, 대미 핵 균형, 해군력 확장, 중·소 국경지대에 100만 명 이상의 군사력 집결, 무력에 의한 체코사태 진압 등 강경일변도의 정책으로 나타났다. 이와 같은 소련의 강경노선의 배경에는 분명히 대미 경쟁관계에서 어느 정도의 균형을 이룰 수 있다는 전략적 고려가 작용했을 것으로 판단된다.

소련의 태도 변화는 자국의 세력권 내에서는 초강경자세로 임하는 한편, 대미관계에서는 유연한 온건자세를 취한다는 이중성에서 나왔다. 소련이 온건한 대외정책을 취하게 된 요인으로는 ① 현실적인 사고, ② 서방 선진 여러 국가의 장기적인 과학·기술 협력 의사, ③ 대미·대중 양면적인 정치투쟁 회피, ④ 서구에서의 정치적 영향력의 증대를 희망한 것 등이다. 구체적인 온건정책의 실례는 ① 1969년 11월 제1차 전략무기제한회담(SALT I) 개최, ② 1971년 8월 서독·소련 간의 조약 체결, ③ 1971년 베를린에 관한 4개 국가의 협정 체결, ④ 1972년 5월 닉슨 대통령의 최초의 방소와 미·소 기본관계에 관한 협정 조인, ⑤ 1973년 5, 6월 브레즈네프의 서독 및 미국 방문 등을 들 수 있다.

이러한 양국의 대외행위에서의 온건한 제스처는 국제문제에 관한 대체로 일치된 정세관을 반영하였다. 그리하여 미·소 양국은 극한적인 대립의 위험이 가져다주는 결과에 대해 우려하게 되었고, 이러한 대립이 양국에게 이익이 되지 못한다는 데에 견해의 일치를 보여 동서화해(détente)에 합의하게 되었다.

2) 미국과 소련 진영 내부에서의 도전세력의 성장

제2차 세계대전의 폐허 속에서 착실하게 성장을 거듭해 온 서유럽 국가들은 전후 초기 미국의 안보 공약과 경제원조에 힘입어 비약적인 발전을 가져왔다. 서유럽 국가들의 경제성장은 부수적으로 정치적 대미 입장을 강화시킬 수 있게 되었다. 서유럽 국가들은 ① NATO의 본질과 가치에 대해 근본적으로 새로운 평가를 내리게 되었다. ② 두 개의 지역 중심적인 경제구역(the European Economic and the European Free Trade Association)을 설치하였다. ③ 대미 무역협정 체결에서 미국 쪽의 양보를 서슴지 않고 주장하였다. ④ 미국의 대중남미 정책에 반대하여 이 지역에 대한 미국의 제한조치를 거부하였다. ⑤ 미국의 입장에 따라 해결되어 온 국제문제를 서유럽의 참여하에 해결할 것을 주장하게 되었다. ⑥ 유럽도 미·소와 마찬가지로 강한 대륙이 되어야 한다는 드골식의 주장에 동조하였다. 이와 같은 전후의 상황변화 속에서 서유럽은 미국의 제약으로부터 벗어나 미국의 외교적 행위를 어느 정도 규제할 수 있는 힘을 갖게 되었다. 이러한 탈미 자주화 경향은 서유럽 국가들의 여러 가지 영향력의 증대에서 기인하였다고 보아야 할 것이다.

소련의 경우도 예외는 아니었다. 즉, 공산권 내부에서의 다중심주의(polycentrism)가 소련의 영도권에 대한 도전의 징후로서 대두되었으며, 중국의 마오쩌둥(毛澤東)과 유고의 티토(J. B. Tito)는 소련의 지배에 대한 저항으로서 '다양한 사회주의의 길'을 천명하고 나섰다.

3. 긴장완화체제

국제정치 변화의 한 과정으로 나타난 동서 간의 긴장완화는 핵억지라는 기본적인 군사정책의 기반 위에서 성립되었다. 미·소 양국의 국가이익이 군사적인 방법에 의해서가 아니라 정치적 대안에 의해 보장된다는 현실에서 출현한 데탕트체제 — 화해체제 또는 긴장완화체제 — 는 다음과 같은 특징을 가진다.

첫째, 양극체제에서는 핵무기가 미국과 소련에 의해 양분·독점되었지만, 데탕트체제에서는 핵무기의 확산이 이루어졌다.

둘째, 양극체제에서는 이데올로기의 이질성이 국가 간의 행동을 좌우하는 결정적 요인의 하나였으나, 데탕트체제에서는 그러한 이념적 차이가 그렇게 중요한 것이 되지 못함이 인정되었다. 중·소의 경우를 볼 때, 오히려 동질적인 이데올로기를 신봉하였음에도 불구하고 상호 간에 적대되는 관계를 유지해 왔다.

셋째, 양극체제에서는 우방국과 적대국의 구별이 명확하였지만, 데탕트체제에서는 그러한 구분이 불분명해졌다.

넷째, 양극체제에서는 세계시장이 두 개로 분열되었으나, 데탕트체제에서는 시장이 점차 단일화되어 가는 경향을 보였다.

다섯째, 제3세계 국가들은 이른바 비동맹세력을 형성하여 유엔을 비롯한 국제기구에서 종래 이루어진 서구적 국제질서에 대하여 정면으로 도전하기 시작하였다.

여섯째, 양극체제에서는 배척되어 왔던 평화공존 원칙이 데탕트체제에서는 일반적 대외정책의 기조와 행동원리로서 수락되었다.

이러한 점에서 볼 때, 데탕트체제는 대립의 측면에서 중·소관계의 대결을, 대화의 측면에서는 미·중 관계의 개선이라는 두 개의 모순된 인식에 의하여 전개되어 왔음을 알 수 있다.

군사적인 측면에서 보면, 데탕트체제의 기저에는 미·소의 압도적인 우위가 작용하고 있었음을 부인할 수 없다. 따라서 양극체제가 지녔던 기본성격의 하나가 여전히 유지되었으며, 미·소는 초강대국이라는 지위에 어울릴 수 있는 입장에 놓여 있었다. 특히, 핵무기에서 미·소의 절대적인 우위는 군사적 양극성의 실제를 여실히 입증해 주었다.

외교적인 측면에서 볼 때, 데탕트체제에서는 대결보다는 대화를 선택하고, 군사적 수단보다는 외교적 수단을 중시하였다. 외교적 수단을 선호한다는 것은 데탕트체제 속에서 상호 간의 접촉이 확대되어 전개될 수 있고, 국제적 분쟁을 해결하거나 국제평화를 유지하는 데에서 대단한 신축성을 가졌음을 의미한다. 이러한 신축성은 종래까지 적대국으로 경원해 왔던 국가에 대해서 대화의 문호를 개방하고, 상호 대표를 파견하며, 좀 더 나아가서는 경제교류와 기술협력을 약속하는 것 등으로 나타났다.

이념적 측면을 살펴보면, 탈이데올로기적 특성이 두드러지게 나타났다. 그러나 주목해야 할 것은 공산주의의 경우 이데올로기 그 자체의 중요성이 결코 무시되지는 않았다는 것이다. 더욱이 이러한 사실은 중·소 양국이 자국의 사회주의 건설방법이 마르크스·레닌주의의 정통성을 계승한 것이라고 고집함으로써 중·소분쟁의 한 원인이 되었던 바처럼, 이념적 가치의 중요성이 결코 소홀히 취급될 수 없음을 시사해 준다. 그러나 다른 한편으로는 동서 화해가 양극체제에 비하여 이데올로기적으로 호전성을 배제하였음을 보여주었다. 미·소 간의 화해뿐만 아니라 미·중 및 일·중 사이의 접근과정에서도 이러한 면이 부인할 수 없는 사실로 나타났다.

데탕트체제에서 볼 수 있는 흥미로운 것은 어떤 문제에서는 미·소가 서로 합의하는가 하면, 미국과 소련이 중국이나 또는 서유럽 국가들과 대립되는 경우이다. 이것은 드문 예이긴 하지만, 가령 미·영·소 사이에 체결한 부분핵실험금지조약이라든지 또는 핵확산 방지를 둘러싼 중국과 프랑스의 태도 등에서 입증되었다.

미・소의 공포의 핵균형과 중・소분쟁의 부산물로서 나타난 데탕트체제는 군사적 대결의 정치적 대결로의 전환을 의미했다. 그러므로 비군사적 수단에 의한 정치적 목표의 달성이라고 하는 내재적 본질이 지적될 수 있다. 이러한 목적의식 아래 데탕트체제가 가져다 준 획기적 성과의 하나가 1975년 8월에 이루어진 헬싱키 회담이다. 이 회담에는 미・소를 포함한 35개 국가의 대표들이 참석하여 유럽평화헌장*을 채택하였다.

유럽안보협력회의(Conference on Security and Cooperation in Europe; CSCE, 이후 1995년 1월부터 유럽안보협력기구, 즉 OSCE로 개칭)라고도 불리는 이 회담의 성격은 전후 발생한 여러 국제분쟁이나 국제정치적 이슈를 현상유지의 선에서 동결을 지으려는 미・소의 정책적 합의가 이끌어 낸 결과라고 보인다.

이상에서 살펴본 데탕트체제의 특성은 데탕트, 즉 긴장완화라고 할지라도 그것은 강대국의 군사력의 기반 위에서 존립하였음을 보여주었다. 비록 미・소 양국이 상당한 대가를 지불하고서라도 직접적인 군사적 무력행사보다는 정치적인 방법으로 대외행위를 조정하긴 했으나, 이는 마치 중국이 계속해서 비난해 온 것처럼 소련의 팽창주의를 파악하지 못하는 환상에 불과한 측면도 있었음을 간과할 수 없다. 분명한 것은 데탕트 그 자체도 강대국의 국가이익에 관련된 또 다른 하나의 명분이었다.

---

* ① 주권에서 연유하는 여러 권리를 향유할 수 있는 주권의 평등권을 존중한다.
② 무력의 위협이나 행사를 삼간다.
③ 국경선을 침범하지 않는다.
④ 모든 국가의 영유권을 존중한다.
⑤ 분쟁을 평화적으로 해결한다.
⑥ 내정문제에 간섭하지 않는다.
⑦ 사상・양심・종교 및 신앙의 자유를 포함하는 인권과 기본적인 자유들을 존중한다.
⑧ 각국 국민의 동등권과 자결권을 존중한다.
⑨ 국가 간의 협력을 증진한다.
⑩ 국제법상 여러 의무를 성실하게 이행한다. 단, 참가국들의 국경선은 평화적 수단과 협정, 그리고 국제법에 의거하여 변경시킬 수 있다.

제3장
한반도 분단과 남북한 관계의 전개

1. 냉전과 한반도

한국전쟁은 냉전의 첫 번째 특징이라고 할 수 있는 군비증대에 결정적 영향을 미쳤고, 이를 통해 '이룰 수 없는 평화'로서의 냉전체제를 만들어냈다. 한국전쟁을 통해 미국의 국방비는 3배 이상에 달하는 500억 달러로 늘어났고, 이것은 미군, 특히 공군의 해외주둔이 급증한 것과 밀접한 관련을 맺고 있었다. 미국국민과 의회는 병영국가의 위협에 대한 우려의 목소리를 덮어버렸고, 대통령이 의회의 승인을 구하지 않고 군대를 파병한 것에 대한 비판의 목소리들을 잠재웠다. 1949년 북대서양조약 체결시점에 즈음하여 워싱턴에서는 경제 · 이념적 측면을 중시하는 케난(George Kennan)의 봉쇄론을 대신하여 군사적 봉쇄 내지는 적극적 탈환을 주장하는 논리가 대두되었다.

이러한 논리에 기초해서 대규모 군비증강을 주장했던 정책문서 NSC-68은 한국전쟁을 통해 추진되었다. 냉전체제 군비증대의 기폭제가 되었던 한국전쟁의 영향은 비단 미국에 국한된 것만은 아니었다. 한국전쟁은 서독, 영국, 프랑스, 캐나다 등 미국의 동맹국들의 재무장에도 역시 영향을 끼쳤다. 군비증대라는 결과와 더불어 냉전체제에 미친 한국전쟁의 영향은 두 진영을 대표하는 군사동맹과 관련된 것이다. 한국전쟁에 미친 군사적 영향은 두 진영을 대표하는 군사동맹과 관련된 것이다. 한국전쟁의 충격은 이전까지 종이동맹의 성격을 지니고 있던 북대서양조약(NAT)을 실질동맹으로서의 북대서양조약기구(NATO)로 발전시켰다. 그리고 NATO의 강화는 바르샤바조약기구(WTO)의 설립과 그 구성국들의 군사력 강화를 초래함으로써 냉전체제의 골격을 완성시켰다. 한국전쟁은 이처럼 세계적 수준의 냉전체제의 수립을 촉진하였을 뿐만 아니라 이후 약 40년간에 걸쳐 냉전체제가 관리되는 방식을 정착시켰다.

휴전협상은 더디게 진행되었는데 이는 미국의 군사력을 동아시아에 묶어두면 소련에게 득이 될 것이라는 스탈린의 생각 때문이었다. 이러한 스탈린의 생각은 마오쩌둥에게 아래와 같이 언급한 사실을 통해 알 수 있다. "전쟁을 오래 끌수록 중국 군대는 전쟁터에서 현대 전쟁을 학습할 기회를 얻고, 두 번째로는 미국에서 정권을 쥔 트루먼을 흔들어 영·미 군대가 지닌 군사적 위세에 피해를 입힌다." 전쟁으로 기진맥진한 중국과 북한은 1952년 가을까지는 전쟁을 끝낼 준비를 하고 있었으나, 스탈린은 그들에게 계속 싸울 것을 강요했다. 스탈린이 사망한 1953년 7월이 돼서야 휴전이 성립했다.

한국전쟁에 내재된 냉전의 양상을 통해 깨달은 점은 크게 두 가지이다. 첫째는 한 국가의 자주권을 행사하기 위한 최소한의 국력을 확보해야 한다는 사실이다. 제2차 세계대전 종전 후 한반도의 분단과 동족상잔의 비극 그리고 현재 분단 상태의 근본적인 원인은 1910년 한일합병이다. 이러한 역사적 경험은 현재 분단 상태에 있는 한국에 시사하는 바가 크다. 한국이 지난 역사의 가르침을 통해 자주국가로 그 명맥을 이어가기 위해서는 '평화를 원하거든 전쟁에 대비하라(Si vis pacem, para bellum)'는 로마 명장 베제티우스(Vegetius)의 말처럼 항시 국가안전보장에 대비하는 자세가 필요하다.

둘째는 전후 집단안전보장에서 얻을 수 있었던 역사적 교훈이다. 제1·2차 세계대전을 겪으면서 대두된 집단안전보장 문제는 영토문제 등으로 외교적 마찰을 거듭하고 있는 동북아시아의 3국(한·중·일)에 중요한 의미를 내포하고 있다. 이는 3국의 대립이 무력 충돌로 이어질 수 있는 위험을 원천적으로 차단할 뿐만 아니라 각종 대립으로 인한 각국의 사회적 비용을 감소시킬 수 있다. 3국의 집단안전보장 문제는 한반도의 분단 문제까지 연결되기 때문에 이에 대한 각별한 관심이 요구된다.

2. 남북한 관계의 전개

표 3-1 남북한 관계 주요 일지

시 기	주요 사건
대결과 경쟁 일변도 (1950～1970)	▪ 한국전쟁 발발과 휴전협정 체결 ▪ 남북연방제 제의(1960) ▪ 4 · 19 및 5 · 16쿠데타 ▪ 3대 혁명역량 강화 및 4대 군사노선 표방 ▪ 북한의 도발행위(박정희 대통령 암살기도, 푸에블로호 나포사건, EC-121 격추사건) ▪ 한국의 8 · 15선언 제안(1970)
국제적 화해분위기 조성과 남북한 공동성명 (1971～1973)	▪ 닉슨 독트린과 미중 대화 ▪ 대한적십자 이산가족찾기운동 전개 ▪ 7 · 4남북공동성명(자주, 평화, 대단결) 발표(1972) ▪ 6 · 23평화통일외교정책 특별선언(1973)
대결 및 대화 그리고 충돌 (1973～1990)	▪ 북한의 대미 평화조약 제안(1974.4.) ▪ 휴전선에서의 땅굴 발견(1974.11.～) ▪ 김일성의 대남적화 강경책 표출-월남적화 후 북경방문 기회(1975) ▪ 박정희 대통령 암살사건(1979.12.12.) ▪ 이산가족고향방문 및 예술공연단 교환(1985): 남북 체육회담/경제회담/국회회담 준비접촉 등은 모두 실패 ▪ 고려민주연방공화국 창립방안 제안(1980, 6차당대회) ▪ 민족화합민주통일방인(전두환) 제안(1982) ▪ 한민족공동체통일방안(노태우) 제안(1988) ▪ 제1차 남북 고위급회담(1990)

<표 계속>

시 기	주요 사건
고위급회담, 기본합의서 및 비핵화선언 채택 (1991～1992)	▪ 고위급회담, 기본합의서 및 비핵화선언 채택(1991～1992) ▪ 남북고위급회담 제4차 및 제5차 회담(1991) ▪ 제6차 회담 <남북기본합의서>와 <한반도의 비핵화에 관한 공동성언> 발효(1992)
제1차 북핵 위기, 제네바합의문 조인 (1993～1994)	▪ 제1차 북핵 위기, 제네바합의문 조인(1993～1994) ▪ 북한 핵확산금지조약(NPT) 탈퇴(1993.3.) ▪ 김일성 사망(1994.7.): 남북 정상회담 기회 상실 ▪ 북/미 제네바회담에서 합의서 채택(1994.10.)
경수로사업, 한국의 대북 인도적 차원의 식량원조 (1995～1999)	▪ 한반도에너지개발기구(KEDO) 이사국들(한・미・일, 유럽연합) 구성(1995) ▪ 북한 자연재해 지원 인도주의적 원조지원: 1995부터 1999년까지 쌀, 분유, 식량, 의료품 2,667만 달러와 1998년 1,100만 달러 그리고 1999년에는 2,825만 달러 상당의 비료 지원
남북 정상회담, 화해협력의 가속화 (2000～2001)	▪ 1차 남북 정상회담 개최(2000.6. 평양) ▪ 정부급보다 민간차원의 교류협력 증대: 금강산관광 개시, 개성공단 설치 합의(2000.8.) ▪ 남북 장관급회담 개최(2001)
제2차 북핵위기 (2002～2003)	▪ 고농축우라늄 핵무기개발 계획 공개(2002.10.) ▪ 미국의 '先핵폐기, 後대화' 요청으로 3자회담(미, 중, 북, 2003) 개최 ▪ 제1차 6자회담 개최(2003.8.)
제2차 남북 정상회담 (2007, 2008)	▪ '남북관계 발전과 평화번영을 위한 선언': 햇볕정책의 지속
남북한의 불투명한 상황 전개 (2008～현재)	▪ '비핵/개방/3000'의 정책 구상: 상호주의 원칙 견지

3. 역대 한국 정부의 대북정책과 교류협력

표 3-2 역대 한국 정부의 통일정책

정 부	주요 내용
이승만	북진통일론
	▪ 북한 체제 불인정 ▪ 평화공존 · 협력 배제, 북진 흡수통일 ▪ 반공이데올로기 강화 · 평화통일론 탄압
박정희	先건설 後통일
	▪ 반공태세의 강화와 통일을 위한 실력배양 ▪ 자유민주주의 원칙에 입각한 통일 지향
	先평화 後통일
	▪ 자주적인 남북대화를 통해 통일문제를 해결하겠다는 정책적 전환 ▪ 단계적 통일전략 ▪ 1972년 7 · 4남북공동성명 ▪ 1973년 6 · 23선언 ▪ 1974년 평화통일 3대 기본원칙(평화정착-신뢰회복-자유총선)
전두환	민족화합 · 민주통일방안
	▪ 민족자결의 원칙하에 민주적 절차와 평화적 방법으로 통일실천 ▪ 통일헌법 제정-남북 총선거-통일 민주공화국의 과정 제시 ▪ 남북한 물자교역 및 경제협력 제의
노태우	한민족공동체통일방안
	▪ 통일논의 자유화 조치 ▪ 1988년 7 · 7선언 (남북 간 대결구도를 화해구도로 전환시키기 위한 기본방향을 제시한 정책선언) ▪ 1989년 한민족공동체통일방안 (통일헌장-남북연합-통일정부 제시) ▪ 남북교류협력법 · 남북기본합의서 ▪ 한반도비핵화공동선언

<표 계속>

정 부	주요 내용
김영삼	한민족공동체통일 3단계 통일방안
	▪ 1993년 한민족공동체건설을 위한 3단계 통일론과 3대 기조 (3단계 통일론: 화해협력-남북연합-통일완성 3대 기조: 민주적 절차, 공존공영의 정신, 민족복리의 정신) ▪ 북한의 NPT 탈퇴선언과 김일성의 사망 이후 붕괴정책
김대중	화해협력정책(햇볕정책)
	▪ 안보와 화해협력의 병행 추진, 화해협력으로 북한의 변화여건 조성과 남북한 상호이익 도모를 통한 실질적 관계 개선과 점진적 통일 달성 ▪ 3대 원칙: 무력도발 불용, 흡수통일 배제, 화해와 협력의 적극 추진
노무현	평화번영정책
	▪ 한반도 평화 체제의 구축과 남북한 경제협력을 통한 동북아 경제협력 주도 ▪ 상호신뢰주의와 호혜주의, 남북한 당사자 원칙에 입각하여 대화를 통해 문제해결
이명박	상생공영정책
	▪ 북한의 변화와 남북관계 발전, 비핵・개방・3000구상, 북한의 핵무기 폐기를 통한 한반도 평화의 실질적 토대 구축 ▪ 실용과 생산성, 원칙과 유연성의 동시추구, 국민적합의, 남북협력과 국제협력의 조화

2008년 출범한 이명박 정부는 '상생과 공영'의 남북관계 발전을 위해 북한의 강경 또는 유화적 태도에 흔들리지 않는 일관된 대북원칙을 견지하고 있다. 이를 위해 정부는 북한의 비핵화를 일관되게 추구하고, 상호존중에 입각한 진정성 있는 대화를 통한 남북한 문제 해결을 중시하며, 보편적 가치와 국민합의를 바탕으로 하는 정상적인 남북관계 발전을 강조하고 있다.

이명박 정부는 선제적이고 적극적인 대북정책을 취하기보다는 북한의 변화를 기다리면서 북한의 대남정책에 대한 수동적인 대응 위주로 일관하고 있다. 한국 정부가 제기한 '비핵 · 개방 · 3000' 구상에 대해 북한은 오히려 '6 · 15 공동선언'과 '10 · 4합의' 준수를 강조하고 있다. 북한은 이명박 정부의 대북정책을 적대정책이라고 비난하면서 대남 강경정책을 지속하고 있다. 2008년부터 북한은 정부 당국 간 대화를 거부하고 있으며 (2008.3.), 대통령을 지명하여 비방 중상을 계속하였으며(2008.4.), 금강산 관광객 피격 사망사건(2008.7.) 발생 이후 판문점 직통전화가 단절되고(2008.11.), 개성공단 육로통행 제한조치(2008.12.) 및 기존합의 무효화를 선언했다. 2009년 들어서도 전면 대결태세 진입(2009.1.), 군 통신선 · 육로통행 차단(2009.3.), 장거리 로켓 발사(2009.4.), 2차 핵실험 실시(2009.5.) 등을 통해 대외관계 및 남북관계의 긴장을 지속적으로 고조시켜 왔다.

2009년 하반기 이후 북한의 대남 접근이 일시적으로 유화적으로 변화하기도 했다. 김대중 전 대통령 조문단의 청와대 방문 이후 이명박 대통령에 대한 비난이 감소했고, 개성공단 억류 한국근로자 석방, 현정은 현대 회장 초청, 현대-아태평화위원회 간 공동보도문 채택, 2008년 12월 1일 취한 육로통행 및 체류 제한 조치 철회, 2008년 11월 12일 폐쇄한 판문점 적십자 연락사무소 운영 재개, 남북 적십자회담 개최 및 이산가족 상봉, 연안호 송환, 개성공단 근로자 최저 임금 인상률 종전 수준(5%)으로 합의, 황강댐 방류로 인한 피해 사과 등의 조치가 있었다.

그러나 2010년 들어 북한은 다시 대남 강경정책으로 전환하였다. 즉 북한은 한 · 미 합동군사연습과 한국 국책연구기관의 북한급변사태대비 연구 비난, 그리고 금강산 관광지구의 부동산 동결 및 몰수조치 실행 및 최소 인원(16명) 외 관리 인원의 추방 통보 등과 같은 강경한 조치들을 취했다. 이명박 정부는 북한의 긴장조성 행위에 맞대응하지 않고 대북원칙을 견지하고 있다. 북한의 '12 · 1조치' 및 세 차례(2009.3.9., 3.13.~15., 3.20.)에 걸친 육로통행 제한조치가 '남북 기본합의서' 위반임을 지적하여 철회를 촉구하였다.

특히 2010년 3월 26일 발생한 '천안함 사건'은 남북관계 및 남북경협에 최악의 상황을 조성하였다. 5월 24일 이명박 대통령은 '천안함 사건' 관련 대국민 담화를 통해 남북한 교역과 교류의 중단, 한국인 방북 불허, 대북 신규투자 금지, 대북 인도적 지원 보류 등을 선언하였다. 이에 대해 북한은 5월 25일 성명을 통해 남북 당국 간 모든 관계 단절, 현 정부 임기 중 당국 간 접촉 금지, 판문점 적십자 연락대표 접촉 중단, 남북 간 모든 통신 단절, 남북 경협협의사무소 폐쇄 및 관계자 추방 등을 선언하였다. 다만 개성공단은 남북한의 모든 조치에서 제외되었다. '천안함 사건' 이후 남북한이 취한 조치의 결과 남북교역이 크게 위축되었고, 대북 민간 지원이 대폭 감소하였다. 개성공단을 제외한 남북의 인적 교류도 중단되었으며, 투자협력 사업의 위축과 경협 기업의 고사 등에 직면하고 있다. 북한의 경우에도 남북경협의 악화로 경제난이 가중되고 있으며, 북한은 이를 타개하기 위해 중국과의 경제협력을 적극적으로 모색하고 있다.

한편 역대 남북관계에서 나타난 가장 큰 특징은 바로 남북 간의 이념과 정치·경제체제의 상이성에서 기인한 상호 불신이라고 할 수 있다. 이러한 이유로 인해 비정치적인 분야의 교류협력이 제한을 받는 경우가 많이 발생해 왔다. 특히 한국의 경우 정당, 지역, 계층, 세대 간 이념적 성향이 매우 다양하게 분포되어 있고, 역대 정부가 바뀔 때마다 남북관계와 통일정책 및 한반도의 미래상에 대한 인식이 큰 차이를 보여주었다.

이러한 차원에서 그동안 대립과 갈등의 시기를 마치고 공존공영에 대한 공통인식을 기반으로 하여 점진적이고 단계적인 방식으로 안정적이고 장기적인 교류협력을 이끌어 오고 있는 중국과 대만의 교류협력 사례에 대한 연구는 오늘날의 남북 관계의 현실에서 매우 중요한 의미를 갖는다.

표 3-3 북한의 통일정책

시 기	주요 내용
1945년 ~ 1960년대 전반	무력통일모색, 조국통일과 남조선혁명의 동시진행론
	▪ 혁명 무력에 기초하여 통일을 달성하려는 군사적 통일전략 ▪ 통일과 남한혁명문제를 동시적 과정으로 파악 ▪ 1960년 과도적 통일국가형태로 연방제 제안
1960년대 중반 ~ 1980년	先남조선혁명 後조국통일론
	▪ 1단계 남한의 민주주의혁명 완성, 2단계 남북 공산통일
1980 ~2000년	先조국통일 後남조선혁명론
	▪ 대내외 환경의 변화와 남북 간의 정치·경제·군사·문화적 차이를 인정 ▪ 1980년 김일성의 '고려민주연방공화국' 창립 방안을 제시 (1민족 1국가 2체제 2정부에 기초한 연방제) ▪ 이중적 적화전술 (남한의 민족통합역량 약화, 남한을 배제한 통일전선 전술 추진)
2000 ~2007년	평화공존을 통한 '연방연합제론'
	▪ 사회주의의 완성을 통일의 목표로 설정했으나 현실에서는 체제의 생존을 위해 '남북공존'으로 선회 ▪ '조국통일을 위한 전 민족 내난결 10대강령'에서 민족의 단합과 존중을 강조 평화공존을 통한 연방연합제론 ▪ 2000년 남북정상회담에서 낮은 단계의 연방제 제시 ▪ 2000년 남북정상회담에서 통일문제의 자주적 해결과 통일방안의 공통성 강조
최근	체제지속을 위한 통일정책 회로 차단
	▪ 버티기 전략을 넘어서 공세적 돌파전략을 구사하며 체제의 지속을 위해 이전 시대에 비해 대내외적으로 보수적인 전략 추진 ▪ 이 과정에서 외부환경과의 순환을 요구하는 통일 논의의 회로 차단

(1) 고려연방제

현재 북한의 통일방안이라고 할 수 있는 고려연방제는 1민족, 1국가, 2제도, 2정부로 설정하여 주체사상, 공산주의의 기본 철학 아래 인민이 통일의 주체임을 강조하고 있다. 자주적 평화통일을 위한 선결조건으로 한국의 반공법 및 국가보안법 폐지, 모든 정당·단체 합법화 및 정치활동 보장, 한국 사회의 민주화, 미북 평화협정 체결 및 주한미군 철수 등을 내세웠다. 통일과정으로 과도적 통일기구는 두지 않고 민족정치협상회의를 개최하고 통일방안을 협의 결정하여, 고려민주연방공화국을 선포하는 등 과정만을 제시하고 있다.

(2) 연방정부의 형태와 운영원칙

▶ 북과 남은 서로 상대방에 존재하는 사상과 제도를 그대로 인정하고 용납하는 기초 위에서 동등하게 참가하는 민족통일정부를 내오고 그 밑에서 남과 북이 같은 권한과 의무를 지니고 각각 지역자치제를 실시하는 연방공화국을 창립하여 조국을 통일한다.

북과 남은 같은 수의 대표들과 적당한 수의 해외동포 대표들로 최고 민족연방회의를 구성하고 거기에서 연방상설위원회를 조직하여 남과 북의 지역정부를 지도한다.

▶ 최고민족연방회의와 그 상임기구인 연방상설위원회는 연방국가의 통일정부로서 모든 분야에서 단결 합작을 실현한다.

▶ 북과 남의 지역정부는 연방정부의 지도 밑에 전 민족적 이익과 요구에 맞는 범위에서 독자적인 정책을 실시하며 나라와 민족의 통일적 발전을 위해 노력한다.

▶ 연방국가의 국호는 고려민주연방공화국으로 한다. 고려민주연방공화국은 중립국가로 되어야 한다.

▌표 3-4▌ 남북한 간 교류협력 관련 합의서

연도	합의서명	주요 내용
'91	남북 사이의 화해와 불가침 및 교류협력에 관한 합의서 ('남북 기본합의서')	▪ 남북한 상호 체제 인정과 상호불가침, 남북한 교류협력 확대안을 포함함 ▪ 남북 관계를 '나라와 나라 사이의 관계가 아닌 통일을 지향하는 과정에서 잠정적으로 형성되는 특수 관계'로 규정함 ▪ 분단의 현실 인정과 통일 지향의 동시에 함축함 ▪ 1조 상호 체제 인정과 존중, 2조 내정 불간섭, 3조 상호 비방 · 중상 금지
	한반도 비핵화 공동선언	▪ 한반도의 비핵화를 통해 핵전쟁의 위험을 제거하고 한반도 평화와 통일에 유리한 조건과 환경을 조성하여 아시아와 세계평화와 안전에 이바지하는 것이 목적 ▪ ① 핵무기의 시험 · 제조 · 생산 · 접수 · 보유 · 저장 · 배비 · 사용의 금지, ② 핵에너지의 평화적 이용, 핵재처리 시설 및 우라늄 농축시설 보유금지, ③ 비핵화를 검증하기 위해 상대측이 선정하고 쌍방이 합의한 대상에 대한 상호사찰, ④ 공동선언 발효 후 1개월 이내 남북핵통제공동위 구성 등이 주요 내용
'00	6 · 15남북 공동선언	▪ 평양에서 개최된 남북정상회담을 통해 채택되었음 ▪ 분단 55년 만의 첫 정상의 만남을 통한 실천사항에 대한 합의 도출이라는 측면에서 민족사적 의의를 가짐 ▪ 상호 체제 인정을 바탕으로 한반도 문제를 당사자 간의 대화를 통한 해결의지를 구현함 ▪ 남북교류협력의 활성화와 제도화에 기여함 ▪ ① 한반도 문제에 대한 자주적 해결과 상호 간 통일방안 인정, ② 이산가족 문제 등 인도적 문제의 조속한 해결 합의, ③ 경제 협력을 통한 민족경제의 균형 발전 및 제반 분야의 교류 협력 활성화 등이 주요 내용

<표 계속>

연도	합의서명	주요 내용
'03	4개 경협합의서	▪ '6 · 15남북공동선언' 제4항에서 "남북 경제협력을 통해 민족경제의 균형적인 발전"을 이행하는 구체적 조치로 남북 간 경제활동을 공동으로 규율하는 제도에 관한 최초의 합의 ▪ 남측의 대북투자 활성화와 남북경협의 새로운 장 마련 ▪ ① 이중과세방지 합의서: 남북 공히 상대 지역에서 기업 활동을 하더라도 사무소 등 고정 사업장이 없으면 과세를 금지함. ② 청산결제 합의서: 상대편에 진출한 남북한 기업들은 남과 북의 은행을 통해 결제를 할 수 있도록 합의함, ③ 투자보장 합의서: 남북은 각자의 법령에 따라 상대방 투자자에 의한 투자를 허가하고 상대편 투자자의 투자자산을 보호하되 그 투자자 및 자산에 대해서는 최혜국 대우를 함, ④ 상사분쟁 해결 합의서: 경제교류협력의 과정에서 발생하는 상사분쟁을 해결하기 위하여 각각 위원장 1인과 위원 4인으로 남북 상사중재 위원회를 구성하여 특별한 사유가 없는 한 중재판정을 구속력이 있는 것으로 간주하고 해당 지역의 확정판결과 동일하게 집행함
'04	서해상의 우발적 충돌방지 및 군사 분계선상 선전활동 중지방안	▪ 남북장성급 군사회담을 통해 합의함 ▪ 군사 분야의 교류를 경제 · 사회 · 문화 분야의 교류와 균형적으로 발전시키고 군사적 신뢰 구축의 발판을 마련함 ▪ ① 한반도 군사적 긴장 완화와 공고한 평화를 이룩하기 위해 공동 노력, ② 서해상 우발적 충돌방지를 위해 함정과 선박에 대하여 부당한 물리적 행위 통제 및 금지 등의 조치 시행, ③ 군사분계선 지역에서의 상대측에 대한 오해와 불신을 초래할 수 있는 선전활동 중지 및 선전수단 제거, ④ 구체적 실천을 위한 후속 군사회담 개최 등을 골자로 함

<표 계속>

연도	합의서명	주요 내용
'04	개성공업지구와 금강산관광지구 출입 및 체류에 관한 합의서	▪ ① 인원과 통행 차량 등의 신속하고 안전한 출입과 체류를 보장하기 위해 협력, ② 인원의 신변안전과 출입 및 체류목적 수행에 필요한 편의를 보장, ③ 인원은 지구에 적용되는 법질서를 존중하고 준수하다는 원칙하에 출입통로, 인원의 출입절차, 통행차량 등의 출입절차, 출입심사, 체류, 신변안전보장 등에 대해 규정
	남북 사이의 열차운행에 관한 기본 합의서	▪ ① 모든 인원들의 신변안전과 편의 보장, ② 비무장지대 내 운행에 대한 군사적 보장문제는 쌍방 군사당국의 합의하에 결정, ③ 쌍방의 자격증과 증명의 상호인정, ④ 열차 운행에 필요한 시설의 구비와 규정 및 운영상의 차이 축소를 위해 노력한다는 원칙하에 남북철도운영공동위원회의 구성 및 그 업무, 열차운행의 절차와 방법, 사고처리와 책임부담, 쌍방 분계역 내에서 철도직원의 체류, 인원 및 화물에 대한 제한에 관해 규정
'07	10 · 4 남북공동선언	▪ '6 · 15남북공동선언' 이후 한정된 교류 분야에서 탈피하고 남북관계의 중장기 발전 방향에 대한 공감대를 형성하기 위해 추진한 제2차 남북정상회담을 통해 채택함 ▪ 다양한 의제를 통하여 남북관계의 차원을 제고함 ▪ ① '6 · 15공동선언'의 적극 구현, ② 상호 존중과 신뢰의 남북관계로 확고한 전환, ③ 군사적 긴장 완화와 신뢰 구축 추진, ④ 항구적 평화체제 구축과 종전선언 논의 실현 노력, ⑤ 남북경협의 확대 발전과 서해평화협력특별지대 설치, ⑥ 사회 · 문화 분야 교류협력 발전, ⑦ 인도적 협력 추진, ⑧ 국제무대에서의 공동협력 강화 등이 주요 내용

4. 남북 교류협력의 분야별 현황

1988년 7월 〈남북교류협력특별선언(7 · 7선언)〉에 의해 본격적으로 시작된 남북경협은 1998년 '제2차 남북경협 활성화 조치', 2000년 남북 정상회담을 계기로 경제협력과 관련된 남북한 간의 합의가 이루어지고 제반 법규가 정비되면서 기반이 구축되었다. 특히 2007년 10월 남북 정상회담은 장기적 관점에서 남북한 경제가 함께 발전해 나갈 수 있는 방향 모색에 기여했다는 점에서 의미를 가진다. 뿐만 아니라 교류 주체가 정부 외에 민간 기업들과 비정부기구 등으로 다양화되었고, 그 범위와 내용도 한층 다각화되었다는 점 또한 특기할 만하다.

그동안 남북경협은 규모 면에서 볼 때 1989년 1,872만 달러에서 1998년 2억 2,194만 달러로 12배 늘어났고, 2008년에는 18억 2천만 달러로 1989년 대비 70배 성장했다. 또한 단순한 물자교역 수준을 넘어 3대 경협사업(개성공단, 금강산관광, 도로 · 철도 연결)과 산업연계형 투자사업으로 확대되기도 하였다.

1) 인적 교류

1989년 이후 남북한 간 인적 왕래인원은 총 742,300명(방북 734,565명, 방남 7,735명)이다. 특히 참여정부 시기 북한의 의미 있는 변화 유도와 남북 간 실질적 협력 관계의 심화 · 발전을 위하여 김대중 정부의 햇볕정책의 성과를 발전시킨 평화번영정책을 일관되게 추진한 결과 남북왕래 인원이 급격하게 증가하였는바, 여기에는 개성공단 요인이 가장 크게 작용하고 있다. 2005년 연간 남북왕래 인원(88,341명)이 분단 이후 60년간 왕래인원(85,400명)을 상회하였고, 금강산 관광객의 누적인수가 100만 명을 돌파하였으며 이에 따라 차량과 선박의 왕래도 2005년을 기점으로 폭발적인 증가율을 보였다.

2009년도의 경우 남북한 간 인적 왕래인원은 120,862명으로서 전년

표 3-5 남북 왕래 인원 현황

(단위: 명)

구분 \ 연도	'89~'99	'00	'01	'02	'03	'04	'05	'06	'07	'08	'09	계
남→북	11,321	7,280	8,551	12,825	15,280	26,213	87,028	100,838	158,170	186,443	120,616	734,565
북→남	637	706	191	1,052	1,023	321	1,313	870	1,044	332	246	7,735
계	11,958	7,986	8,742	13,877	16,303	26,534	88,341	101,708	159,214	186,775	120,862	742,300

주: 관광인원 제외

자료: 통일부 홈페이지(http://www.unikorea.go.kr/) 자료마당

동기(186,775명) 대비 35.3% 감소하였으며 선박과 차량의 왕래 또한 감소세를 나타내었다. 이는 북한의 '12 · 1 육로통행 제한 조치', 핵실험 등의 요인으로 인해 남북한 간에 긴장이 고조됨에 따라 방북이 자제된 영향이라고 할 수 있다.

2010년 '천안함 사건'의 발생 이후 정부는 개성공단을 제외한 남북교역과 교류를 전면 중단하는 '5 · 24조치'를 발표하고, 이에 대한 대응으로 북한은 판문점 적십자 연락사무소와 해운 당국 간 통신 차단을 통보하고, 개성공단 내 남북경제협력협의 사무소 통일부 직원을 추방하였다. 이로써 남북의 인적 교류는 현재까지 교착상태에 빠져 있다. 그러나 2010년 8월 말 이후 북한의 수해복구 지원 요청 및 추석맞이 이산가족 상봉 제의 등과 같은 화해의 신호를 계기로 남북 간 인적교류 활성화의 전환점이 될 수 있을 것이라는 기대도 있었지만, 10월의 '연평도 포격사건'으로 인해 남북관계는 다시 한 번 장기간의 경색국면으로 진입하였다.

2) 경제 교류

남북 경제 교류협력은 통일을 대비하고 민족 경제를 균형적으로 발전시키기 위하여 단순 물자교역, 위탁가공무역 등을 하는 교역사업과 북한 현지에 투자하는 협력사업 혹은 대북투자를 포함한다. 1989년부터 위탁가공무역과 제조업 분야의 값싼 노동력을 중심으로 한 단순 물자교역을 중심으로 경제협력이 이루어져 왔다. 2000년 남북 정상회담 이후 민간

교류의 확대를 위한 제도적 틀을 마련한다는 원칙에 합의하면서 남북 경제 교류협력은 빠른 속도로 발전하게 된다. 그리고 2002년 9월 남북 장관급회담과 남북경제협력추진위원회 회의, 적십자 회담에서의 합의 사항을 바탕으로 핵심 경협사업의 본격적인 착수에 들어갔다. 주요 합의 내용으로는 경의선 철도·동해선 임시도로 연결, 개성공단 건설 착공, 임진강 수해발지 및 임남댐 공동조사, 4개 경협합의서 발효 및 북측시찰단 방문, 대북 식량 및 비료 지원 등이 있다.

아래에서는 주요 남북 경제 교류협력 사업으로 일반교역 및 3대 경협 사업으로 일컬어지는 개성공단 사업과 금강산관광 사업, 철도연결 사업의 현황에 대해서 살펴보고자 한다.

(1) 일반교역

남북교역 역시 김대중 정부와 참여정부 시기를 거쳐 폭발적으로 증가하여 2008년에는 18억 달러를 초과하여 최고점을 기록한다. 2009년도 남북교역액은 약 16억 79백만 달러로 전년 동기(18억 2천만 달러) 대비 약 7.8% 감소하였다. 이는 북한의 연이은 긴장조성 행위에 따른 교역 여건 악화와 2008년 하반기 글로벌 금융위기로 인한 국내경제 상황 등이 복합적으로 작용한 결과로 개성공단 사업을 제외한 일반교역과 위탁가공의 교역액이 줄어들었기 때문이다.

통일부의 최근 2010년 7월 통계에 따르면 월별 총 교역액 중에서 개성공단을 통한 교역액이 1.2억 달러(78%)로 가장 많은 비중을 차지하고 있고, 위탁가공은 0.3억 달러(19%), 일반교역액은 0.008억 달러(0.5%)를 차지하고 있다. 위탁가공과 일반교역이 전년 동기와 비교하여 각각 22%와 96%씩 줄어든 전반적인 감소세에도 불구하고 개성공단 사업 교역액은 전년 동기 대비 77% 이상 증가하여 지속적으로 성장하고 있는 추세를 보이고 있다.

2009년 9월 7일 북한의 육로통행 제한조치로 철수했던 개성 남북경제협력협의사무소의 직원이 복귀함에 따라 교역업체 지원업무(사업협의

표 3-6 연도별 남북교역 현황

(단위: 백만 달러)

구분	'89	'90	'91	'92	'93	'94	'95	'96	'97	'98	'99
반입	19	12	106	163	178	176	223	182	193	92	122
반출	-	2	6	11	8	18	64	70	115	130	212
계	19	14	112	174	186	194	287	252	308	222	334
구분	'00	'01	'02	'03	'04	'05	'06	'07	'08	'09	계
반입	152	176	272	289	258	340	520	765	932	934	6,104
반출	273	227	370	435	439	715	830	1,032	888	745	6,590
계	19	14	112	174	186	194	287	252	308	222	12,694

자료: 통일부 홈페이지(http://www.unikorea.go.kr/) 자료마당

지원, 남북 기업 간 연락지원, 견본송달 지원 등)가 정상화되었다. 운영 재개 이후 협력사업 13건, 위탁가공 75건, 일반교역 23건 등 총 118건의 협의 지원이 이루어졌다.

아울러 〈남북교류협력에 관한 법률〉 및 시행령이 개정(2009.7.31. 시행)됨에 따라 법·제도 정비를 통한 교류협력 관리체계가 개선되었다. 이를 통해 협력사업자 승인제도 폐지, 특구지역의 소액 투자사업(50만 달러 이하) 신고제 전환 등과 같은 교류협력의 절차가 간소화되었다. 또한 대북사업자에 대한 행정조사권이 신설되고, 방북·접촉결과보고서 미제출시 제재를 강화하는 등 교류협력 질서 확립을 위한 조치가 병행되었다.

표 3-7 남북 협력사업 승인 현황

(단위: 명)

구분			'91~'96	'97	'98	'99	'00	'01	'02	'03	'04	'05	'06	'07	'08	'09	계
경제	민간 경협		1	2	6	0	2	5	1	2	6	10	4	6	9	1	55
	개성공단	승인									17	26	15	163	53	10	284
		신고														12	12
사회문화			2	1	5	5	4	6	7	13	16	47	26	19	3	-	154
계			3	3	11	5	6	11	8	15	39	83	45	188	65	23	505

주: 경제개발 특별구역으로 지정된 지역에서 총금액 50만 달러 이하 사업에 한해 협력사업 신고제 시행(2009.7.31.)

자료: 통일부 홈페이지(http://www.unikorea.go.kr/) 자료마당

한편 〈유엔안보리 결의 제1874호〉 이행을 위한 조치가 시행되었는바, 〈반출·반입 승인대상 품목 및 승인절차에 관한 고시〉 개정(2009.7.10.) 및 〈대북 반출 제한 사치품 공고〉(2009.7.10.) 등 대북 반출물자 관리 강화를 통해 국제 사회와 긴밀히 공조하였다.

또한 '남북교역물자관리시스템'을 구축(2009.8. 착수, 2010.2. 완료)하여 유관기관과 함께 대북 물자 반출 상황(전략 물자·사치품의 반출 통제, 컴퓨터 등의 반출 후 재반입 여부 확인 등)을 체계적으로 모니터링할 수 있게 함으로써 남북 간 교역시스템 개선을 통한 교류협력의 투명성을 제고하고자 노력하고 있다.

(2) 개성공단 사업

2000년 8월 현대아산(주)과 북한 간 '공업 지구 건설 운영에 관한 합의서'를 채택하고, 정부 당국 차원에서의 장관급 회담과 실무협의체를 가동하여 개성공단 사업을 금강산관광 개발사업 ,경의선 및 동해선 철도·도로연결 사업과 함께 '3대 남북경협 사업'의 핵심으로 추진하였다.

이후 개성공단 사업 전반에 대한 총괄 조정 업무를 담당하는 통일부 산하의 남북협력지구지원단을 출범시키고, 개성공단의 원활한 운영을 위하여 개성공단사업협의회, 입주기업지원기관협의회, 개성공단포럼 등 전방위적 정책협의체를 형성하고 있다.

2004년 12월 첫 생산 이후 2009년까지 117개 기업이 입주·가동하고, 42,000여 명에 달하는 남북한 근로자가 투입되어 7억 5천만 달러의 누적 생산액을 달성하였다. 그러나 2009년 북한의 장거리 로켓 시험 발사 이후에 남북관계의 경색이 지속되는 가운데 북한의 개성공단 통행 차단 및 제한 조치가 이루어지고, 남측의 노동자가 억류되는 상황에까지 이르는 등 불안이 고조되기도 하였다. 2010년 3월 '천안함 사건'의 발생 이후에는 남북관계의 악화로 한국 측의 생산 인력과 설비 철수와 북측의 폐쇄 협박에도 불구하고, 북한의 경제적인 이익 획득과 한국의 정치적 상징성 유지라는 서로 상이한 목표 아래 그 운영을 지속하고 있다.

▮표 3-8▮ **개성공단 가동기업 수 및 생산액 현황**

(단위: 개, 만 달러)

연도 구분	2005	2006	2007	2008	2009	계
가동기업 수	18	30	65	93	117	323
생산액	1,491	7,373	18,478	25,142	25,647	78,131

자료: 통일부 홈페이지(http://www.unikorea.go.kr/) 자료마당

개성공단을 통해 남북한 양측이 거두는 경제적 효과에 평가한 한 연구에 따르면, 개성공단은 인력난과 자금난을 겪고 있는 한국의 중소기업과 제조업에 활로를 제공할 뿐 아니라 남북한 접경지역 개발과 정부의 동북아경제중심 구상 실현을 선도하는 본격적인 남북경협의 거점(Hub)으로 발전할 가능성이 있으며 1단계 개발에서만 인건비 절감과 원부자재 판매로 약 30억 달러의 경제적 이익이 기대된다고 한다. 같은 연구에서 북한은 산업 인프라 확충과 기술 획득 효과는 물론, 인건비와 철도 운임료·용수비를 통해 약 15.7억 달러의 외화 수입이 예상된다고 밝힌 바 있다.

결국 개성공단 사업은 남북한 양측의 입장에서 적지 않은 경제적 효과와 더불어 남북경협의 본격적인 확대의 기회를 제공할 것이라고 판단된다. 특히 대외 이미지와 '남북화해와 협력'이라는 상징적 효과를 제고함으로써 정치적으로도 매우 중요한 의미를 지닌다.

▮표 3-9▮ **개성공단 근로자 현황**

(단위: 명)

연도 구분	2005	2006	2007	2008	2009
북한 근로자	7,621	11,189	22,538	38,931	42,561
남한 근로자	490	791	785	1,055	935
합계	8,111	11,980	23,323	39,986	43,496

자료: 통일부 홈페이지(http://www.unikorea.go.kr/) 자료마당

(3) 금강산관광 사업

금강산관광 사업은 최초로 관광을 매개로 하여 일반교역의 범위를 넘어서 경제협력의 범위를 확대시킨 사업이다. 남북 관광교류사업의 기원은 남한에서 1972년 〈7·4남북공동성명〉에서 북한관광지에 대한 남북 합작개발논의를 제안한 것에서 출발한다. 그 이후 1982년 설악산·금강산 지역을 자유무역지역으로 개발하자는 남한 통일원의 제안이 있었고, 1990년 남북교류협력에 관한 법규의 제정을 바탕으로 한 남한의 남북관광교류추진위원회가 구성된 후 금강산 및 비무장지대의 관광지구 개발 제안을 거쳐 동년 12월 남북 총리회담에서 관광자원 공동개발 및 관광사업의 공동추진을 협의하기에 이른다. 이듬해 12월 남북 기본합의서의 체결과 함께 관광 사업에 대한 남북 공동개발이 재논의 되기 시작하면서 남한 정부는 1992년 단체 관광객의 북한 방문을 우선적으로 허용한다는 방침을 밝혔으나 1993년 북한 핵문제의 대두와 1994년 김일성의 사망으로 남북 관광교류 사업의 논의와 추진은 잠정 중단된다.

1996년 김영삼 정부의 '한반도 평화와 남북 간 협력 구상'에서 남북 관광 교류협력의 필요성을 공표함으로써 남북 관광 교류 사업 논의가 재개되었으나 경제를 연계하는 전략을 고집했던 당시에 이 논의가 실제로 추진되기에는 한계가 있었다.

남북합의서의 체결과 고위급 회담에도 불구하고 실질적인 성과 없이 논의만 분분하며 표류하던 남북 관광 교류 사업의 분수령이 된 것은 1998년 11월 금강산 관광을 위한 '현대 금강호'의 출항이었다. 이는 김대중 정부가 들어선 이후 1998년 6월 소떼몰이 방북과 동년 10월 김정일 국방위원장과의 면담을 추진하여 금강산 관광을 위한 기본계약서를 체결한 정주영 현대그룹 명예회장의 포부와 노력의 결과라고 할 수 있다. 현대상선, 현대건설, 금강개발이 협력사업자로 사업을 진행하다가 1999년 현대아산(주)이 설립되어 대북사업의 전반적인 사업권과 금강산관광 개발을 총괄하였다.

이후 남북 관광교류 사업의 전개과정은 아래 〈표 3-10〉을 통해 확인할

▌표 3-10▐ 주요 남북 관광사업의 전개과정

일 시	내 용	비 고
1998.11.	금강산 관광 시작, '현대금강호' 첫 출항	현대그룹
1999.06.~08.	민영미 씨 억류사건으로 금강산관광 잠정 중단	-
2009.09.	백두산과 한라산 교차관광 시작	한국관광협회
2003.02.	금강산 육로관광 시범 운영	현대아산(주)
2003.09.	평양관광 시작 (총 9차례 실시 후 중단)	평양항공
2005.08.	개성시범 관광 실시(현정은 회장과 김정일 국방위원장의 2차 면담)	현대아산(주) 관광공사
2007.12.	개성관광 실시	현대아산(주) 관광공사
2008.03.	자가용을 이용한 금강산관광 개시	현대아산(주) 관광공사
2008.07.	금강산 관광객 피격사건으로 금강산관광 중단	-
2008.11.	개성관광 중단	-
2008.12.	군사분계선 육로통행 차단	-
2009.08.	현대그룹과 북한 5개 사업 협의	관광교류 잠정중단

자료: 통일부 홈페이지(http://www.unikorea.go.kr/) 자료마당

수 있다. 1998년 관광이 시작된 이후 2008년 박왕자 씨 피격사건으로 금강산관광이 잠정 중단될 때까지 육로와 해로를 이용한 금강산 관광객의 수는 총 193만여 명에 이르고, 2009년까지의 개성과 평양 관광객의 수는 각각 11만여 명과 2천여 명에 달한다.

경제적인 측면에서 남북 관광 사업은 그동안의 단순 교역 및 임가공 위주의 남북경협을 본격적인 투자 단계로 전환시켰을 뿐만 아니라 개성공단의 특구 지정과 여타 경협 사업으로의 확대, 삼통의 개선으로 남북경협의 법·제도화에 선도적인 역할을 하였다. 또한 관광 사업 추진 및 시행 과정에서 북한에 대한 시장 경제 및 자본주의 상거래 관행에 대한

표 3-11 금강산 · 개성 · 평양 관광객 현황

(단위: 명)

구분 \ 연도		'98	'99	'00	'01	'02	'03	'04	'05	'06	'07	'08	계
금강산 관광	해로	10,554	148,074	213,009	57,879	84,727	38,306	449	-	-	-	-	552,998
	육로	-	-	-	-	-	36,028	267,971	298,247	234,446	345,006	199,966	1,381,664
	합계	10,554	148,074	213,009	57,879	84,727	74,334	268,420	298,247	234,446	345,006	199,966	1,934,662
개성 관광		-	-	-	-	-	-	-	1,484	-	7,427	108,122	112,033
평양 관광		-	-	-	-	-	1,019	-	1,280	-	-	-	2,299

자료: 통일부 홈페이지(http://www.unikorea.go.kr/) 자료마당

학습효과에도 크게 기여하였다고 할 수 있다. 그러나 고부가가치 산업인 관광산업이 북한의 산업 발전에 미친 파급효과는 제조업만큼 크지 않았다고 볼 수 있다.

경제적 이익의 공유를 통한 남북관계의 개선을 목적으로 한 여타의 경제협력 사업과는 다르게 금강산을 비롯한 남북 관광 교류 사업은 대북 포용정책의 시험대이자 통일의 가능성을 가늠해 볼 수 있는 기회인 동시에 한반도 평화의 상징이었다. 폐쇄적이고 제한적인 성격이기는 하지만 남북의 주민들이 서로의 상황을 직시할 수 있는 기회를 제공하였고, 금강산 관광을 위하여 군항을 개방하고, 비무장지대를 통과할 수 있도록 하는 등 북한의 긍정적인 태도 변화를 유도하였다는 점에서 의의가 크다.

하지만 민간 기업의 주도로 이루어지고 있음에도 불구하고 민간 기업이 수익성 측면에서 거듭되는 적자로 채산성을 확보하지 못하고 있다는 사실에 대한 해결책 마련이 절실하다. 뿐만 아니라 남한의 민간 기업에 의해 사업이 추진되다 보니 북한의 의도에 쉽게 휘둘린다는 점, 폐쇄적이고 한정적인 대북 사업의 성격, 남측의 방문객이 북한의 체제 선전활동에 일방적으로 노출되어 있다는 점 역시 개선이 시급한 문제점으로 꼽힌다. 그러나 무엇보다 개선이 가장 절실한 문제는 현재의 관광교류 사업의 중단 상황에서 볼 수 있듯이 남북의 정치 · 군사적 관계 및 북한의 정책과 태도의 변화에 따라 사업의 안정적인 추진을 방해받는다는 점이며, 이는

관광 교류 사업뿐만 아니라 남북 교류협력 사업의 전반에 걸쳐 개선이 요구된다.

3) 사회·문화 교류 및 인도적 지원 사업

(1) 사회·문화 교류

1991년 대한탁구협회와 북한탁구협회가 남북한 단일팀을 구성하여 제41회 세계선수권대회에 출전한 것을 시작으로 사회·문화 교류가 꾸준히 진행되어 1998년 김대중 정부의 출범 이후 본격적으로 활성화되었으며 노무현 정부가 김대중 정부의 대북정책을 계승하여 평화번영정책을 펼친 2005년에는 10건 남짓이었던 남북협력 사업승인 건수가 47건까지 증가하는 성과를 거둔 바 있다. 또한 교류 분야도 학술과 문화·예술, 체육을 포함하여 종교와 언론, 출판, 과학·환경까지 아우르며 다양화·복합화되는 추세를 보여 왔으며, 제3국이 아닌 남북한 현지에서 문화 교류가 이루어지는 질적인 성장을 이루었다.

그러나 이후 정치·군사적인 영향에 의해 사회·문화 교류가 감소하면서 민간 차원의 교류가 여전히 정치에 예속되어 있음이 여실히 드러났고, 음반과 애니메이션 등 문화 콘텐츠의 제작, 광고 촬영 등의 사업 내용을 통해서 문화교류에 있어 자본의 영향이 점차 증대하고 있다. 이에 따라 문화 교류의 상품성이 상조되어 가고 있다는 사실을 확인할 수 있다.

아울러 효율적인 남북 교류 추진 및 정보·경험 공유 등을 위해 대북 교류단체들 간 협의체를 구성하여 회의를 개최하고 있다. 그러나 남북 당국 간 냉각기류가 장기화되고 있는 가운데, 통일부 자체평가에서도 남북 간 사회·문화 교류가 미흡한 것으로 나타났다. 통일부가 2010년 3월에 국회에 제출한 ≪2009년 자체 평가결과 보고서≫에 따르면 지난해 36개 관리과제 가운데 '사회·문화 교류협력 심화발전'과 '농수산 협력추진' 등 2개 과제가 최하위 등급인 '미흡'으로 분류됐다. 남북 간 사회·문화 협력 사업은 이명박 정부 출범 전후 (2008.1.8. 이후) 신규 사업 승인건

표 3-12 남북협력기금 지원 사업 구분

구분	성 격	재원	주요 사업내역
개별 사업	한 단체가 추진하는 개별사업	매칭 펀드	▪ 농업분야: 씨감자, 젖소농장, 조림사업 ▪ 보건의료: 병원·제약공장 시설, 의료품 ▪ 취약계층 지원: 육아원, 소학교 급식, 공책 공장, 주택 개보수
합동 사업	3개 이상의 단체가 컨소시엄을 구성하여 추진하는 사업	매칭 펀드	▪ 북한의 자립·자활 능력을 제고하기 위한 중장기적 사업 ▪ 모자보건 복지사업, 보건의료체계 개선사업, 종합복지 모델 개발사업, 주거환경 개선 및 농촌 시범마을 조성사업
정책 사업	정부의 정책적 판단에 의해 관련분야 전문가 추천 등으로 사업을 기획·발굴하여 지원하는 사업	전액 기금	▪ 못자리용 비닐 지원 사업, 북한 의료인 교육 훈련사업, 제약공장 원료 지원 사업, 산림녹화 시범사업

자료: 통일부 홈페이지(http://www.unikorea.go.kr/) 자료마당

수가 하나도 없고, 농수산 협력추진의 경우 2009년 업무보고에서 남북관계 전환 시 남북공동영농사업 등을 추진하겠다고 밝혔지만 역시 별다른 성과를 내지 못하고 있다. 이들 2개 과제의 경우 남북 당국 간 협의를 바탕으로 추진돼야 하는 과제의 특성상 북한 핵실험 등으로 남북관계 악화의 영향을 직접 받을 수밖에 없는 상황이지만, 결국은 정부의 남북 교류협력에 대한 소극적 자세가 가장 큰 영향을 미친 것이라 할 수 있다.

(2) 대북 지원

1995년 북한의 국제사회를 향한 지원 요청에 따라 한국 정부가 식량 15만 톤을 무상으로 지원하고, 동년 정부가 민간의 대북 지원을 허용한 이후 정부와 민간은 국세사회와 함께 다양한 방식으로 대북 지원에 동참해 왔다.

정부는 식량과 비료 등을 직접 지원하기도 하고, WFP, WHO 등 다양한 국제기구와 국내 민간단체와 협력하여 간접적인 지원 사업을 수행하기도 하였다. 2000년부터 2007년까지 차관의 형태로 8,700억여 원에 달하는 쌀 240만 톤과 옥수수 20만 톤을 지원하였고, 식량 증산을 통해 북한 내 식량 상황을 근본적으로 개선한다는 목표 아래 1999년부터 2007년까지 총 255.5만 톤의 배료를 지원한 바 있다. 또한 2004년 용천역 폭발사건, 2005년 조류인플루엔자 방역지원과 수해지원, 2006년과 2007년의 수해지원 등 북한 내 재난 발생 시 긴급 구호 지원을 제공해 왔다.

특히 정부는 북한의 대표적인 취약 계층인 영유아의 영양과 의료 문제를 해결하기 위하여 2005년 평양 이외의 군 단위 지역에 국제기구, 민간단체와 공동으로 영유아 지원 사업 계획을 수립하였다. 이 계획은 영유아의 영양 개선, 질병 예방 및 치료사업, 건강관리시스템 복구 사업에 관한 내용을 담고 있다. 이 계획에 따라 2006년 UNICEF, WHO와 협력하여 사업을 수행하였고, 2007년에는 정부의 지원으로 한국JTS, 우리민족서로돕기운동본부 등이 주관으로 18개의 단체가 참여한 5개의 컨소시엄이 영유아 지원 사업에 참여하였다.

민간 차원의 대북 지원 사업은 1995년 이후 국제적십자연맹을 통한 간접지원 방식으로 전개되어 오다가 1997년 남북적십자 간 '남북적십자 사이의 구호물자 전달 절차에 관한 합의서'가 채택됨에 따라 대한적십자사 단일 창구를 통한 남북 간 직접지원 방식으로 발전하였다. 그리고 1999년 정부가 대북 지원 창구 다원화 조치를 발표하면서 민간단체가 직접 지원하는 방식으로 대북 지원 사업이 이루어져 왔다. 대북 지원 사업을 수행하는 민간단체는 1999년 10개에서 2009년 기준으로 83개까지 증가하였다.

특히 2000년부터 독자 창구나 대한적십자사를 통한 지원 이외에 민간단체의 인도적 대북 지원 사업에 대해 남북협력기금을 통한 지원이 시작되었는데 이는 개별사업, 합동사업, 정책 사업으로 구분된다. 〈표 3-13〉을 통해서 확인할 수 있듯이 독자 및 민·관 협력을 통한 민간단체의 대북 지원은 첫째, 민간단체들 사이에서 북한에게 물고기가 아니라 물고기

▌표 3-13▌ **대북지원 현황**

(단위: 억 원)

구 분		'95	'96	'97	'98	'99	'00	'01	'02	'03	'04	'05	'06	'07	'08	'09	합계
정부지원	무상지원	1,854	24	240	154	339	944	913	1,075	1,016	1,211	1,240	2,139	1,767	197	184	13,297
	민간기금지원액						34	62	65	81	102	120	134	216	241	77	1,132
	식량차관	-	-	-	-	-	1,067	-	1,510	1,510	1,359	1,787	-	1,505	-		8,728
	계	1,854	24	240	154	339	2,085	975	2,650	2,607	2,672	3,147	2,273	3,488	438	261	23,157
민간차원(무상)		2	12	182	275	223	387	782	576	766	1,558	779	709	909	725	376	8,261
총액		1,856	36	422	429	562	2,422	1,757	3,226	3,373	4,230	3,926	2,982	4,397	1,163	637	31,418

자료: 통일부 홈페이지(http://www.unikorea.go.kr/) 자료마당

잡는 기술을 알려주자는 주장이 제기되면서 긴급 구호나 일회성 지원, 단순물품 지원에서 출발하여 점차 북한에 기술 전수가 가능하거나 자립·자활 능력을 향상시킬 수 있는 개발 지원으로 성격이 변화하고 있다. 둘째, 농업 개발, 환경 보호, 보건 의료, 영양 개선, 취약계층 지원 등 전문화된 영역으로 발전하여 왔다. 셋째, 지원 품목도 농자재, 농기구, 전문의약품, 의료기기, 병원 및 제약공장 시설기자재 등으로 다양화되고 있다.

이상의 정부와 민간 차원의 대북지원 사업은 남북관계의 개선과 북한의 변화를 유도하기 위한 정치적 목표, 북한의 자립능력의 향상을 통한 향후 통일비용의 절감이라는 경제적 목표, 북한 주민의 복지 증진을 위한 사회적 목표와, 말라리아 병충해 방제, 임진강 치수사업 등과 같은 호혜적이며 환경적인 목표를 바탕으로 전개되어 왔다. 이에 대해 국내에서는 인도적 차원의 대북 지원 사업은 단기적으로 남북 화해를 위한 효과적인

기능을 수행하고, 장기적으로 통일 대비 과정이라는 대북 포용론적 관점이 존재하는 동시에, 북한의 변화를 유도하지 못한 채 정권의 수명만 연장시키는 무리한 '퍼주기'라는 비판론적 관점이 팽배하다.

이러한 가운데 이명박 정권 출범 이후 민간 차원의 지원 외에 정부 차원에서의 대규모 지원은 거의 이루어지지 않고 있으며, 고위회담, 이산가족 상봉, 식량지원의 전무하다는 '3무(無) 대북정책'의 변화 가능성에 귀추가 주목되고 있다.

(3) 이산가족 상봉

당국 차원의 공식적인 이산가족 상봉은 1985년 9월의 이산가족 고향방문 이후 15년 동안 중단되었다가 2000년 김대중 정부의 6·15정상회담을 계기로 재개되었다. 그 이후 2007년까지 10월 까지 매년 한 두 차례의 상봉이 지속되다가 이명박 정부 출범 이후 북한과의 정치·군사적 불화로 2000년의 〈6·15선언〉과 2007년 〈10·4선언〉의 이행을 거부하며 약 2년 동안 이산가족 상봉 실적이 전무하다. 그리고 2009년 남북한 합의에 의해 이산가족 상봉 행사를 개최하여 200명 가량의 이산가족이 상봉하였다. 2010년 '천안함 사건'의 발생 이후 북한은 국제적 고립과 제재를 탈피하고, 한국의 지원을 얻기 위한 전략적 카드로 추석절 이산가족 상봉을 제의하였고, 이에 한국 정부는 이산가족 상봉의 정례화를 맞제의하겠다고 발표하여 향후 이산가족 상봉 문제의 진전이 있을 것이라 예상된다.

그러나 그간의 전례와 현 상황을 미루어 볼 때 이산가족 문제는 남북관계의 의미 있는 개선을 목표로 인도주의적 차원에서 접근하였다기보다는 상황 타파를 위한 전략적인 카드로 이용되었다는 점을 확인할 수 있다. 즉 북한이 대남통일전략 전술의 카드이자 경색된 대미·대남관계를 풀고, 국제적 제재에서 벗어나기 위한 정치 외교적 지렛대로 이 문제를 이용하면서 이산가족 상봉의 중단과 재개가 반복된 것이다.

2007년 10월까지 매년 한두 차례의 상봉 행사를 개최하였음에도 불구하고 현재까지 17차례의 대면 상봉으로 1만 7천여 명, 7차례의 화상 상봉으로 3,700여 명의 상봉이 성사되어 2만여 명(2만 848명)에 불과한 인원이 가족과 상봉하였다. 상봉행사의 중단이 반복되고, 상봉 인원도 제한적인 상황에서 이산가족의 고령화는 급속히 진행되어 해마다 고령의 이산가족 3,000~4,000여 명이 헤어진 가족을 품에 안아 보지 못하고 사망하는 비극이 일어나고 있다.

통일부 집계에 따르면 1988년부터 2010년 8월까지 상봉 신청을 한 사람만 12만 8,123명에 달하고, 그 중 34.4%인 4만 3,990여 명이 사망하고 65.6%인 8만 4,133여 명이 생존해 있다. 현재 이산가족 상봉 신청자들은 모두 50대 이상이며, 70대 이상의 고령층이 전체의 77.3%를 차지한다. 그리고 이 고령의 이산가족 신청자의 대부분은 평균 기대여명으로 미루어 볼 때 약 23년 이후에는 모두 사망할 것으로 예상된다.

이와 같은 상황에서 정치적 상황에 따른 상봉 행사의 반복적인 중단이 일어나지 않도록 상봉 행사의 상시화 및 정례화를 적극적으로 추진해야 하고, 상봉 승인인원과 범위 또한 대폭 확대해야 한다. 뿐만 아니라 1990년 이후 꾸준히 이루어진 민간 차원의 이산가족 교류활동의 실효성 있는 지원 방안도 강구되어야 한다.

표 3-14 남북교역 규모

(단위: 백만 달러)

구분	'89	'90	'91	'92	'93	'94	'95	'96	'97	'98	'99	'00	'01	'02	'03	'04	'05	'06	'07	계
반출	-	2	6	11	8	18	64	70	115	130	212	273	227	370	435	439	715	830	1,032	4,975
반입	19	12	106	163	178	176	223	182	193	92	122	152	176	272	289	258	340	520	765	4,238
계	19	14	112	174	186	194	287	252	308	222	334	425	403	642	724	697	1,055	1,350	1,797	9,195

표 3-15 금강산 관광객 현황표

구분	'98.11~12	'99	'00	'01	'02	'03	'04	'05	'06	'07	총계
계	10,554	148,074	213,009	57,879	84,727	74,334	268,420	298,247	234,446	345,006	1,734,696

※ 이산가족행사 및 남북공동행사 등을 위한 금강산 지역 방북인원은 제외

▌표 3-16▌ **사회문화 분야 남북왕래 인원**

(단위: 명)

구분	분야	'89~'97	'98	'99	'00	'01	'02	'03	'04	'05	'06	'07	계
방북	교육학술	19	21	1	76	76	68	360	797	273	273	827	2,783
	문화예술	17	87	92	25	134	513	34	784	286	138	271	2,395
	체육	187	0	163	446	310	326	1.190	5	799	266	1,198	4,890
	종교	9	-	39	47	86	165	584	376	1,231	788	4,899	8,275
	언론출판	11	48	14	143	82	84	253	107	1,122	487	289	2,630
	과학기술	12	31	16	8	13	37	51	121	0	43	135	345
	기타	446	1	1	476	2,215	1,308	923	1,367	7,066	2,266	4,720	20,789
방북 소계		701	239	330	1,150	2,916	2,501	3,395	3,557	10,777	4,324	12,217	42,107
방남	교육학술							18	41		21	19	99
	문화예술	33			336				141			30	540
	체육	148		62		1	765	717		78	4	213	1,988
	종교												0
	언론출판									60			60
	과학기술												0
	기타	353			68	31	172	206	98	537	268	221	1,954
방남 소계		534	0	62	404	32	937	941	280	675	293	483	4,641
합계		1.235	239	392	1,554	2,948	3,438	4,336	3,837	11,452	4,617	12,700	46,7248

제4장
동북아 질서 변환과 탈냉전 국제사회

1950년대 국제사회의 특징이 미국과 소련에 의한 극한정책(brinkmanship)의 대결이었다면, 1960년대의 특징으로는 힘에 의존한 권력정치의 양극성이 앞의 시기에 비하여 호소력과 설득력을 상실한 상태에서 이루어졌다고 볼 수 있다. 그것은 미국과 소련이 국제사회의 가치와 힘을 더 이상 독점적으로 향유할 수 없는 근본적인 변화에 직면하게 되었다는 것을 의미한다. 1960년대의 가장 큰 특징의 하나는 중국이 국제무대에서 무시할 수 없는 핵보유국으로 등장했다는 것과, 중국과 소련 간에 돌이킬 수 없을 정도의 심각한 분쟁이 일어났다는 점이다. 이러한 의미에서 양극체제가 2점반체제(two and a half system)로 변모된 것으로 지칭되기도 했다. 말하자면, 미·소 초강대국 관계 사이에 중국이라는 반(半)강대국이 포함됨으로써 유럽 및 기타 지역에서는 여전히 양극체제가 존속하였지만, 동아시아, 특히 동북아시아에서는 다극체제가 형성되기 시작했다는 것을 뜻한다. 그리고 미·소의 양극질서가 군사적인 면에서는 존속되었으나, 비군사적으로는 다극질서가 유지되었다는 의미로 소개되기도 했다.

1. 다극체제의 형성과 전개

1) 다극체제의 형성배경

제2차 세계대전 이후 미국 트루먼 행정부의 반공정책과 대소 봉쇄정책의 결과로 형성된 국제정치체제의 양극화현상(bipolarization)은 1960년대 말에 이르러 점차 사라지기 시작하여 1969년 닉슨 행정부가 출범할 당시에는 다극화현상(multipolarization)이 두드러졌다. 물론 이와 같은 현상이 나타나게 된 것은 미국과 소련이라는 두 초강대국들의 대외정책 변화에도 원인이 있지만, 이에 못지않게 전후에 발생했던 여러 국제환경의 변화에 의해서도 커다란 영향을 받았다. 이처럼 양극체제가 다극체제로 변화하게 된 배경으로는 대체로 다음과 같은 사항들을 지적할 수 있다.

(1) 미국과 소련 간의 군사력 균형

미국과 소련은 1960년대 후반에 이르러 핵무기와 장거리 미사일 등의 첨단무기 분야에서 전 세계 인류를 파멸시키기에 충분할 정도의 군사력을 보유하게 되었고, 특히 전략핵무기 분야에서는 어느 정도의 균형을 이루게 되었다. 미・소의 전략무기 분야에서 중요한 비중을 차지한 대륙간탄도미사일(ICBM)의 경우, 1966년 미국이 904기로서 소련의 300기에 비해 약 3배를 더 보유하였다. 그런데 1969년에 이르러서는 미국의 미사일이 1,054기이고 소련이 1,050기로서 양국이 거의 동등한 상태를 이루었다. 그러다가 1970년대에 들어와서는 오히려 소련이 미국보다 더 많은 수의 미사일을 보유하게 됨으로써 전략무기 분야에서 미・소 간의 균형은 점차 깨지게 되었다.

사실상 이는 단순히 양적인 비교에 불과한 것으로, 미사일의 사정거리와 파괴력 등 질적인 문제가 전혀 고려되지 않았기 때문에, 소련이 미국보다 군사력에서 절대적인 우위 상태에 놓이게 되었다고 말할 수는 없다. 그러나 소련이 이처럼 군사력을 대폭적으로 증강함에 따라 미국의 힘과 영향력은 상대적으로 감소되었다. 이에 따라 미 · 소 양국은 그 어느 때보다도 핵전쟁의 위험을 공감하게 되었고, 핵전쟁의 위기에서 벗어나기 위해 노력하게 되었다. 그러한 노력의 일환으로 미 · 소는 1970년 핵확산금지조약(NPT)을 체결하였고, 1972년에는 전략무기제한협정을 체결하게 되었다. 그 결과 양국은 이데올로기와 군사적인 대결양상에서 벗어나 상호 긴장 완화를 모색하게 되었다.

(2) 일본과 서유럽 국가들의 경제성장과 독자노선 추구

제2차 세계대전의 패전국이었던 일본은 전후 복구를 마치고 나서 국가 재건을 위한 경제발전에 주력한 결과 미국과 소련에 이어 세계 제3위의 경제대국으로 급성장하였다. 또한 영국 · 프랑스 등 전시 연합국들은 물론, 패전국이었던 독일도 급속한 경제성장을 이룩함으로써 국제사회에서 그들의 정치적 영향력을 점차 확대시켜 나가게 되었다. 즉, 1972년에 유럽공동체(EC)의 국민총생산(GNP)은 7천억 달러, 외환보유고는 6백억 달러, 그리고 조세수입은 2천 5백억 달러에 달함으로써 오히려 미국경제를 능가하게 되었다.

이와 같이 일본과 서유럽 국가들이 눈부신 경제성장을 이루게 된 것은 다분히 미국의 경제적 원조와 기술 제공, 그리고 군사적인 보호가 있었기 때문이다. 따라서 또다시 막강한 경제력을 보유하게 된 이들 국가들은 이를 바탕으로 점차 정치적인 영향력을 확대시켜 나갔으며, 외교적으로도 미국의 제약으로부터 벗어나게 되었다. 예를 들어, 프랑스는 1964년에 중국을 승인한 데 이어, 같은 해 10월에는 서방 국가로서는 최초로 소련에 3억 5천만 달러의 차관을 제공하였다. 그리고 1966년 3월에 NATO의 군사조직으로부터 자국의 군대를 철수시키는 한편, 같은 해 10월에는 드골(Charles de Gaulle) 대통령이 소련을 방문하여 양국 간의 관계 개선을 모색하였다.

서독도 국력신장을 바탕으로 1960년대 초부터 중국과 교역을 시작하였고, 1960년대 말부터는 1951년 이래 대외정책의 준칙으로 삼아 왔던

'할슈타인 원칙(Hallstein Doctrine)'을 포기하였다. 그리하여 서독은 소련과 동독 및 동유럽 공산주의 국가들과의 정치·외교적 관계 개선과 경제협력을 모색하는 동방정책(Ostpolitik)을 적극적으로 추진하는 등 양극체제하에서 미국에 의해 금기시되어 온 공산주의 국가들과의 접촉 및 교류를 활발히 전개하였다. 그러한 예로서, 서독은 1970년에 소련과 상호무력포기협정에 서명하였으며, 1972년과 1973년에는 동독과 상호무력행사포기조약과 기본조약을 각각 체결하였다. 그 밖에 1970년과 1971년에 걸쳐서 이탈리아·오스트리아·벨기에 등 유럽 국가들도 각각 중국과 국교를 정상화하였다. 한편 일본도 1970년대에 들어와 중국과의 관계 개선에 주력하여 1972년 9월에 국교를 정상화하였다. 이처럼 일본과 서유럽 국가들은 그들의 경제력 향상을 토대로 정치·외교적으로 독자성을 확보해 나갔다. 그런데 이러한 일본과 서유럽 국가들의 공산주의 국가들에 대한 접근은 분명 양극체제하에서 미국의 대외정책을 중심으로 한 봉쇄정책과는 극단적으로 상반되는 정책이었다.

(3) 중·소분쟁의 격화

1956년 2월 제20차 소련공산당대회에서 흐루시초프(Nikita Khrushchyov)가 전임 통치자 스탈린(Joseph Stalin)의 정책과 개인우상화를 비난하는 연설을 하고, 이에 따라 소련 국내에서 스탈린 격하운동이 전개됨으로써 본격화된 중·소 간의 이념논쟁은 흐루시초프가 서방세계와의 전쟁불가피론에서 탈피하여 평화공존정책을 추구함으로써 한층 격화되었다. 또한 중국과 소련은 1969년 3월 중·소 국경선의 일부인 우수리강 가운데에 있는 진보도(珍寶島) — 소련명 다만스키(Damansky) 섬 — 에서 국경수비대 간에 무력충돌이 발생하는 등 수차례에 걸쳐서 국경분쟁을 일으킴으로써 양국관계는 극도로 악화되었다.

중국은 아시아의 강대국으로 점차 부상하였고, 소련에 복종하지 않아도 될 만큼 그 지위와 영향력이 크게 증대되었다. 중국이 이념적·외교적으로도 독립성을 지니게 되면서 소련 중심의 공산주의 블록은 와해되기 시작하였다. 특히, 중국은 1970년대에 들어와 미국 및 일본과 관계 개선을 이루게 되었을 뿐만 아니라 대만을 대신하여 전체 중국을 대표하는 유일·합법정부로서 유엔안보리의 상임이사국이 되는 등 국제사회에서의 지위가 크게 향상되었다.

(4) 소련 내부의 변화와 동유럽 국가들의 탈소 경향

1953년 소련은 스탈린의 사망 이후 집단지도체제를 형성하게 되었고, 낙후된 경세를 발전시키기 위해 부분적으로 자본주의 요소들을 도입하는 등 자본주의와 사회주의 간의 극한적 대결 필요성을 그다지 느끼지 못하게 되었다.

동유럽과 중유럽의 공산주의 국가들도 소련 중심의 획일적인 정책노선에서 탈피하게 되었다. 즉, 소련의 강압적인 통치에 대한 반발로 인해 1956년 폴란드와 헝가리에서는 탈소(脫蘇) 자유화를 부르짖는 대규모의 민주화시위가 발생하였으며, 1968년 체코에서도 '프라하의 봄'이라고 불리는 대규모의 민주화시위가 발생하였다. 그 밖에도 티토(J. B. Tito)가 이끄는 유고슬라비아는 탈소·독자노선을 적극적으로 추구하였고, 알바니아는 노골적인 친중국 경향을 보이게 되었다.

다시 말해서, 폴란드·헝가리·루마니아 등 대부분의 동유럽 국가들은 정책결정의 독자성을 추구하며, 국내외 문제에 대해 과거보다 폭넓은 자유를 누리게 되었을 뿐만 아니라, 서방 국가들과의 경제·문화적 교류 증대에 주력하게 되었다. 그 대표적인 예로서, 1970년 루마니아의 대통령 차우세스쿠(N. Ceausescu)는 프랑스와 중국을 방문하였다. 또한 루마니아는 서방 자본주의 국가 중심의 세계은행(IBRD) 및 국제통화기금(IMF)에 가입했으며, 1974년에는 미국과 무역협정을 체결하여 공산주의 국가로서는 최초로 미국으로부터 최혜국(Most-favored Nation; MFN) 대우를 받았다. 이러한 동유럽과 중유럽 국가들의 탈소 움직임은 중·소분쟁과 더불어 공산주의 진영의 분열을 가속화시키는 요인으로 작용했다.

(5) 신생 국가들의 주권 회복과 발언권 강화

제2차 세계대전 이후 아시아・아프리카・중동 국가들은 정치적 독립을 획득한 후 유엔 등 국제무대에 적극적으로 참여하여 자신들의 이익과 주장을 내세우게 되었다. 대부분 경제적으로 후진국가인 이들 신생 국가는 비동맹정책(non-alignment policy)을 추구함으로써, 강대국의 동맹체제에 편입되거나 미・소 강대국 중 어느 한 국가의 위성국가로 속하는 것을 거부하는 등 외교적인 독자성을 추구하게 되었다. 비동맹노선은 인도의 네루(J. Nehru)와 인도네시아의 수카르노(A. Sukarno), 유고슬라비아의 티토 등이 주축이 되어 전개하였는데, 이 노선에 동조하는 국가들은 1955년 4월 인도네시아의 반둥에서 제1차 '아시아・아프리카회의'를 개최한 데 이어, 1961년 9월에는 유고슬라비아의 베오그라드에서 아시아, 아프리카, 중남미 25개 국가의 원수들이 참가한 가운데 제1차 비동맹정상회의를 개최하였다.

이처럼 비동맹노선이 널리 확산될 수 있었던 배경은 대부분의 신생국들이 전후 민족주의와 반제국주의・반식민주의를 주장하였고, 경제적으로도 낙후되어 있다는 공통점을 지녔기 때문이다. 더욱이 이들 신생독립국가들은 자원민족주의를 슬로건으로 내세워 국제사회에서 그들의 경제적인 부의 증대는 물론, 이를 바탕으로 그들의 정치적인 영향력을 점차 증대시켜 나갔다. 이와 같이 신생 독립국가들의 등장은 국제사회에서 행위자의 수를 증가시켰을 뿐만 아니라 냉전체제 하의 첨예한 긴장과 적대감을 감소시키는 결과를 초래하였다.

이에 따라 미국과 소련도 자국의 영향력을 지속적으로 유지・확대하기 위해 신생 국가들과 군사동맹체제를 강화하는 대신에, 그 국가들과 무역을 확대하고 경제 지원을 하는 등 우호협력 관계의 증진에 치중하게 되었다.

이처럼 1960년대 중반 이후 전반적인 국제환경의 변화는 전후 미・소 간의 냉전을 바탕으로 형성되었던 공고한 양극체제를 이완시켰을 뿐만 아니라 양극체제가 다극체제로 전환되는 계기를 마련하였다.

2. 탈냉전체제의 형성과 동북아 국제질서

1989년 몰타에서 미국의 부시(George H. W. Bush) 대통령과 소련의 고르바초프(Mikhail Gorbachyov) 대통령 사이에 개최된 미·소 정상회담을 통하여 냉전 종식이 공식적으로 선언되었다. 다시 말해서, 탈냉전(post cold war) 체제는 1980년대 후반 들어 동유럽과 중유럽 공산주의 국가들에서 탈공산화 및 민주화의 대변혁이 발생하고, 1991년 공산주의 종주국인 소련이 해체됨에 따라 형성되었다.

동서 간의 냉전은 시기적으로는 1980년대 중반부터 그 붕괴 조짐이 나타나기 시작했다고 볼 수 있다. 특히, 공산주의 체제의 변화와 붕괴는 1985년 3월 고르바초프가 새로운 소련공산당 서기장으로 취임하면서 본격적으로 시작되었다. 고르바초프는 집권과 함께 '인간의 얼굴을 가진 사회주의'를 지향하며 페레스트로이카(Perestroika)와 글라스노스트(Glasnost)로 지칭되는 개혁·개방 정책을 적극적으로 추진하였다. 특히, 외교적인 측면에서 고르바초프는 1986년 7월 '블라디보스토크 연설'을 통해 중국 및 아시아·태평양 국가들과의 관계 개선에 중점을 둘 것을 밝혔다. 또한 1987년 12월에는 미국과 중거리핵전력(INF) 폐기협정을 체결하였고, 이듬해인 1988년 3월 18일에는 '신베오그라드 선언'을 통해 동유럽과 중유럽 공산주의 국가들에 대한 불간섭정책을 밝혔다. 이 밖에도 고르바초프는 1988년 12월 유엔 연설을 통해 동유럽에 주둔해 있는 소련군 50만 명을 감축하겠다고 선언하였으며, 이듬해인 1989년 12월에는 몰타에서의 미·소 정상회담을 통해 냉전 종식을 선언하였다.

그러나 고르바초프의 개혁·개방 정책은 연방공화국들의 분리·독립 움직임으로 이어지게 되었다. 그러한 예로, 1989년 10월 아세르바이산과 키르기스 공화국이 주권선언을 하였고, 1990년에는 에스토니아·리투아니아·라트비아 등 발트연안 3개 공화국이 소련으로부터 분리·독립을 선언함으로써 소연방의 해체가 본격화되기 시작하였다. 특히, 1991년 8월에는 강경 보수파에 의한 쿠데타가 실패로 돌아간 뒤 소연방의 해체는 한층 가속화되었다.

'신베오그라드 선언'은 새로운 국제정치질서의 재편성 과정에서 나타난 필연적인 산물이라고 할 수 있다. 즉, 서방세계에서 점차 정치적 영향력이 퇴조해 가는 미국과 마찬가지로, 공산주의 세계에서도 소련의 영향력이 점차 감소해 가는 국제정치의 다극화 추세를 반영한 것으로 보인다.

이상에서 살펴본 바와 같이, '신사고'*에 입각한 고르바초프의 개혁·개방 정책은 동유럽 공산주의권의 대변혁과 급기야는 소련의 붕괴를 가져옴으로써 냉전 종식에 결정적인 영향을 미쳤다고 하겠다. 또한 1990년 10월 냉전의 상징이 되어 왔던 동·서독이 통일됨으로써 1950년대 이래 지속되어 온 동서 진영 간의 첨예한 이데올로기의 대립과 군사적 대결양상은 대부분 소멸되었다. 따라서 1990년대에 들어와서는 과거와 같은 차원의 자본주의와 공산주의 간의 갈등과 대립은 더 이상 국제정치의 주된 특징이 되지 않는다.

1) 탈냉전체제의 특징

탈냉전체제라고 일컬어지는 새로운 국제정치체제는 1990년대에 들어와 구조적인 면에서 과거 냉전시대 미·소 중심의 양극체제가 아닌 '단극체제 하의 다극체제(uni-multipolar system)'로 변화한다. 즉, 냉전시대의 미·소 양극체제가 미국이라는 초강대국과 유럽연합·중국·일본·러시아가 병존하는 다극체제로 점차 변화된다는 점이다. 냉전이 종식된

* 신사고라는 용어는 1984년 말 고르바초프의 영국 의회 연설에서 처음 사용되었다. 그는 "핵시대는 불가피하게 새로운 정치적 사고를 요구하고 있다"고 언급했다. 신사고는 대체로 다음과 같은 요소들을 포괄하고 있다. 하나는 자본주의 체제와 사회주의 체제 간의 전쟁은 불가피하다는 레닌 및 스탈린의 정쟁불가피론을 기초로 하는 세계관을 수정해, 세계는 단순한 헤게모니의 분화가 아니며 동시에 통합되어가고 있는 상호의존적 관계가 진행되고 있다고 파악했다. 둘째로 상호 안전이라는 개념을 도입하고 보복위험에 의한 억지로부터 최저 수준으로의 핵감축과 모든 측면에서의 군비삭감을 통한 군사 균형을 기초로 하는 방어적 억지라는 개념으로 핵전략을 수정했다. 마지막으로 인류가 직면하고 있는 전 지구적 문제, 즉 핵전쟁, 기아 문제, 생태계 문제, 제3세계의 빈곤 문제 등을 제시하면서 계급적 이해관계를 넘어서는 전 인류적 가치의 존재를 강조했다.

이후 미국은 정치 · 경제 · 군사 등 모든 방면에 걸쳐 세계적 초강대국의 지위를 유지하고 있고, 러시아는 정치 · 경제적으로는 불안정하지만 여전히 군사 강대국으로 남아 있으며, 중국과 일본은 아시아에서 정치 · 경제 · 군사적 강대국으로서의 지위 확보를 위해 노력하고 있다. 또한 유럽도 유럽연합(EU)이라는 막강한 경제공동체 형성을 바탕으로 세계무대에서 정치 · 경제적 역할 증대를 적극 모색하고 있다.

특히, 소련 붕괴 이후 세계 유일의 초강대국이 된 미국은 인권과 무역 문제를 상호 연계시키면서 전 세계적으로 자국의 영향력을 확대해 나가고 있다. 1993년에 출범한 클린턴(Bill Clinton) 행정부는 ① 경제안보를 미국 대외정책의 근간으로 삼고, ② 새로운 안보 위협에 대처하기 위해 막강한 군사력을 유지하며, ③ 미국이 전통적으로 지지해 온 주요 가치인 자유민주주의와 시장경제체제를 확산시키는 데 주력하였다. 이러한 점은 클린턴 행정부 이후에 출범한 공화당의 부시(George W. Bush) 행정부도 마찬가지이다.

중국은 1970년대 후반 덩샤오핑(鄧小平) 체제의 수립 이래 '4개 현대화'를 위해 적극적으로 추진해 온 개혁 · 개방 정책이 상당한 성과를 거두게 됨에 따라 이를 바탕으로 아시아 지역에서의 패권 확보를 위해 군사력을 강화시켜 나가고 있다.

한편 일본도 막강한 경제력을 바탕으로 점차 국제사회에서 자국의 정치적 영향력과 군사력을 강화하고자 하는 움직임을 보이고 있다. 즉, 1990년대 이후 일본은 유엔 평화유지활동(Peace Keeping Operation; PKO)에 적극적으로 참여할 뿐만 아니라 유엔안보리 상임이사국으로의 진출을 적극 모색하고 있다. 또한 1996년 4월 17일에는 미 · 일 정상회담을 통해 '신안보공동 선언'을 발표하였는데, 이 선언은 미 · 일 간의 안보관계를 일본이 미국의 군사력에 일방적으로 의존하던 종속적 관계에서 양국이 실질적으로 안보책임을 분담하는 동맹관계로 전환시키는 역사적 의미를 띤 것으로 알려져 있다. 이러한 미 · 일 신안보체제의 형성으로 아시아 · 태평양 지역에서 일본의 군사적 역할이 확대될 것으로 예상된다.

냉전체제의 구조적 특징은 미국과 소련이라는 두 초강대국의 존재, 양극화현상 그리고 핵무기의 존재와 핵무기에 의한 안보체제로 대별할 수 있다. 다시 말해서, 냉전체제의 특징은 무엇보다도 미・소 두 초강대국에 의해 주도되는 동서 양 진영이 정치, 경제, 군사 및 이데올로기의 측면에서 철저히 대립・대결하는 양상을 보여 왔다는 점이다.

이에 반해서 탈냉전체제는 냉전체제와는 다분히 상반된 특징을 보이는데, 이를 구체적으로 살펴보면 다음과 같다.

첫째, 냉전기간 동안 미국의 적대국으로서 사실상 공산주의 진영을 주도해 온 소련이 붕괴하여 국제사회에서 초강대국으로서의 지위를 상실했을 뿐만 아니라 더 이상 팽창정책을 추진할 수도 없게 되었다. 사실상 소련의 붕괴 이후 그 뒤를 승계한 러시아는 민주주의와 시장경제체제를 지향하기 때문에 더 이상 미국의 적대국이 아니며, 이에 따라 냉전하의 안보체제의 성격도 바뀌어 가고 있다. 이러한 점은 이미 미국의 전술핵 철수 선언과 구소련의 일방적인 핵무기 및 재래식 무기의 감축 등으로 현실화되었다. 특히, 탈냉전체제하에서는 과거 냉전시대의 미・소에 의한 안보체제를 유럽・중국 등을 포함하는 다자간 안보체제로 변화시킬 것으로 보인다.

둘째, 냉전체제의 붕괴로 인해 국제관계에서 군사・안보 문제가 분리되었으며, 군사동맹의 존재와는 별도로 경제적 이익 갈등이 국제관계의 주요 이슈로 제기되고 있다. 즉, 탈냉전체제의 형성 이후 세계 각국의 대외정책도 냉전시대처럼 이데올로기나 동맹관계에 의해 구속되거나 제한받지 않고, 오히려 자국의 국가이익, 특히 경제적 이익을 극대화하려는 방향으로 전개되고 있다. 보다 구체적으로 말해서, 냉전시대에는 동서 양 진영 간의 정치・군사・이데올로기적 대립과 대결로 인하여 우호국과 적대국의 구분이 명백했으나, 냉전이 종식됨에 따라 우호국과 적대국의 구분은 불분명해졌다. 따라서 과거의 적대국이 새로운 정치・군사적 협력의 파트너이자 경제적 지원의 주요 대상이 되고 있는 반면에, 과거의 군사적 동맹국이 정치적 갈등과 무역분쟁의 상대국으로 변모하는 것이

탈냉전시대의 두드러진 특징이라고 하겠다.

셋째, 탈냉전체제의 형성 이후 선진 자본주의 국가들과 개발도상국들 간의 문제도 '신국제정치경제질서'의 수립이라든가 외채 등과 같은 경제 문제에 집중되고 있다. 예를 들어, 중국이 탈냉전시대에서 추구하는 외교 정책 목표 중의 하나가 바로 '신국제정치경제질서'의 확립인데, 이러한 정책 목표는 냉전 종식 이후 미국이 주도하는 '신세계질서(New World Order)'에 대한 대응으로 나타나게 되었다. 중국은 부시 전 미국 대통령이 선포한 '신세계질서'에 대해 상당한 경계의 반응을 나타냈으며, 이는 전 세계에 걸쳐 미국의 패권을 확대시키기 위한 계략이라고 주장하였다. 사실상 중국은 미국이 주도하는 단극적인 국제정치체제의 형성을 바라지 않으며, 더욱이 미국이 냉전 종식 이후 군사력의 우위를 바탕으로 미국의 가치체계와 정치·경제 제도를 전 세계로 확대시키고자 하는 것도 반대해 왔다.

이상에서 살펴본 탈냉전체제의 특징은 전 세계적인 차원에서 나타나는 현상이기도 하지만, 한반도 주변의 동북아시아 국제질서에도 커다란 변화가 나타나고 있다. 즉, 냉전기간 동안에는 미국·일본·한국으로 이어지는 '남방 3각관계'와 소련·중국·북한으로 이어지는 '북방 3각관계'가 어느 정도 힘의 균형을 이루었으나, 1990년대 들어와 북한의 우호동맹국인 소련과 중국이 한국과 잇달아 외교관계를 수립함으로써 이러한 기존의 국가관계에 구조적인 변화가 나타나게 되었다. 또한 북한도 최근 한국의 전통적 우호동맹국인 미국 및 일본과의 관계개선과 수교를 적극적으로 추진하고 있기 때문에 이러한 구조적인 변화는 한층 가속화될 것으로 예상된다. 그러나 탈냉전체제의 형성이 곧 국제적인 안정과 평화를 보장해 주지는 않는다. 사실상 탈냉전시대에 들어와서도 여전히 국제적으로는 인종문제나 민족주의와 관련된 분쟁이 끊이지 않고 있다.

2) 탈냉전기 국제질서의 변화

1989년 동구 사회주의가 붕괴하고 1991년 소련이 해체되면서 국제적 냉전체제는 종식되었다.그 결과 미국 중심의 일극체제가 다시 공고화되었고 미국을 중심으로 신자유주의적 세계화가 시작되었다. 영미 중심의 금융자본주의가 글로벌 스탠다드가 되자 튼튼하던 일본의 대형 금융기관이 순식간에 부실화되었다. 반면에 세계자본주의 시장경제에 편입된 중국은 글로벌 연안제조업(global offshore manufacturing)의 중심이 되었고 글로벌 다국적 기업들의 집중적 투자로 '세계의 공장'이 되었다. 세계 제조업의 중심이 미국, 일본에서 중국으로 옮겨가면서 중국이 부상하였다. 중국은 현재 세계2위의 무역대국이고, 최대의 제조업 국가이며, 세계최대의 달러와 미국 국채 보유국이다. 군사력만 뺀다면 중국은 미국과 경쟁할 수 있는 명실상부한 G-2 대국이다. 한국과 대만, 홍콩, 싱가포르와 같은 네 마리 용은 하이텍 기술개발과 수입을 통해 세계자본주의의 '제조업 사슬(manufacturing chain)'에서 상위 수준으로 업그레이드했고, 특히 한국은 디지털화된 IT혁명을 수용하고 스스로 발전시켜 현재 모든 IT부문에서 글로벌 스탠다드를 설정하는 디지털 기술경제의 국가로 성장하였다. 일본은 두 차례 '잃어버린 10년(lost decade)'을 겪고 있지만, 여전히 자동차와 같은 전통적 제조업, 하이테크 부품산업에서 세계 최강자이며, 그동안 쌓아놓은 거대한 외환보유액은 어떤 글로벌 금융위기에도 견딜 수 있는 면역력을 가지고 있다.

동아시아의 부상과 함께 1588년 무적함대(Armada)의 침몰과 더불어 종말을 고했던 '지중해의 시대'가 400여 년 뒤 냉전 종식과 1989~1991년 소련제국의 해체, 세계화, 패권국가인 미국의 태평양 세력화로 '동아시아의 지중해'에서 새롭게 부활하고 있다. '동아시아 지중해 시대'의 도래를 이야기 할 수 있는 이유는, 첫째, 유로존 금융위기와 함께 통합 유럽연합인 EU가 현재의 패권국가인 미국을 대체할 잠재적 패권 경쟁자의 자격을 상실했다는 것이다. 당분간 EU는 유로존 위기를 수습하고 흐트러진 내부의 이반, 균열, 불화를 치유하고 다시 유럽통합을 업그레이드하는 데 몰두할 것이다.

둘째, 유럽과는 반대로 동아시아의 지중해의 역동성은 증대하고 있다. 미국은 이미 21세기에 들어서기 전 1980년대 말에 대서양 국가에서 태평양 국가가 되었으며, 많은 '미국 쇠퇴론'에도 불구하고 아태국가(Asia Pacific: 아시아 태평양 국가)로서의 미국의 패권은 최근의 금융위기에도 불구하고 도전받지 않을 것으로 보인다. 왜냐하면 미국은 현재 진행 중인 IT혁명을 선도하는 '지식 제국(Empire of Knowledge)'이고, 항공모함 전단을 기축으로 지구촌에서 유일하게 보유하고 있는 대양해군과 세계 132개국에 산재한 700~1,000개의 미군 기지를 바탕으로 지구촌 분쟁지역에서 언제라도 즉시 군사력을 투사할 수 있는 '군사기지 제국(Empire of Miltary Bases)'이며, 19세기 유럽의 제국들과 달리 영토적 야심이 없는 탈영토적 제국이기 때문에 기지 주둔국들이 미국에 대해 수용적이고 우호적이며, 하드파워보다는 소프트파워로 제국을 경영하는 탈근대적 제국인 미국에 도전할 수 있는 국가도 없고 가까운 장래에 패권국가가 미국을 대체할 수 있는 국가도 현재로서는 보이지 않기 때문이다.

중국은 이미 경제적으로 그리고 정치적으로 미국과 잠재적 경쟁자가 될 수 있는 G-2 국가가 되었고 중국의 지위는 유로존 금융위기와 미국의 불황이 계속되면서 상승하고 있다. 그러나 중국의 치명적 약점은 원천기술을 보유하지 못하고 아직 북미, EU, 동아시아 선진국들(일본, 한국, 대만, 싱가포르)과 경쟁 또는 보완 관계에 머물고 있다는 점과 전 세계에 중국의 군사력을 투사할 수 있는 대양해군을 보유하고 있지 못하다는 점이다.

한국은 아직 통일을 이루지 못하고 세계유일의 분단의 섬으로 남아 있는 어려움에도 불구하고, IT혁명의 물결에 재빠르게 편승하여 현재 IT부문에 있어서만은 선발 국가를 따라잡는 후발국가가 아니라 IT 글로벌 스탠다드를 설정하는 선도 국가가 되었고, 각종 디지털 지수(Digital Index: IT기술, 전자정부, 온라인 정치참여, 온라인 소통지수 등)에서 세계

정상을 달리고 있다. 한국은 동아시아 지중해의 십자로로서 해양세력(미국, 일본)과 대양세력(중국, 러시아) 간의 가교국가(架橋國家) 역할을 할 수 있는 지정학적 이점을 갖고 있다.

일본은 중국의 부상으로 상대적으로 중요성이 감소하고 있지만, 제조업에서는 세계최강이며, 미국 다음으로 원천기술을 많이 보유한 나라이고, 전통적 제조업뿐만 아니라 IT분야에서도 부품산업을 장악하고 있기 때문에 무역흑자 대국의 명성은 사라지지 않을 것으로 보인다. 그러나 일본은 여전히 명치시대의 탈아론(脫亞論)과 민족주의를 '동아시아 지중해 시대'에도 고집하여 입아론(入亞論)과 국제주의로 복귀하지 않고 미·일 안보동맹을 강화하여 일본 민족주의의 부활을 시도함으로써 동아시아 지중해 시대의 도래에 찬물을 끼얹고 있다.

이와 같이 세계 3대 경제대국(미, 중, 일)과 GDP기준으로 세계 13위이면서 세계 7대 무역대국인 한국이 핵심 구성원인 '동아시아 지중해'는 단연 EU와 북미를 압도하고 있다. '동아시아 지중해 시대'는 꿈이 아니라 현실이 되고 있다.

(1) 미국 주도의 다극체제 형성

양극체제의 붕괴 이후 나타나는 세력균형의 양상은 '미국 주도하의 다극체제'이다. 이를 비판하는 시각은 미국의 헤게모니를 보는 관점과 연관되어 있다. 우선 미국은 공산주의가 무너졌음에도 불구하고 세계 패권 및 동맹국 봉쇄라는 정책을 여전히 지속시키고 있다. 미국의 대외정책은 별다른 변화가 없다. 냉전 시기든지 그 이후든지 간에 미국의 주요 목표는 공산주의 봉쇄가 아니라 동·서방 모두에 대한 패권 구축이기 때문이다. 부시 행정부가 들어선 지금도 미국의 국방예산은 수천억 달러를 유지하고 있다. 미 국방부의 국방계획 지침을 살펴보면, 미국은 과거 소련과 같은 수준의 위협을 제기할 수 있는 새로운 경쟁국가의 등장을 방지하는 것을 제1의 목표로 삼았다. 그래서 미국의 전략은 소련의 붕괴와 관계없이 미국의 지도력을 계속적으로 유지해야 함을 강조하고 있다.

그러나 객관적 상황은 미국의 뜻대로 되지 않을 수 있다.

1991년 걸프전쟁의 발발은 새로운 국제질서를 드러내 준 본보기였다. 소련은 국제연합의 결정에 따랐고, 광범위한 국제적 합의하에 다국적군을 이끌고서 미국은 이라크군을 괴멸시켰다. 미국의 헤게모니는 양극체제 붕괴 후에도 여전히 튼튼히 유지되는 것처럼 보였으며, 부시(George H. W. Bush) 대통령의 국내 지지도는 92%에 달했다. 그러나 걸프전은 또한 미국 패권의 한계를 보여주었다. 냉전시기와는 달리 미국은 혼자서 국제 공공재를 제공할 능력이 없었다. 경제적으로 쇠락한 미국은 이러한 상황을 극복하기 위해서 불가피하게 공공재의 분담(burden sharing)을 여타 국가들에게 촉구할 수밖에 없었다. 걸프전의 비용에서 미국은 약 60%만 부담했고, 일본이 150억 달러, 독일이 90억 달러, 그리고 나머지 비용은 기타 연합국가들이 분담했다. 즉, 미국의 조정을 중심으로 한 선진국 간 국제협조 속에서 이루어지는 국제체제가 형성되었다고 할 수 있다. 그리고 이 체제에서는 미국의 패권 달성의 수단으로 미국 중심의 유엔 등 국제기구가 이용되고 있다.

독일과 일본이 미국에 대항하는 패권세력으로 떠오르고 있다는 지적도 있다. 그러나 독일과 일본은 경제적으로는 거인이나 아직 군사·정치적으로는 난쟁이에 불과하다. 1993년에 영국, 프랑스, 이탈리아의 경제가 모두 각각 1조 달러 정도의 GNP를 기록했고, 독일은 약 1조 7천억 달러를 기록했다. 이렇게 볼 때, 독일이나 혹은 어떤 한 나라가 유럽에서 독주하리라고 보이지는 않는다. 일본은 3조 5천억 달러를 기록했고, 미국은 7조 달러의 GNP를 유지했다.

이렇게 볼 때, 경제면에서 미국이 패권을 행사할 만한 여력이 부족함으로써 탈냉전 시기의 세력균형은 미국의 패권 쇠퇴와 여타 강대국들의 등장으로 다극화되는 양상을 보인다고 하겠다. 정확하게 표현한다면, 군사·정치 면에서는 미국 패권을 중심으로 한 '단극'체제이며 경제적인 면에서는 '다극'체제이다. 그러나 미국의 영향력에 대적할 만한 국가는 여전히 없으며, 따라서 미국의 주도권은 당분간 유효할 것이라고 보여진다. 즉, 이러한 상황을 고려해 볼 때 국제체제는 미국이 주도하고 몇몇의 국가들이 상층부를 구성하여 미국에 협조하는 다극적 구조를 형성하고 있다고 볼 수 있다. 결국 이 체제는 미국을 중심으로 비용을 분담하는 국가들에 의해 유지되는 패권체제이며, 비용분담국이 비용분담 이상의 이익을 얻을 수 있을 때 비로소 유지 가능한 체제이며, 국가주도권을 초월한 국제협조가 달성되는 체제이다.

이러한 세력균형체제는 사실상 불완전한 것으로, 궁극적으로는 다른 형태의 패권형태로 전환되어 갈 것이다. 다만 현재처럼 명백한 패권후보국이 없고, 특히 상층부 국가들의 이해관계가 현 체제의 유지를 선호하는 한, 단기간 내에 새로운 패권국가가 출현할 가능성은 적으리라 전망된다.

2001년의 9·11테러는 외부의 적으로부터 미국 본토가 직접 공격대상이 됨으로써 국가안보라는 차원에서 미국 본토 방위가 절박한 과제가 되었다. 이에 따라 미국은 9·11 직후인 2001년 9월 30일 QDR(Quadrennial Defense Review; ≪4년 주기 국방검토보고서≫)을 발표하여 미국과 동맹국을 위협할 수 있는 WMD 비확산 및 반확산 정책을 강력하게 추진할 것을 시사하였고, 연이어 NPR(Nuclear Posture Review; ≪핵태세검토보고서≫, 2002.1.), NSS(National Security Strategy; ≪국가안보전략보고서≫, 2002.9.)를 통해 핵선제공격 가능성까지 천명한 안보전략 기본방향을 제시하였다. 이와 같은 반테러·반확산을 중심으로 한 국제안보환경의 변화는 미국의 주도력을 강화시키고 있는 추세이다.

이처럼 냉전 종식과 세계화 진전으로 강대국 간의 전면전 가능성이 현저히 감소한 반면, 국제테러 및 초국가적 범죄, WMD 확산, 환경·자연을 둘러싼 갈등과 분쟁 등 다양한 형태의 위협이 개별국가의 전통적인 주권영역을 초월하여 범세계적 또는 지역적 차원에서 지속적으로 발생할 가능성이 커지고 있다. 이에 따라 부시(George W. Bush) 행정부는 세계적 차원에서의 군사력 재배치, 조직 재구성, 임무 재부여 등 전면 재조정을 통하여 21세기 안보환경에 대응할 수 있는 능력을 구비해 나갈 것임을 천명하였고, 기존 동맹체제에 대한 재조정작업도 본격화하였다.

(2) 국제질서의 제도화 확대

냉전 종식 이후 국제질서의 양상은 역사상 유래를 찾아볼 수 없는 수준의 제도화가 국제사회에 정착되고 있다. '제도화'란 행위 역할을 제시하고, 활동을 제한하며, 기대를 구성하는 지속적이며 서로 연결된 일련의 규칙들로 정의할 수 있는데, 국제적인 제도는 다음과 같은 세 가지 형태를 띨 수 있다. ① 공식적 형태로 존재하는 정부·비정부 간 조직체: 현재 UN 내외에 수백 개의 정부 간 조직이 존재하며, 이들은 명시적인 규칙과 강령들을 가졌다. ② 국제 레짐(International Regime): 국제관계에서 특정한 이슈에 대한 명시적인 규정 — 정부들이 합의한 — 을 가진 제도이다. 국가 간 협약이나 조약 등이 해당되는데, 예를 들면 1944년의 브레튼우즈체제, 미·소 간의 무기제한협정 따위가 여기에 속한다. ③ 전통과 관례(convention): 이것은 비공식적 제도인데, 암묵적인 규칙과 이해관계를 수반한다. 관례는 행위자들의 기대를 예상할 수 있게 해주며, 사실상 이것이 없다고 가정한다면 국제적 협약이나 교섭은 일어날 수가 없으며, 설혹 타결되었다 하더라도 지켜지리라고 기대할 수 없다.

제도와 레짐은 확실히 미국의 패권시대에 형성되었지만, 미국이 쇠퇴한 이후에도 계속 기능할 것으로 보인다. 레짐들이 헤게모니 쇠퇴 이후에도 국가들에게 가치를 인정받고 유지되는 경향이 있는 것은 그 레짐들이 중요한 기능을 수행하고 있으며, 또 그것들을 창조하거나 재건하는 것이 어려운 작업이기 때문이다.

(3) 민주주의의 확대

각 국가들의 국내 조건을 살펴볼 때 제1차 세계대전 이전의 전제주의, 1930년내의 독새제제와는 달리 선진 공업국가는 모두 다원적 민주정치 체제이다. 전 세계적으로 볼 때, 1922년에 29개 국가에 불과하던 민주주의 국가는 1990년에 이르러 59개 국가로 증가했다. 이는 전 세계 국가의 45.5%에 달하는데, 소연방 해체 후 독립한 15개의 공화국도 포함시킬 경우 50%를 넘어서 역사상 최고의 비율을 기록하고 있다. 모든 선진

공업국가 안에서는 잘 조직된 다양한 유형의 시민운동이 국가권력을 조건 짓고 제한한다. 동·서유럽에서 시민운동은 철의 장막을 걷어치우고 냉전을 종식하는 데 중요한 역할을 하기도 했다.

민주주의가 국제정치에 미치는 영향은 조심스럽게 언급되어야 한다. '민주주의 국가는 전쟁을 하지 않는다.'는 명제는 아직 타당성이 없다. 일찍이 민주화된 영국이나 미국도 20세기에 들어와 숱한 전쟁을 치러왔기 때문이다. 그러나 적어도 '민주주의 국가들끼리의 전쟁은 일어나지 않았다.'라고 말할 수는 있다. 때문에 만약 모든 국가들이 민주화된다면, 이러한 체제 내에서 전쟁이 사라질 수도 있을 것이다. 민주주의 국가들이 전쟁을 하지 않는 이유는 민주정치는 타협과 합의에 의하여 정책을 결정하며, 군에 대하여 문민통제가 이루어지고, 특히 국제적 긴장에 의존하지 않고서도 자유주의 질서가 형성될 수 있기 때문이다. 민주주의 국가와 권위주의 국가가 전쟁을 할 때는 민주주의 국가가 더 많은 승리를 거둔다(전체의 80%). 현재 민주주의 국가들은 전쟁 관여에 더욱 신중하며, 자유로운 논의를 통해서 더 정확하고 능률적인 정보를 처리한다. 비민주성과 인권이 문제시된 중국이 최근 대만을 상대로 군사적 시위를 벌이는 등 빈번히 동북아의 군사적 긴장을 야기하는 것은 이런 점에서 시사하는 바가 크다.

3. 탈냉전기 동북아 질서의 특징

1) 긴장완화 요인

(1) 역내질서의 다극화

동북아 국제체제는 미국을 정점으로 하는 '일초다강(一超多强)' 체제의 특징을 보인다. 소련 붕괴 이후 세계 유일 패권국의 지위를 누리는 미국은 동아시아에 10만 명의 전진배치 병력을 유지하고, 5개의 동아시아 국가들과 동맹관계를 통해 역내 질서를 주도하고 있다. 미국은 세계 최강의 군사력과 경제력, 그리고 정보력을 바탕으로 동북아시아에서 안정자 역할을 지속하고 있다. 미국의 국력을 감안할 때, 향후 상당기간 동안 동아시아에서 미국의 영향력은 유지될 것이다.

그러나 미국은 독자적으로 동아시아의 안정을 유지해 나가기보다는 역내 동맹국과의 역할분담을 통해 지역질서를 유지해 나가고자 한다. 이는 동북아에서 일본, 중국, 러시아의 역할이 상대적으로 강화되고 있기 때문이기도 하다. 다시 말해서, 냉전시기와는 달리 동북아 국제질서는 어느 특정의 강대국이 좌지우지할 수 없는 상황이 조성되고 있다는 것이다. 미국의 독자적인 힘으로 동북아 질서를 유지하기 어렵고, 역내 강대국들과의 협력을 통해서 지역질서를 안정적으로 유지해 나갈 수 있게 된 것이다. 이처럼 동북아 국제질서는 다극화의 방향으로 전환되고 있다.

일본은 세계적인 경제대국 위상에 걸맞은 정치·군사적 강대국으로 도약하려는 움직임을 보이고 있다. 일본은 1996년 미·일 신안보공동선언 이후 미국과 동맹관계를 강화하면서 대내적으로 주변사태법과 자위대법 개정안을 통과시켜 동아시아에서 군사적 영향력을 확대할 수 있는 여지를 마련해 놓았다. 일본은 첨단 과학기술을 보유하고 있기 때문에 언제든지 군사 강대국으로 발전할 수 있는 조건을 구비하고 있다. 또한 일본은 유엔안보리 상임이사국 진입을 시도하고 있고, 막강한 경제력을 바탕으로 중국, 러시아, 북한 등에 영향력을 행사할 수 있는 위치에 있다.

세계에서 가장 빠른 경제성장을 기록하는 중국은 미국의 동아시아 정책을 견제할 수 있는 지역 강대국으로 등장하였다. 미국은 중국의 협력 없이 동아시아 정책구상을 추진하기 어려운 실정이다. 1997년 이래 동아시아에서 금융위기 상황이 조성되었을 때, 동아시아 경제에 대한 중국의 영향력이 잘 드러난 바 있다. 만약 중국이 자국 상품의 수출증대를 위해 인민폐 평가절하를 단행하였더라면, 동아시아의 금융위기 상황은 더 악화되었을 것이다. 중국은 정치·군사적으로도 동북아시아에서 다극화 질서 구축을 주장하던 미국의 단일 지배체제를 견제할 수 있는 강대국

지위를 누리고 있다.

러시아는 대내 경제문제와 정치・사회적 불안정으로 동북아 지역에 대해 과거와 같은 영향력을 행사하지는 못하지만, 푸틴(V. Putin) 집권 이후 실리외교를 통해 영향력 회복을 모색하고 있다. 푸틴은 2000년 7월 러시아 대통령으로서는 처음으로 북한을 방문하여 북한과 공동선언을 발표하여 전통적 친선관계를 강화하기로 하고, 전역미사일방어체제 등 국제현안에 대한 공통 인식을 확인하였다. 또한 푸틴은 일본 오키나와에서 개최된 G8정상회담에서 미국이 시도하는 국가미사일방어와 전역미사일방어 구축 구상을 반대하였다. 대내 안정을 도모하고 광대한 영토와 자원을 효율적으로 활용하게 될 경우, 러시아가 동북아 문제에 대해 미치게 될 영향력을 무시하기 어렵다.

이상에서 살펴본 것처럼 동북아 질서는 더 이상 특정 강대국에 의해서 독단적으로 결정되기보다는 강대국 간의 상호작용과 지역국가들의 이해관계에 의해서 영향을 받게 되었다. 동북아 국제질서의 다극화현상은 남북한과 같은 지역국가의 독자적 외교영역 확대를 가능하게 하였다.

다극체제하의 동북아에서 강대국 간의 대규모 분쟁이 발생하게 될 가능성은 크게 감소하였다. 미・일・중・러 등 동북아 4강은 역내에서 영향력을 확대하기 위해 경쟁을 벌이면서도 상호 간 경제의존도 증대와 안보대화를 통해 협력을 모색하고 있다. 4강대국은 양자 간 대화와 아・태경제협력체 지도자회의 및 아세안지역포럼 등 다자 안보대화를 통해 분쟁의 소지를 줄여나가고 있다.

다극체제하에서는 국가 간 우적(友敵) 개념이 불분명하며, 역내 국가들 간에 이념적 대립이 크게 완화되고 있다. 탈냉전시대에는 이념적으로 상이한 역내 국가 간 안보 대화와 협력이 확대되는 추세를 보인다. 한국은 중・러와 군사안보관계를 확대하고 있고, 북한도 미・일과 고위급대화를 통해 관계 개선을 모색하고 있다. 물론 국가 간 우적 개념이 명확하지 않게 됨에 따라 미국과 소련의 안보우산하에 있었던 지역국가들은 안보문제를 스스로 해결해야 하는 부담을 갖게 되는 측면도 있지만, 국가 간의 관계에서 이념적 요인이 미치는 영향이 크게 감소하고, 실리 추구를 위한 협력 분위기가 확산되고 있다.

(2) 경제의존도 심화

동북아 지역은 세계에서 경제성장 속도가 가장 빠른 지역의 하나로서, 역내 국가 간 경제적 상호의존도가 심화되고 있다. 미국은 경제 연착륙정책을 성공적으로 실현함으로써 전후 가장 호황을 누리고 있으며, 중국은 개혁・개방 정책을 지속적으로 추진하여 경제성장과 안정을 동시에 달성하고 있다. 일본은 장기적인 경기침체 국면에 처해있으나, 세계경제에서 일본경제가 차지하는 비중은 여전히 막대하다. 한국은 국제통화기금체제에서 완전히 벗어나 새로운 경제도약을 모색하고 있고, 러시아와 북한도 경제회복을 최우선 국가정책 목표로 설정하고 있다.

이와 같은 동북아 지역 국가들의 경제발전은 상호 간 경제교류를 확대하고, 국가 간 거리를 단축시키는 요인으로 작용하고 있다. 미국은 한・중・일 3국과 2천억 달러 이상의 교역을 진행하였고, 이들 3국 모두가 미국의 10대 교역 상대국에 포함되어 있다. 일본의 대외무역에서 미・중・한국이 차지하는 비중은 절대적이라 할 만큼 높다. 대외 의존적 경제발전정책을 추진하는 중국도 동북아 지역 국가들과의 경제 교류와 협력을 중시한다. 역내 국가들의 경제가 고도의 상호보완적 성격을 지니고, 세계경제가 지역주의화와 집단화의 추세를 보인다는 점을 감안할 때, 동북아 국가 간의 상호 경제의존도는 더욱 증대될 것이다.

역내 국가들 간 경제협력에 관한 필요성이 증대함으로써 지역분쟁의 발발 가능성이 감소되고, 갈등을 대화와 타협을 통해 해결하게 된다. 미국과 중국은 대만문제, 인권문제, 국가미사일방어체제 구축문제 등을 둘러싸고 대립하면서도 상호 경제적 필요와 지역안정 유지를 위해 안보대화를 진행하여 갈등을 완화하고 있다. 과거사문제와 영토문제로 불편한 관계에 있는 중・일이 관계발전을 모색하는 이유 중의 하나도 경제적 필요성 때문이다.

2) 잠재적 갈등요인

(1) 강대국 간의 이해 대립

미·일·중·러 4강대국 모두 동북아에서 안정과 평화가 유지되기를 바라는 한편, 동북아 신질서가 자국에 유리하게 구축되기를 희망한다. 이들 4강대국은 동북아 신질서 구축과정에서 보다 많은 영향력을 행사함으로써 자국에 유리한 대외환경을 조성하고자 한다. 동북아에서 막대한 영향력을 행사하는 4강대국 간의 이해대립은 지역안정에 잠재적 불안요인으로 작용하고 있다.

중·미 관계는 동북아 질서에 가장 큰 영향을 미칠 수 있는 변수이다. 중국과 미국은 대만 문제, 인권 문제, 그리고 미국의 국가미사일방어체제 구축 문제 등을 둘러싸고 갈등을 보이고 있다. 중국은 미국이 대만 문제에 대해 모호한 자세를 보임으로써 대만의 독립을 부추기고 있다고 보고, 미국이 중국 내 인권 문제를 제기하고 국가미사일방어와 전역미사일방어체제 구축을 시도하고 있는 목적이 중국을 견제하려는 데 있다고 보고 있다. 미국 국방부를 위시한 보수진영은 중국이 군사력을 증강하는 이유가 대만을 침공하고 동아시아에서 패권을 장악하려는 데 있다고 판단하고 있다. 동북아에서 서로가 주도권을 확보하려 함으로써 중국과 미국 간에는 긴장이 지속되고 있는데 최근 댜오위다오(중국명 釣魚島, 일본명 尖閣列島)를 둘러싼 영토분쟁 과정에서 미국이 일본의 주장에 동조하고, 중국이 이를 비판하는 정세에 놓여 있다.

그러나 중·미는 상대방과 경제 교류와 협력을 지속할 필요성이 있고, 지역안정을 유지하기 위해서도 서로 협력을 필요로 하기 때문에, 양국 간의 갈등이 노골화되지는 않고 있다. 중·미는 과거의 정상회담을 통해 '건설적 전략동반자관계'를 구축하기 위해 노력하기로 하였으며, 중국의 세계무역기구(WTO) 가입을 위한 양자협상을 타결 짓는 한편, 1995년 5월 유고주재 중국대사관 오폭사건 이후 중단된 안보대화를 재개함으로써 갈등을 완화하고 있으며, 전략경제대화 등에 있어서도 적극성을 보여

주고 있다.

동북아의 두 지역강대국인 중・일 간의 관계도 갈등과 협력이 교차하는 양상을 보이면서 전개되고 있다. 중국과 일본은 경제발전과 정치・군사 대국을 모색하는 과정에서 상대방의 협력을 필요로 하기 때문에 지도자 교환방문과 엔 차관 제공 등을 통해 관계발전을 모색하고 있다. 그러나 중・일은 21세기 동아시아에서 주도권을 확보하려 하기 때문에 구조적으로 경쟁을 벌일 수밖에 없는 상황이다. 중국은 일본의 유엔안보리 상임이사국 가입과 평화헌법 개성 논의 및 일본 자위대의 활동범위 확대 움직임 등을 극도로 경계하고 있다. 중국은 일본이 미국과 공동으로 전역미사일방어체제를 구축하려는 의도가 중국을 겨냥하는 데 있다고 보고, 이를 강력하게 반대한다. 일본은 중국이 남중국해와 釣魚島(尖閣列島) 인근해역에서 해군함정과 공군기 훈련을 강화하는 것에 크게 우려하고 있다. 일본은 중국이 국력을 더욱 증강하게 되면 동아시아의 불안정요인이 될 것으로 판단하고 있다. 과거사문제도 양국 간 대립을 심화시키는 요인이다.

미국의 국가미사일방어체제 구축과 탄도탄요격미사일금지조약(ABM Treaty) 폐지 움직임으로 미・러 간 이해대립도 동북아 안정에 부정적으로 작용하고 있다. 러시아는 미국이 국가미사일방어망을 구축하게 되면 미・러 간 전략핵무기 균형이 파괴됨으로써 동아시아뿐만 아니라 세계 안정에 심각한 위협이 될 것이라고 주장하고 있다.

(2) 영토 분쟁

미국 외교협회의 한 조사에 따르면, 1950년대 초기부터 제기된 동중국해와 남중국해 등 동아시아 지역에서의 해양 분쟁 사례는 10여 년 전부터 격화되어 2010년 이후에는 매년 20건 이상으로 역내 거의 모든 국가가 해양 분쟁에 관련되어 있는 것으로 나타나고 있다. 이를 국가별로 보면, 2012년 현재 중국이 관련되어 있는 해양 분쟁 분출 사례는 총 61건으로 가장 많으며 필리핀 24건, 일본 19건, 베트남 17건, 대만 4건, 한국 2건으로 동아시아에서의 해양 분쟁 발생은 대부분 중국을 중심으로 전개되고 있는 것으로 나타나고 있다.

그렇다면 왜 중국이 역내 해양 분쟁의 중심에 서 있을까? 그 이유는 대체로 다음과 같은 다섯 가지 배경에서 찾아진다. 첫째, 중국은 자국이 19세기 중반 아편전쟁에서부터 20세기 중반에 이르기까지 외세의 침입에 의해 경험한 이른바 '굴욕의 세기'가 해양에서부터 출발했다고 인식하고 있어 해양의 방어와 해양도서 등의 주권 수호를 무엇보다도 강조하고 있다.

둘째, 현재 중국이 최대 안보 위협요인이라고 상정하고 있는 대만문제도 결국 해양과 연계되어 있으며 대만을 군사적으로 제압하기 위해서는 해군력 강화 등 해양에 대한 중요성 강화가 관건이라고 생각하고 있다.

셋째, 동중국해의 釣魚島(尖閣列島) 영유권 문제와 남중국해의 남사군도 및 서사군도 등의 영유권 문제를 비롯한 미해결 안보의제 대부분이 석유와 천연가스 등 에너지 자원 확보문제와 연계되어 있어 해양에 대한 관심을 기울이지 않을 수 없다는 점이다. 특히, 중국은 자원문제와 연계된 영유권문제의 해결을 티베트/대만문제 해결과 동일한 자국의 '핵심이익'으로 인식하고 있다.

넷째, 최근 성취된 중국의 경제발전에 따라 석유와 같은 원자재 수송과 교역물품의 운송을 거의 모두 해상로(Sea Lanes of Communication; SLOC)에 의존하고 있으며 해로 안전의 확보는 중국의 지속적인 경제발전을 위한 필수 불가결한 요소로 간주되고 있다.

다섯째, 상해・심천・홍콩 등 중국의 경제 중심지는 대부분 해안과 인접하고 있으며 해양으로부터 도래하는 각종 위협요인의 제거는 가장 중요한 안보의무로 인식되고 있다. 이와 같은 해양문제 중요성의 인식에 따라 중국은 10~20여 년 전부터 자국과 인접한 동중국해・남중국해 등에 대한 지배를 강화하고 있으며, 중국의 노력은 상기 해역을 자국의 절대적 관할권이 적용되도록 내해화(內海化)하는 움직임으로 나타나고 있다.

중・일 간의 釣魚島(尖閣列島) 영유권문제, 일・러 간 북방 4개 도서 반환문제, 한・일 간 독도문제, 한・중・일 간 배타적 경제수역 관할권문제 및 중・러 간 국경문제 등도 동북아 질서의 안정을 저해할 수 있는 요인이다. 이들 영토문제는 역내에서 나타나는 애국주의와 민족주의 성향으로 인하여 근본적으로 해결될 기미를 보이지 않고 있다.

1978년 덩샤오핑의 방일 시 중국이 조어도 영유권 분쟁 해결을 후대에 맡기자고 제의함으로써, 1980년대까지 중・일 간에 영유권분쟁이 표면화되지 않았다. 그러나 동아시아에서 중・일의 영향력이 확대되고 해양주권의 중요성이 증대됨에 따라, 중・일은 조어도 영유권문제에 대해 큰 관심을 보이게 되었다. 특히, 일본과 중국에서 민족주의자들과 보수우익세력의 발언권이 강화됨으로써 양국은 국가주권문제에 대해 타협적인 태도를 보이기 어려운 상태이다. 1996년 일본의 우익단체가 釣魚島(尖閣列島)에 등대를 설치한 후 중・일 간 영유권 문제를 둘러싼 갈등이 끊이지 않고 있는 가운데 2000년에 일본 측이 신사(神社)를 세우고, 일본 외무성 관리가 일본 영토라고 발언함으로써 중・일 간에 외교분쟁이 제기되어 왔다. 최근에는 해양자원 개발과 관련하여 이 섬에 대한 영유권

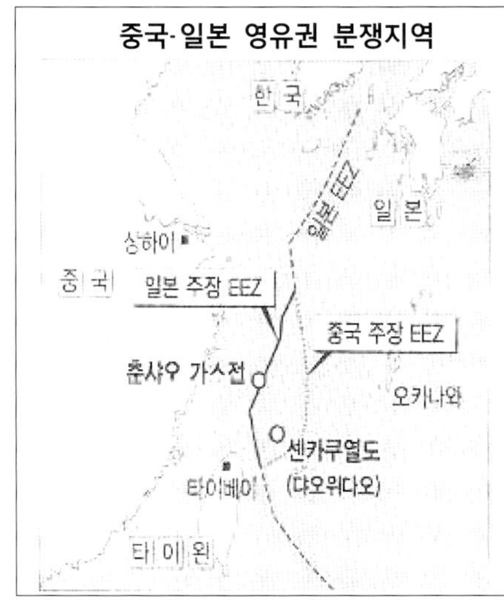

일본은 양국의 해안선으로부터 따져 중간선으로 경계선으로 간주하자는 입장.

중국은 대륙붕이 끝나는 지점을 경계선으로 하자는 입장.

유엔국제해양법협약을 체결(200해리를 EEZ로 설정), 하지만 어디까지 경계로 지정할지 동의하지 않았음.

사진 자료: htp://albbachino.tistory.com/m/post/view/id/94

분쟁이 심화되고 있으며, 특히 양국의 민족주의 감정 충돌을 야기함으로써 그 해결이 쉽지 않은 전망이다.

북방 4개 도서 반환을 둘러싼 일본과 러시아 간의 팽팽한 이견도 해소되지 않고 있다. 일본은 러시아에 대해 경제 지원을 강화함으로써 북방 4개 도서 반환문제에 대한 러시아의 입장을 완화하고자 노력해 왔으나, 러시아는 이들 4개 도서가 갖는 전략적 중요성과 이것이 대내외에 미칠 수 있는 부정적인 영향을 우려하여 타협하지 않고 있다.

쿠릴열도의 경우, 이 섬은 역사적으로 1855년 러시아・일본 간 화친조약 이래 일본의 영토였으나 제2차 세계대전에서 일본이 패망함에 따라 1951년 샌프란시스코 강화조약에서 당시 소련에 의해 점령되어 오늘에 이르고 있다. 냉전 기간 동안 전략적 요충지인 상기 도서에 대해 소련의 완강한 태도로 인해 타협의 여지가 없었다. 그러나 1985년 고르바초프의 등장과 함께 일본이 도서의 반환을 요구하는 계기가 마련되었다. 특히 소연방의 붕괴 이후 옐친 정부가 들어서면서 러시아는 1993년 10월 '도쿄 선언'을 통해 북방 4개 도서(예토로프, 쿠나시리, 하보마이, 시코탄)의 영유권문제를 인정하게 되었고, 그리고 러시아는 경제협력의 방편으로 북방 도서의 공동개발을 제안하는 등 문제해결의 분위기가 성숙된 바 있었으나 현재까지 미해결의 장으로 남겨져 있다.

한・일 간의 독도문제는 한국의 실효지배에 대한 일본의 도전 형태를 띠면서 꾸준히 이슈화되어 왔다. 2012년 이명박 대통령의 독도 방문 이래 양국 간의 입장은 조율이 불가할 정도로 평행선을 긋고 있는 실정이며, 독도를 둘러싼 갈등은 외교, 경제, 문화교류를 포함하여 양국 우호관계에 매우 비관적인 영향을 미치고 있는 실정이다.

중국과 러시아는 4천 킬로미터가 넘는 국경을 접해 있다. 1999년 제2차 비공식 정상회담에서 3개의 국경조약에 서명함으로써 30여 년에 걸친 중・러 간 국경분쟁이 종식되었으나, 상대방에 대한 역사적 불신이 남아 있기 때문에 중・러가 국경문제로 다시 갈등을 빚을 가능성을 배제할 수 없다.

표 4-1 독도 영유권 주장

대한민국 측 주장의 요약	일본 측 주장의 요약
1145년에 편찬되었던 ≪삼국사기≫에 의하면, 512년에 이사부의 군대가 우산국을 정벌하면서 신라에 복속되었다. 독도는 512년부터 한국의 영토이다.	≪삼국사기≫에는 "별칭을 우산도라고 말한다."는 대목은 울릉도의 별칭이 우산도였을 가능성이 높다. 그렇기 때문에 신라에 512년에 울릉도를 침략했다는 것을 알 수 있다.
≪세종실록≫에 "우산, 무릉 두 섬은 현 정동진에서 정확히 동쪽에 있다. 두 섬은 부속관계이고 서로 멀지 않아, 날씨가 청명한 날이면 바라볼 수 있다. 신라 때에는, 우산국이라고 불렸다."라는 내용이 있다. 날씨가 좋으면 울릉도(=무릉)에서 독도가 보이므로, 독도가 우산도에 해당된다. 우산국은 512년에 신라에 복속되었으니, 독도는 한국 영토다.	일본의 ≪삼국통람여지도정전도≫에 현재의 독도는 그려져 있지 않다. 당시는 이미 이 지도보다 훨씬 정확한 경도·위도선을 도입한 ≪개정일본여지도정전도≫가 보급되어 있었고, 죽도(현재의 울릉도)와 송도(현재의 독도)가 그려져 있다.
≪숙종실록≫에는, 1969년 조선의 안용복이 울릉도에서 만난 일본인에 항의하여, "송도는 바로 자산도(子山島)로, 이것 또한 우리의 땅이다."고 말하고 있다. 자산도는 우산도(于山島)와 같으며, 우산도는 독도를 말한다. 당시의 일본은 독도를 송도(마츠시마)라고 부르고 있었기 때문에 (자산도는) 조선 영토에 해당한다. 안용복이 그 3년 전에 일본에 해당했던 때에는 도쿠가와 막부에게서 "우산도는 조선의 영토다."라는 서약을 받았었다.	조선의 어부였던 안용복은 울릉도나 일본에 밀항했던 범죄자였다. 조선의 ≪숙종실록≫에 기재되어 있는 안용복의 심문기록은 사실과 다른 점이 많다. 게다가, 도쿠가와 쇼군이 조선의 어부에게 죽도(현재의 울릉도)나 송도에서 손을 떼겠다고 한 서약을 전한 적이 없다.
1905년 시네마 현 편입은 불합리하고 외교권이 박탈되었을 때 일어났다.	국제적 절차를 올바르게 받은 협약이다.

자료: 위키백과(http://www.wikipedia.org/)

한편 200해리 배타적 경제수역 시대에 황해와 동중국해 자원 개발문제를 둘러싸고 한·중·일 사이에 이해가 상충하는 부분도 있다. 동아시아 지역의 해양 분쟁 무대라고 볼 수 있는 남중국해 경우를 보면, 중국을 비롯 베트남·필리핀·말레이시아·브루나이 등 역내 국가들은 도서 영유권문제와 EEZ·대륙붕 등 해양 경계문제를 둘러싸고 복합적인 갈등을 벌이고 있다. 우선 먼저 남중국해 분쟁의 가장 직접적인 대상은 남사군도(Spratly Islands)와 서사군도(Paracel Islands) 등 해양 도서에 대한 중국과 필리핀・베트남・말레이시아 사이의 영유권 다툼이다. 중국은 역사적 기록 등을 내세워 남중국해 도서의 거의 대부분에 대해 영유권을 주장하고 있으며 필리핀은 지리적 근접성을 근거로 남사군도 일부・스카보로우 도서에, 베트남은 서사군도, 말레이시아는 남사군도에 대한 영유권을 각기 주장하고 있다. 남중국해의 또 다른 중요한 분쟁 대상은 영해・EEZ・대륙붕 등의 해양 경계에 대한 갈등이다. 예를 들면, 중국의 영해・EEZ・대륙붕 주장은 필리핀 등 동남아 5개국의 그것과 충돌하고 있으며 필리핀은 EEZ주장은 중국은 물론 베트남・말레이시아・브루나이의 주장과 겹치는 등 동남아 국가들의 해양 경계주장은 서로 충돌하고 있다.

동아시아 지역에서의 해양 분쟁에는 민족주의(nationalism) 또는 민족주의와 연관된 국민감정(nationalistic sentiments)까지 개입되는 추세를 보이고 있어 국제적인 조정이나 사법절차에 의해 해결되기 어려운 측면도 지니고 있다.

(3) 군비 경쟁

현재 동북아에서는 미・일에 의한 전역미사일 방어체제 구축문제, 역내 미군 주둔문제, 중국과 일본의 군사력 증강 그리고 북한의 핵・미사일 개발문제 등이 불안정 요인으로 작용하고 있다. 동북아에서 전개되고 있는 군비경쟁은 역내 국가들의 경제력 증강에 따른 자연스런 결과이기도 하지만, 동북아 질서가 그만큼 유동적이며 전환기에 놓여 있음을 의미한다.

북한이 장거리 미사일을 발사한 후, 미국은 일본과 함께 동아시아에서 전역미사일 방어체제(TMD)를 공동으로 연구・개발할 계획을 추진하고 있다. 그런데 중국과 러시아는 이 구상이 실현된다면, 중・러가 보유하고 있는 미사일을 무용지물로 만들 것이라며 강력하게 반발하고 있다. 특히, 중국은 미국의 구상을 동아시아에서 '소규모의 나토'를 구축하려는 의도로 보고 있다. 중국과 러시아는 미국의 전역미사일 방어체제 구상에 공동의 이해관계를 표명하면서, 상호 군사 교류・협력을 확대하고 미사일의 정확도와 사거리 확대를 추진하고 있다.

최근의 중・일・미・러 4개국의 군사력을 비교하면 아래와 같다.

중국의 첫 항공모함인 '랴오닝호'가 2012년 9월 25일 정식 취역함에 따라 중국, 일본, 미국, 러시아 등 한반도 주변 4개국의 군사 지형도에도 변화가 일게 되었다. 특히 일본의 센카쿠(尖閣) 열도 국유화 조치로 중・일 갈등이 고조되면서 양국 간 해군력에 관심이 쏠리는 가운데 어느 쪽이 우세라고 질라 밀할 수는 없으나 수석으론 중국이, 질적으로는 일본이 우위를 점한다는 게 대체적인 평가이다.

최근의 일본 방위백서를 보면 중국은 북해・동해・남해 3개 함대에 구축함 73척, 미사일 초계정 84척, 잠수함 63척을 보유했지만 일본은 4개 호위 대군(群)과 5개 지역 함대, 2개 잠수 대군에 구축함 48척, 잠수함 16척을 갖추고 있다.

만일 이 해역에서 충돌이 생기면 중국은 3천 톤급 이상 구축함 30여 척을 보유한 동해함대가, 일본은 구축함 8척을 갖춘 제2호위 대군이 나서게 되는데 수적으로 보면 일본이 열세에 놓여 있다. 그러나 거리상으로 볼 때, 북해 함대와 남해함대를 동원하기 어려운 중국과는 달리 일본은 여타 함대 동원이 쉽고 미・일 동맹을 바탕으로 미군의 지원이 가능하다는 점에서 반드시 불리하다고만 할 수는 없다.

영국의 국제전략연구소(IISS)가 발표한 지난해의 ≪군사력 균형(*Military Balance*)≫ 연차보고서에서도 중일 해군의 전력 차이는 확연하다. 중국은 일본이 보유하지 못한 전략 잠수함도 3척이나 가지고 있고, 잠수함・구축함・호위함・초계함・상륙함・해군 전투기 등의 전력 면에서 확실한 수적 우위를 섬하고 있다. 이 보고서를 보면 중국 공군은 폭격기 365대, 정찰기 120대, 전투기 1천100대, 수송기 296대, 공중 급유기 18대, 조기경보기 13대를 보유하고 있다. 반면에 일본 공군은 전투기 360대, 수송기 42대, 공중급유기 4대, 조기경보기 17대를 갖추고 있을 뿐이다. 그러나 일본은 함정과 항공기 모두 첨단 전자장비를 갖추고 있어

작전 능력에서 중국을 앞서고 있는 것으로 평가되고 있으며, 조기 경보통제기, 해상 초계기 등의 전력은 일본이 수적으로도 우위에 놓여 있다.

육군 전력을 보면, 중국은 160만 명의 정규군 규모이나 일본 자위대는 14만 명에 불과하다. 해군 병력도 중국은 25만 5천 명인 반면 일본은 4만 2천 명 정도이다. 중국은 핵탄두 240기를 운용하는 제2포병 부대원이 10만 명에 달한다. 일본은 현행 평화헌법 때문에 핵탄두는 보유하고 있지 않지만 그동안 원자력발전소에서 추출한 폐연료봉만으로도 수천 기의 핵무기를 제조할 수 있다는 점에서 위협적이다. 그리고 핵탄두 장착이 가능한 대륙간탄도탄(ICBM) 제조 능력도 갖추고 있다.

일본은 무엇보다 중국이 최근 몇 년 사이 급속한 군비 확장을 이룬데 대하여 긴장하고 있다. 스톡홀름 국제평화연구소(SIPRI)의 발표에 의하면, 지난해 중국의 군비 지출액은 1천 430억 달러로 미국(7천 110억 달러)에 이어 두 번째를 기록했고 10년 간 무려 170% 증가하였다. 일본 역시 593억 달러로 세계 6위를 기록했지만, 이 추세대로라면 중·일 군사력 격차가 크게 벌어질 것으로 일본은 우려하고 있다.

IISS의 연차보고서는 미국이 육·해·공 전력 면에서 러시아를 대체로 앞선다고 평가하고 있다. 작년 기준으로 공군 분야에서 전략폭격기·폭격기·정찰기·전투기·수송기·공중급유기·조기경보기의 수는 미국과 러시아가 엇비슷하지만, 첨단 전자장비를 갖춘 미국의 전력이 우세하다고 평가되고 있다.

해군 전력은 잠수함·전략잠수함·구축함·순양함·초계함·상륙함·해군전투기 수와 전투 능력 면에서 미국이 앞선다. 미국은 육군(55만 3천 명), 해군(32만 4천 명), 공군(33만 4천 명)의 장병 수에 있어서도 러시아의 2배 수준이다. 이 보고서는 또 미국이 9천400개, 러시아가 4천 650개의 핵탄두를 보유하고 있다고 밝혔다.

4. 동아시아의 새로운 안보질서: 비관론과 낙관론

탈냉전시대의 평화에 대한 전망에 대해서는 크게 두 가지 견해가 대립된다. 먼저 낙관론을 살펴보면 다음과 같다.

첫째, 미·소 냉전의 종식은 전쟁가능성을 줄이므로 군축회담의 진척, 협상기반의 확대 등에 관한 낙관적 기대가 가능하다. 이념적·군사적 대결에 따른 위협요소의 감소현상이 더욱 두드러지게 된다.

둘째, 자유경제질서가 평화 분위기를 고양시키게 된다. ① 자유경제질서의 정착으로 보다 부유한 국제사회가 건설될 수 있다. ② 상호 의존으로 국가들 간의 호전적 행위가 억제된다. ③ 정치적 협력의 바탕이 다져질수록 국제 레짐(international regime)을 통한 국가들 간의 이해 조정이 쉽고, 따라서 갈등 해소에 기여할 수 있다.

셋째, 민주주의 확산이라는 낙관적 기대와 관련, 국제체제에서 민주주의 국가가 많아질수록 국제체제의 안정에 기여한다. 이는 민주주의 국가가 다른 형태의 국가보다 전쟁에의 개입도가 낮다는 논리에 근거한다.

비관론의 관점에서는 냉전체제의 종식이 오히려 유럽에서 전쟁과 위기의 가능성을 증가시킬 것으로 본다. 종래 냉전 하의 평화는 ① 유럽 군사력의 양극화, ② 미·소 주도의 동서 양 진영 간의 군사력 균형, ③ 초강대국으로서 미·소의 핵무장으로 지켜져 왔기 때문이다. 또한 탈냉전시대에는 인종·민족 간의 긴장이 더욱 많이 발생할 것이고, 분화지향적 추세로 인해 갈등요인이 증폭될 것이다. 경제적 측면에서도 국가 간의 대립과 충돌이 빈번해질 수도 있다. 그 이유는 각국이 경제우선논리에 따라 개별적 행위의 폭을 넓혀 나갈 기회가 더욱 확대되었기 때문이다.

신국제질서의 평화와 안정성 문제는 최근 관심의 초점이 되고 있다. 먼저 냉전시대가 보다 평화적이라는 입장을 보면, 과거 냉전기간 동안의 평화는 미·소의 핵 균형에 기초했으나, 향후에는 양극체제의 부재로 인해 힘의 평형이 불안정한 다극체제가 예상된다는 입장이다. 다음 향후 국제질서가 더욱 안정적이 될 것이라는 견해는 냉전의 대결요소가 소멸하여 화해와 협력의 시대로 이행하고 있으며, 미국과 러시아가 모두 평화와 안정을 추구하고 있기 때문이라는 관점이다. 특히, 자유경제질서의 지향으로 국가 간 경제교류가 활성화되어, 지역 간 정치적 협력체제에 대한 관심과 계기가 증가되고 있다는 데 강조점을 둔다.

신국제질서에 관한 시각이나 접근방법에서도 이견이 존재한다.

첫째, 자유주의적 시각에서는 향후 질서가 더욱 평화적이라고 본다. 그 이유로 국제정치는 각 국가들뿐만 아니라 각 국민들 간에 이루어지는 관계를 중시하고 민주주의와 인권, 그리고 넓은 의미의 여러 가치로부터 형성된다는 데 착안한다. 개인 · 집단 · 민족 등도 주요 관심대상으로 인식하기 때문에, 새롭게 전개될 국제질서가 화해 · 협력 · 상호의존 등에 바탕할 것이고 안정적이라는 입장을 취한다. 예를 들면, 제1 · 2차 세계대전 이후 국제연맹과 국제연합의 결성 시기나 유럽통합 움직임, 그리고 최근의 국제적 상호의존시대를 강조한다.

둘째, 현실주의적 시각에서는 냉전체제가 보다 평화적이라는 입장이다. 국제질서는 항상 힘(power)의 균형과 배분에 의존한다는 관점에서 출발하므로, 국제정치현상도 상대방의 힘의 균형에 맞추어가는, 주권국가들 간에 발생하는 힘의 역학관계라는 인식이 바탕에 깔려 있다. 예를 들면, 냉전시대 국가 간 힘의 균형은 국제적 평화를 보장해 준 주요 원인이었고, 미 · 소의 갈등 및 대립이 오히려 긍정적 역할을 수행했다고 주장한다. 국가안보의 제1의 원칙과 힘의 근원은 강력한 군사력에 근거한다는 주장이 그 핵심이다.

5. 탈냉전시대 안보질서의 변환과정

1) 안보 행위자의 변환: 비국가폭력의 확산

냉전시기 세계정치에서 안보연구의 중심 주제는 국가 간의 전쟁에

초점이 맞추어졌다. 비록 전쟁의 성격이 새로운 군사기술의 등장과 전략, 전술의 변화에 따라 18~19세기 유럽의 제한전에서 온 국민이 참여하는 총력전으로 전환되었음에도 불구하고, 20세기의 냉전시기까지 전쟁의 주체와 원인은 여전히 국가가 그 중심에 있었다. 그러나 냉전 이후 국제 분쟁은 주요 행위자와 그 양상이 심각한 변화를 겪기 시작한다.

저강도 분쟁(Low-Intensity Conflict; LIC)이라 불리는 탈냉전 이후의 폭력사태는 전통적 전쟁에 비해 여러 면에서 다양한 특징을 보인다.

첫째, 전쟁의 주체가 국가가 아닌 경우가 많다. 특정 정부가 내부의 반란세력을 진압하는 경우 군대가 동원되기도 하지만, 이 경우도 여전히 국가 간의 정규적인 전쟁은 아니다. 저강도 분쟁의 경우 반군뿐만 아니라 폭도, 범죄조직, 게릴라, 테러단체 등을 포함하는 다양한 비국가단체나 집단이 폭력 주체이다.

둘째, 전쟁의 목적도 합리적 국가이익보다는 개인의 야심, 종교적·인종적 대립, 혹은 특정집단의 경제적 독립이나 종교적 신념을 위한 게릴라 전쟁부터 특정지역을 차지하려는 군벌 간의 세력다툼, 그리고 석유나 다이아몬드 같은 천연자원을 둘러싼 이권투쟁 등 폭력의 목표가 보다 다양화되고 복잡해지고 있다.

셋째, 폭력의 행사에 있어, 전·후방의 구분이 사라지고 전투원과 비전투원의 구분이 없어지고 있다. 공격을 하는 쪽이나 공격을 당하는 쪽 모두 민간인인 경우가 많고, 그 대상과 참여자도 남녀노소를 불문하고 행해진다. 결과적으로 최소한의 원칙적인 규범이나 도덕이 완전히 무시된 채 전쟁과 범죄의 구분이 없어지는 현상을 초래한다.

마지막으로 이러한 비국가폭력은 탱크나 전투기 등 대규모 병기를 동원하는 대신 소총이나 몽둥이, 칼과 같은 단순한 무기에 의해 폭력이 행해진다. 그러나 그 방법과 대상에 대한 잔혹성이 더해지고 분쟁의 기간이 길어지는 특징을 보임에 따라 결과적으로 국가 간 전쟁에 비해 더 많은 파괴와 희생을 초래하는 경향이 있다.

2) 안보 위협요인의 변환: 테러리즘과 대량살상무기

냉전 이후 점증하는 국가의 붕괴 속에 등장한 테러행위는 그 주요동기가 종교라는 새로운 모습을 띄면서 이슬람과 기독교 혹은 이슬람과 서구사회 간의 대립 축을 중심으로 전개됨에 따라 헌팅턴의 문명충돌적인 요소를 보이기도 한다. 이와 함께 새로이 떠오른 가장 중요한 위협으로는 대량살상무기(WMD)의 확산을 들 수 있다.

날로 점증하는 기술의 발달과 정보화는 기존에 일부 강대국에 의해서만 개발, 관리되던 대량살상무기를 개인이나, 비국가단체, 혹은 불량국가들이 획득할 수 있는 기회를 증가시켰다. 더욱이 이들 집단은 기존의 강대국들에 비해 이러한 무기를 사용할 가능성이 더 높은 것으로 이해되면서 냉전의 해체가 오히려 핵무기의 위협을 심화시키는 결과를 초래하고 있다.

특히, 21세기 종교적 테러집단이 극단적 방법을 통해 테러행위를 서슴지 않는 성향을 보이면서, 이들에 의한 WMD의 사용은 단지 시간문제인 것으로 여겨진다. 9·11테러의 대상이었던 미국을 비롯한 서구 선진국들에서 테러리즘과 WMD의 결합은 21세기 지구안보의 가장 중요한 문제로 떠오른다.

테러는 개인이나 특정단체로 구성된 비국가단체가 국가에 대항하여 비정규폭력을 수단으로 주로 민간인을 대상으로 하는 무차별적 폭력행위라는 점에서 비국가 저강도 분쟁의 전형적인 유형에 속한다. 테러리즘은 약자의 무기로 이해되기도 하는데, 다수의 폭력에 대항할 수 없는 소수집단이 자신들의 절박한 상황을 극복하기 위해 저지르는 최후의 수단으로 여겨진다. 그러나 테러리즘은 폭력의 사용이 의도적으로 무고한 민간인을 주 대상으로 삼고, 이를 통해 그야말로 공포를 조장하는 것을 주목적으로 삼는다는 점에서 다른 형태의 정치적 폭력에 비해 야만적이고 비도덕적인 행위로 비판된다.

3) 탈냉전과 인간안보

냉전이 끝난 후 안보문제의 중심은 국가 간 전쟁에서 다양한 형태의 세계정치 행위자들 간에 발생하는 폭력으로 옮겨가는 경향이 있다. 이에 따라 전통적인 안보 개념에 대한 새로운 접근이 제기되고 있다. 가장 대표적인 예가 국가안보에 대응하는 인간안보(human security) 개념의 등장이다. 기존 안보연구의 중심은 어떻게 국가 간 전쟁을 방지하고 평화를 유지하는가, 혹은 타국으로부터의 침략을 방지하고 물리칠 수 있는가에 맞추어져 있었다. 그러나 냉전이 끝난 후 국가 간 전쟁보다는 다른 형태의 폭력을 통해 인명살상과 재산피해가 나타나는 사례가 급증하면서, 이전의 국가 중심의 안보에서 개인 중심의 안보에 더 관심을 쏟는 인간안보의 개념이 주목을 받고 있다.

이에 따라 안보문제가 '국가가 국가 외부의 군사적인 위협으로부터 얼마나 안전한가?'의 문제를 다루는 데서 벗어나 '인간이 국가 외부는 물론 국가 내부의 군사적 혹은 비군사적 위협으로부터 얼마나 안전한가?'의 문제를 다룰 필요성이 제기되고 있다. 인간안보는 보다 다양한 형태의 폭력이나 재난으로부터 개인의 안전을 보장하는 것에 주안점을 둔다는 면에서 기존의 안보개념에 비해 더욱 포괄적인 접근이다. 예를 들어, 기존의 안보가 타국으로부터의 침략에 의한 폭력에만 신경을 썼다면, 인간안보는 국가 간 전쟁 외에도 내전이나, 종족분쟁, 해적이나 폭도와 같은 범죄집단에 의한 폭력, 그리고 대규모 자연재해나 질병, 가정폭력에 의한 생존의 문제도 함께 다루고 있다.

안보에 대한 관심이 국가안보에서 개인안보로 바뀌는 것은 안보위협과 안보개념 정의의 심화와 확대를 의미한다. 안보개념의 심화는 국가가 더 이상 안보의 적절한 분석단위가 아니거나 최소한 유일한 대상이 아니라는 점을 의미한다. 국가 이외에 소수집단, 인종집단, 종교집단, 그리고 문화집단 같은 '사회'를 비롯하여, 인간의 최소한의 생존조건을 요구하는 '개인', 복수국가로 이루어지는 '초국가 공동체' 등도 국가와 더불어 주요한 분석단위 내지는 대상이 된다. 안보개념의 확대는 안보를 위협하는 근원이나 수단이 군사적 차원은 물론 경제자원과 복지, 정보체계의 안전, 환경 등의 차원에서도 다양하게 제기될 수 있다는 것을 반영한다. 이에 따라 전통적인 군사안보 이외에 인간안보, 경제안보, 사이버안보, 그리고 환경안보 등의 개념이 새롭게 주목받고 있다.

제5장
북한 핵개발과 6자회담

북한의 대외관계, 특히 중국과 소련 간의 관계를 통해 발견할 수 있는 중요한 특징은 북한이 외부세계의 압력과 영향력에 대해서 대단히 민감한 반응을 보여 왔다는 것이다. 그것은 평양정권이 수립되면서부터 오늘에 이르기까지 한반도가 원하지 않은 볼모가 되어 왔다는 뜻에서 심각한 것으로 이해될 수 있다. 사실 북한은 자신의 호전적 태도와는 관계없이 선택을 강요하는 비우호적인 외부환경에 오랫동안 노출되어 왔었다. 때문에 자주 그리고 일정 기간에 걸쳐 상대국에 대한 호오(好惡)의 감정을 교대로 표출하거나, 때로는 예측하기 힘든 비합리적 행동을 보여줌으로써 좌절된 심리를 대변하기도 했다.

최근 평양의 입장은 더욱 어려운 상태에 놓여 있음을 알 수 있다. 중국과 러시아는 모두 내정의 개혁과 평화적인 국제정치질서를 희망하고 있으며, 사실상 '두 개의 한국'을 인정하고 있다. 기타 동유럽 여러 국가도 한결같이 공산주의 체제를 포기하는 가운데 개혁 및 개방을 통해서 대내외적으로 자율성을 재고하는 데 여념이 없는 실정이다. 말하자면, 북한을 제대로 후견해 주거나 원조해 줄 수 있는 우방이 거의 존재하지 않다는 처지에서 평양정권은 어쩌면 전후 최대의 전략적 위기에 봉착해 있다고 보여진다.

북한이 주장해 왔거나 현재 표방하는 외교정책 상의 기본목표 역시 다양하게 서술될 수 있다. 그것은 안보, 독립, 영토통일, 정통성 확보, 그리고 경제발전 등이다

1. 북한의 핵개발 배경

북한의 핵문제는 세계적 평화문제의 일부이다. 북한 핵이 불러일으킨 영향은 탈냉전시대에서 많은 국가들이 자신들의 국가이익을 어떻게 추구해 나갈 것인가에 관한 일종의 리트머스 시험지를 통한 실험이었다. 북한 핵문제는 단순한 군사적 의미를 띤 것이 아니다. 그것은 한반도의 평화와 안정뿐만 아니라 국제적 핵확산금지조약(NPT)에 대한 도전과 시련이었으며, 한반도 관련 강대국들과 국제원자력기구(IAEA), 유엔 안전보장이사회 등과 같은 국제기구들의 개입과 관여를 초래한 국제적인 외교적 및 전략적 각축이기도 했다. 따라서 북한이 핵무기를 개발·보유하려고 했던 시도는 한국의 핵개발 능력과 의지를 사전에 무산시키려는 의도의 산물이자, 한반도의 평화와 안정 유지에 지대한 관심을 쏟고 있는 한국 정부와 기타 관련국들에 대한 도전이었다.

북한 핵문제는 재래식 무력수준의 우위를 지키는 한편, 군사적 수단으로는 최종적 대안을 독점하려는 고도의 군사적·전략적 선택과 관련되고 있다. 그리고 이러한 계산된 선택은 단순한 외교적 협상 카드로서만 이해하기 어려운 측면이 있는 것도 사실이다. 북한이 핵개발에 집착하고, 이를 빌미로 삼아 대외적 협상력으로서 핵카드를 사용하게 된 동기는 여러 가지로 추론될 수 있다. 북한의 핵개발 배경으로는, ① 미국의 핵 및 재래식 무력 위협에 대한 억제수단, ② 남한의 군사력 증강에 대한 전략적 대등성 확보, ③ 중국과 소련이라는 옛날 동맹세력의 상실에 따른 전략적 보상, ④ 북한 김일성·김정일체제의 존립 유지 등이 지적되고 있다.

(1) 북한의 안전보장 유지

북한은 냉전시대부터 미국의 핵공격 위협으로 인해 계속해서 안전보장에서의 위기를 감수해 왔다. 한국전쟁 이후 미국의 주요 지도자들은 북한의 침략 의지를 꺾기 위해서 '대량보복전략'의 일환으로 핵무기를 포함한 갖가지 무력수단을 통해 북한을 응징하겠다는 의사를 공공연하게 천명해 왔다. 북한에 대한 이러한 공개적이고 적대적인 의사표현으로 인해 주한미군은 전술핵무기를 보유할 수 있게 되었다. 한국 정부 역시, 북한의 한반도 적화통일 정책기조가 변하지 않는 가운데 북한의 '4대 군사노선', 즉 국방에서의 자위(自衛)라는 군사정책이 보여주는 공격성・호전성 때문에 주한미군의 계속 주둔과 남한에서의 전술핵 보유를 장기간 허용하는 정책을 견지하였다.

한・미 양국은 1975년 6월 월남이 공산화된 직후 북한의 도전 가능성을 사전예방하기 위해서 전술핵무기의 한국 잔류에 합의하였다. 당시 박정희 대통령은 "미국이 핵우산을 철거할 경우 한국은 핵무장을 고려해야 한다."는 강경한 입장을 표명했다. 그리고 미국의 국방장관 슐레진저(J. Schulleginger)는 한국에 미국의 전술핵무기가 있다는 것을 공식 시인하는 한편, 북한의 남침이 있을 경우 미국은 핵무기를 사용할 수 있다는 의사를 분명히 밝혔다. 이후 1986년 와인버그(K. Weinberg) 미 국방장관 역시, 미국의 핵우산은 한국에 추가적인 안보를 제공할 것이라는 단호한 한국 지원 정책을 공식적으로 밝혔다.

이러한 미국의 북한에 대한 핵 위협은 역대 미국 행정부를 통해 변함없이 지속되어 왔다. 클린턴(B. Clinton) 대통령도 1993년 7월 "북한이 핵무기 개발을 시도하는 것은 무의미하다. 왜냐하면 북한이 만일 핵무기를 사용한다면 그것은 그들의 종말을 의미하기 때문이다."라고 주장하면서 북한의 핵무기 개발을 허용할 수 없다는 종래의 입상을 견지하였다.

한편 북한은 1960년대부터 보다 현실적으로 미국의 무력 위협에 직면하기 시작했다. 특히, 한국에서 강력한 반공정권이 등장하는 한편, 한국 군대의 월남 파병에다가 한・미・일 협력체제가 더욱 강화됨으로써 북한의 위기의식은 더욱 고조되었다. 북한은 이에 따라 '4대 군사노선'을 공식화하고, 미국의 핵공격으로부터 벗어나야 한다는 것을 강조하기 시작하였다. 그리고 1964년 10월 16일 북한 최초로 핵기폭장치 실험에 들어갔으며, 1965년 소련이 최초로 연구용 원자로 2MW(t) IRT-2000을 북한에 제공함으로써 북한은 다소나마 심리적 위안을 가질 수 있었다.

그러나 북한의 지도부는 한국에 미국의 전술핵무기가 상존하고 있으며, 설사 미국이 이들 핵무기를 철거한다 하더라도 미국의 북한에 대한 핵 위협이 근본적으로 제거되는 것이 아니라고 판단했다. 다시 말해서, 북한이 보기에는 한반도 내에서의 재래식 무력의 충돌마저 기존의 미국의 핵보복 범주에 속하는 것으로 이해했기 때문에, 한국에서 핵이 없다 하더라도 자신의 안보에 적절한 보증이 될 수 없다는 인식이 팽배되어 있었다. 따라서 북한은 미국의 핵 위협으로부터 안전해지기 위해서 국제적으로 주의를 환기시키는 한편, 미국과의 외교 교섭에 임했던 것이다.

예를 들면, 북한은 1976년 8월 12일 일본 동경에서 개최된 '한국문제 긴급국제회의'에서 처음으로 한반도의 비핵지대화 문제를 제기하였다. 그리고 1978년에는 일본 사회당과 함께 '동북아시아 비핵·평화 지대' 창설에 합의하였다. 또한 1986년 6월 23일 북한은 '한반도 비핵·평화 지대' 설치를 한·미 양국과 협상할 용의가 있음을 공식 발표하였다. 이러한 외교적 공세는 같은 해 9월 평양에서 제3세계 국가들을 중심으로 80여 개 국 125개 단체 대표들이 모여 '비핵·평화 지대를 위한 평양국제회의'를 개최함으로써 더욱 가속화되었다. 북한은 이를 바탕으로 보다 본격적으로 한반도의 정전협정을 평화체제로 전환하기 위하여 자신의 핵개발을 외교 카드로 구사하기 시작했던 것이다.

(2) 남북 간의 격차 해소

남북한 간의 체제경쟁은 경제 분야에서 먼저 본격화되었다. 한국의 국민경제 규모는 1970년대 중반부터 북한을 앞지르기 시작했으며, 이에 따라 양쪽의 군비 경쟁에서도 점차 한국의 우위가 드러나기 시작했다.

1976년의 경우, 남북한 국방비는 한국이 38억 4천만 달러였음에 비해, 북한은 33억 2천만 달러에 그쳤다. 1990년에는 격차가 더욱 커졌는데, 남한이 93억 3천만 달러였고, 북한은 49억 6천만 달러에 불과하였다. 이러한 통계가 시사해 주는 것은 남북한 경제 경쟁에서 북한의 절대적 열세가 확연해졌다는 것이며, 또한 남북한 군비 경쟁이 지속된다는 것은 북한으로서 무모한 시도임이 평양 쪽 스스로 시인하게 되었다는 것이다.

북한의 핵무기에 관한 지대한 관심은 이와 같이 점차 벌어지는 남북한 간의 전략적 대등성의 상실에서 비롯되었다. 이에 따라 북한이 착안한 것은 핵의 경제성에 있었다. 그것은 먼저 핵개발 투자비용이 매우 저렴하다는 것과 다음으로 핵외교를 적절하게 구사함으로써 미국과의 협상에서 경제적 실리를 도모할 수 있다는 양면성을 띠었기 때문이다. 실제 핵무기 개발에 드는 비용은 매우 저렴하다. 한 가지 예를 들면, 일본 히로시마에 투하된 원자폭탄 10개를 10년에 걸쳐 생산하는 데는 약 2억 달러 정도라고 산정되고 있다. 그리고 북한은 핵개발에 필수조건인 천연 우라늄 자원을 보유하고 있는 점을 고려해야 할 것이다.

북한의 태도를 미루어 볼 때, 북한은 분명히 자신의 핵무기 개발이 본궤도에 올라 있는 것은 아닐지라도, 핵시설을 빌미로 삼아 경제적 실리를 획득하기 위한 협상력으로 활용해 왔다. 미국과의 불필요한 군사적 대립·마찰을 빚어내어 얻을 수 있는 이익은 하나도 없다는 것을 누구보다 잘 인지하고 있는 북한은 이후에 이를 외교 카드로 이용했다. 남북한의 우위 경쟁에서 밀리는 현실과 중·소로부터의 원조 감소라는 실정에다가 미국의 지속적인 군사적 위협이 상존하는 마당에, 북한은 최소한 남북한 간의 전략적·군사적 대등성을 유지해야 하고, 가능한 한 군사력 수준에서 남한에 비해 우위 확보를 견지해야 하며, 미국으로부터는 한반도에서의 핵우산 철거 및 핵무기 선제 불사용의 담보를 확실히 얻어내기 위해서는 저렴한 비용으로 획득 가능한 핵을 보유함으로써 외교적 성과를 올리고자 했다. 따라서 북한은 핵을 포함한 미사일 개발 계획에 관해서도 이러한 입장을 고수하고 있다. 즉, 북한의 미사일은 자위와 자체의 안보를 위한 것이므로 이의 중단은 있을 수 없다는 것과, 만일 이에 대해 미국이 개발 중단을 요청한다면 확실한 보상적 대가를 제공할 때까지 이 계획을 동결시킬 수 없다는 태도로 일관하고 있다. 이처럼 북한의 핵외교는 경제적 실리 추구라는 측면도 내포되고 있다.

(3) 동맹의 상실에 따른 위기 해소

국제적 냉전 상황이 종식되면서 북한은 국제질서에서 매우 불리한 처지에 놓이게 되었다. 과거의 냉전체제 아래에서 북한은 비록 미국의 핵 위협이 있었더라도 중·소와의 상호우호원조조약이 상존하고 있었기 때문에 실제로 미국의 위협이 쉽게 가시화된다고는 보지 않았다. 오히려 미국의 위협을 대내통치용으로 적절하게 이용했던 측면이 더욱 강했다. 그러나 소련과 중국이 한국 정부를 승인하고, 이들이 남북한 유엔 동시가입을 적극 권유함으로써 북한은 자신의 안보를 단독으로 해결할 수밖에 없는 처지에 놓이게 되었다.

특히, 북한은 소련이 '두 개의 한국' 정책을 추구하면서 한국과 수교한 데 대하여 매우 심각한 안보상의 위기감을 느끼게 되었다. 그 이유는 이로써 사실상 북한은 소련의 핵우산으로부터 제외되었기 때문이다. 설상가상으로 중국이 한국과 국교 정상화를 실현하고, '일국양제(一國兩制)'의 한반도 현상유지를 기정사실화함으로써 북한의 국제적 고립에 따른 위기의식은 더욱 증폭되기에 이르렀다. 이와 같은 탈냉전시대의 국제정치환경의 변화로 말미암아 북한은 어떤 새로운 돌파구를 찾을 수밖에 없었고, 그 일환으로 핵개발에 더욱 박차를 가했으며, 이를 미국에 대한 협상카드로 활용하게 되었다.

(4) 김일성·김정일 세습체제 유지

북한체제의 존립은 김일성과 김정일 모두에게 제일 중요한 과제였고, 현재에도 최대의 당면 현안이다. 북한은 국가로서의 북한식 사회주의를 유지해 나가야 하고, 김일성·김정일 세습체제의 권력기반을 확고히 다져 나가야 하는 당위성에 바탕하여 새로운 국제질서의 향방에 지대한 관심을 보여주었다. 체제의 유지와 생존은 모든 국가에서 제1차적인 외교정책의 목표가 아닐 수 없다. 때문에 북한도 세습체제를 아무 저항 없이 유지·강화하는 것을 국내외적 정책 사안에서 최우선순위로 고려해 왔다.

북한의 존립 문제는 사활적 성격을 띠고 있다. 사활적 이해관계에서 쉽게 선택할 수 있는 대안은 일반적으로 강경책이다. 앞서 지적한 것과 같이, 북한은 여러 가지 이유 때문에 대외적 강경노선을 표방하였다. 핵에 대한 북한의 관심과 고려는 꿩과 닭을 모두 잡는다는 식이다. 그것은 군사·안보 차원의 생존 문제와 정권안보의 중차대한 과제를 모두 해결해야 한다는 긴박감에서 연유하는 것이다. 이 두 가지 현안을 가장 효과적이고 유일하게 해결할 수 있는 방안이 핵개발 정책으로 정식화된 셈이었다.

북한의 한반도 정책 기조는 노동당의 강령과 헌법에 명시되고 있는 바와 같이 한반도에서의 무력적화통일이다. 결코 포기되거나 변경될 수 없는 이 원칙으로 인하여 북한은 핵에 대한 집착을 버릴 수 없었다. 핵무기만 보유하게 된다면 남한에 대한 전략적 우위가 가능하고, 미국으로부터의 군사적 위협에 대항할 수 있는 억제력을 갖추게 되는 것이며, 중·소와의 동맹체제 와해에도 불구하고 독자적인 자구책을 마련할 수 있을 뿐 아니라, 가장 중요한 김정일 정권의 안정기반이 확립될 수 있다는 상황판단이 더욱 '벼랑 끝 외교(brinkmanship diplomacy)'를 구사하도록 만들었다. 그러므로 북한은 핵을 통하여 군사적 억지기능과 정치적 안정기능 양자를 합목적적으로 추구하려고 했다. 이러한 핵외교의 성공이 현실적 대외관계에서 가시적인 성과를 가져온다면, 이는 김정일 외교의 승리이자 북한 사회주의의 승리로 선전·격상되어 김정일의 통치 기반 구축에 있어 최대의 동력으로 작용하게 될 것이 틀림없다.

한국은 시종일관 북한의 핵개발 정책이 남북한 관계에 심대한 부정적 영향을 주게 될 것이고, 대량살상무기의 확산은 한반도의 평화통일에 저해되므로 이를 반대한다는 입장을 세계와 더불어 강조해 왔다. 그러나 북한은 한국의 호소와 세계적 차원의 노력에도 불구하고, 강경외교 일변도를 견지하였다. 물론 1994년 가을 북・미 제네바 합의 사항이 계속 순조롭게 지켜질지의 여부도 현 단계에서는 미지수이다.

북한이 미국에 대해 초강경 외교를 펼치는 이유의 하나는 무엇보다 한국이라는 주요 타격대상・보복상대・볼모가 있어, 언제든지 이를 군사적으로 위협하거나 이용할 기회와 가능성이 있기 때문이다. 이는 역설적으로 미국이 북한에 대해 초강경 수단을 강구하지 못하고 있는 배경이기도 하다. 또 다른 이유는 한국이나 주변 국가들을 제외한 채, 북한 핵문제를 둘러싼 협상과정에서 미국만의 양해와 양보를 얻어낸다면 기타 국가들의 반대나 이견을 충분히 극복할 수 있다는 자신감에서 비롯된 것이다. 그러므로 북한은 대남정책도 북・미 합의나 관계 개선으로 쉽게 통제할 수 있을 것으로 인식하고 있다.

2. 국제정치와 핵무기

핵무기가 가진 무기로서의 특징은 공격용 무기가 아니라는 점이다. 핵무기는 상대방이 자신을 공격하지 못하도록 하는 억지력(deterrence)을 제공하는 무기이다. 핵무기가 가지는 억지력은 핵무기의 가공할만한 파괴력에 기인한다. 군사적 공격에는 1차 공격능력(first-strike-capability)과 2차 공격능력(second-strike-capability)이 있다. 1차 공격능력이란 공격국가가 상대방을 공격하여 최소한의 피해만으로 상대방의 2차 공격, 즉 보복공격 능력을 완전히 파괴할 수 있는 능력을 말한다. 억지력이 작동하려면 어떤 국가도 1차 공격능력만을 가져서는 부족하다. 반면에 2차 공격능력은 적의 선제공격으로 인한 심각한 피해에도 불구하고 보복공격을 가할 수 있는 능력을 의미한다. 핵 억지력이 작용하기 위해서는 모든 국가는 확실한 2차 공격능력을 가져야한다. 이러한 2차 공격능력은 선제

공격을 가하는 국가도 보복공격에 의해 공멸하게 됨으로써, 그리고 선제 공격을 가하려고 하는 국가의 공격의도를 저지시킴으로써 전쟁 발발을 억지하게 되는 것이다. 따라서 군비 경쟁은 결국 2차 공격능력을 유지, 강화하는 데 있다.

억지력이 완벽하게 작동하려면 분쟁 당사국 모두가 핵무기를 가지고 있어야 한다. 왜냐하면 핵무기만이 상호완전파괴(mutually assured destruction; MAD)의 상호 억지 시스템을 작동 시킬 수 있기 때문이다. 따라서 선제공격이라는 것은 별 의미가 없고 선제 공격국가나 공격을 받는 국가나 모두 멸망하게 되기 때문에 전쟁이 억지되는 것이다. 실제로 냉전 기간 중 강대국 간의 대규모 분쟁이 없었던 이유는 핵을 보유한 강대국 간의 전쟁은 곧 인류의 멸망이라는 판단과 핵무기를 보유한 국가 간의 전쟁은 어느 쪽의 승리도 있을 수 없다는 인식이 있었기 때문이다.*

1) 북핵에 대한 재인식 필요성

북한은 재래식 무력수준에서 대남 우위를 지키는 한편, 남북한 경쟁 관점에서 최종적 대안을 독점하려는 고도의 군사적·전략적 선택과 관련하여 핵무기 개발을 고려해 왔다. 그러므로 계산된 북한의 핵 선택은 단순한 외교적 협상카드로서만 이해하기 어려운 측면이 있는 것이 사실이다. 북한이 핵개발에 집착하고, 이를 빌미로 삼아 대외적 협상용으로서 핵카드를 사용하게 된 동기는 북한의 안전보장 확보, 남북한 간의 심각한 경제적 격차 해소, 중국과 러시아 등 구 동맹관계의 약화에 따른 위기 극복, 김일성·김정일 세습체제의 원만한 유지, 미국과의 관계개선을 위한 협상수단 등으로 이해된다.

핵무기는 절대병기(absolute weapons)에 속하는 무기이다. 핵무기는 우선 그 파괴력에서 절대적이며 또한 핵무기에 의한 공격을 막을 특별한

* 냉전체제 아래에서는 가공할 정도의 파괴력을 가진 핵무기 때문에 장기평화(The Long Peace)가 가능했다.

방법이 없다는 의미에서 절대적 병기이다. 때문에 만약 핵폭탄이 군사적 목적을 위해 사용된다면, 핵전쟁은 모든 것을 파멸시킬 것이고, 따라서 핵전쟁에서의 승리 개념은 존재하지 않게 될 것이며, 전면 핵전쟁에서 승리한 결과 얻을 수 있는 전취물이 있다는 국가도 있을 수 없게 된다.

서울은 인구밀집 지역이며, 대한민국 어느 곳도 인구밀집 지역이 아닌 곳이 없다는 사실은 북한이 보유하고 있는 핵폭탄의 규모에 관한 논쟁을 무의미하게 만들고 있다. 기술이 부족한 나라는 정교한 군사시설 공격용의 소규모 핵무기를 쉽게 제조할 수 없다. 그래서 부정확하지만 파괴력이 높은 핵무기 개발에 더욱 전력한다는 사실을 염두에 두어야 한다. 이는 우리를 더욱 불안하게 만들고 있다. 현 단계에서 북한이 만들기 용이한 수준의 폭탄은 서울을 포함한 남한의 주요도시를 공격하겠다고 위협할 수 있는 비교적 원시적인 핵무기이기 때문이다.

가공할 파괴력을 갖는 핵무기의 보유 여부는 국제관계에서 대단히 중요한 의미를 가진다. 핵보유 국가는 핵을 보유하지 않은 국가에 비하여 전략상 절대적 우위에 놓이게 된다. 상호 갈등 및 적대관계에 있는 두 나라 중 한 나라가 먼저 상대국의 수도나 전략시설들을 단번에 초토화시킬 수 있는 핵무기를 보유했다고 가정해 볼 경우, 핵보유 국가는 갖지 못한 국가에 비해 어떤 종류의 협상에 있어서도 결정적인 우위를 점하게 될 것이다. 핵이 없는 국가는 핵보유국의 선의를 믿을 수 없기 때문에 핵 공갈에 취약해질 수밖에 없게 된다. 재래식 무기가 실제로 사용하기 위해 개발하는 무기라면, 핵무기는 사용하겠다고 공갈·협박하는 무기이며, 상대국의 의지를 무력화할 경우 비로소 유용성을 가지게 되는 무기이다. 그러므로 핵을 보유한 상대방의 위협을 상쇄하는 방법은 현재로서는 자국도 핵을 보유하는 일이다. 이는 결국 핵확산으로 이어지는 지름길이 되고 만다.

2) 북핵 확산의 문제점

상호공멸을 자초하게 되는 핵확산과 관련하여, 북한 핵문제가 악화될 경우에 야기될 수 있는 문제점을 짚어볼 필요가 있다.

첫째, 북핵으로 핵확산금지조약(NPT) 체제가 약화되어 많은 나라들이 핵보유를 시도할 경우, 국제관계의 기존질서는 혼란에 빠지게 되고 인류의 안전이 위협받게 되는 매우 중요한 계기가 될 수 있다.

둘째, 북핵은 동북아의 안보정세 불안을 초래할 수 있다. 일본의 경우, 현재는 미・일동맹에 안주하고 있지만 계속해서 북핵의 인질로 남아 있지는 않을 것이다. 일본의 우익 세력이 엄청난 잠재력을 가진 자국 핵능력을 무장화 쪽으로 움직인다면 중국과 러시아가 부담을 느끼게 될 것이며, 핵도미노 추세는 대만에도 그 파장이 크게 미칠 것이다.

셋째, 북핵은 한반도에서 남북 간의 전략적 불균형을 초래하여 남북관계 개선의 여지를 없앨 수도 있다. 경쟁적 상대방의 정책결정과정을 혼란스럽게 하는 것이 핵무기의 한 속성이다. 북한의 핵보유가 공개된 현재 심각한 군사전략적 불균형으로 인해 남북대화와 여타 교류 및 협력분야에 진전이 없는 이유도 여기에 있다.

넷째, 북핵은 남한에서의 남남갈등을 심화시킨다. 현재 북한을 둘러싼 핵문제나 한・미동맹 등 대부분의 주요 현안들은 보혁(保革)간 쟁점이 되고 있다. 북핵에도 불구하고 대북 유화론자들은 북한 정권과의 화해협력 및 지원을 적극 지지하고 있지만, 보수진영에서는 북핵문제의 근본적 해결을 위해서는 대북 압박 수단도 필요하다는 주장을 펴고 있다.

다섯째, 보다 심각한 사태를 야기할 수 있는 분야는 지휘통제체계상의 문제이다. 북한, 이란, 이라크, 파키스탄 등은 안정된 민주주의국가가 아니다. 독재체제 아래에서 핵무기 사용권한은 통상 사전에 위임될 수 없으며 통치자 한 사람에 의해 행사되기 마련이다. 문제의 심각성에 비추어 이들 국가의 지도자들에 대한 신뢰도반큼이나 지휘통제에서의 위험성을 내포하고 있다.

여섯째, 핵개발과 국제정치질서를 어지럽히는 민족주의 표출이 상관성을 지닐 때, 그 위험성 또한 상상의 범주를 넘어서게 될 것이다. 탈냉전기임에도 불구하고 군비경쟁이 지속되는 가운데 각국의 공격적이고 배타적인 민족주의 고취는 협상을 통한 문제해결을 더욱 어렵게 만들고 있는 실정이다.

그러므로 북핵문제를 보다 냉정하게 볼 수 있는 시각을 갖는 것이 중요하다. 과거 양극체제 아래에서 미국과 소련의 핵 독점과 그에 따른 '장기적 평화(long peace)'가 한시적으로 가능했지만, 오늘날과 같이 핵확산이 진행되는 심각한 정세 아래에서는 관점을 달리해야만 한다.

첫째, 북핵문제를 세계평화질서 구도에서 직시해야 한다. 유럽 지역에서는 냉전질서가 사라졌지만 한반도에는 북핵을 둘러싸고 남북한, 미국, 일본, 중국, 러시아 등 관련 국가들이 6자회담을 통해 한반도 냉전유산의 제거와 세계평화 안전을 심도 있게 숙의하고 있다.

둘째, 북핵문제는 NPT체제의 긍정적 평가를 통해 직시해야 한다. NPT체제는 핵무기확산을 금지하는 국제조직으로서 미국이 북한을 견제하는 명분도 NPT체제에 근거하고 있다. 핵확산이 국제테러리스트집단에 의해 용이해지거나 많은 나라에서 자국 안보를 위한 손쉬운 선택으로 자리잡게 되면 NPT체제는 존속불가능하다. 이러한 염려가 북핵이 인류의 안전과 번영을 위해 바람직하지 않다는 점을 인정하면서 관련국들이 북핵문제에 접근하는 당위성을 제공하고 있다는 데 주목해야 한다.

셋째, 북핵은 한반도의 궁극적 평화통일을 위해서라도 근원적으로 해결되어야 할 사안이다. 장기적으로 평화통일은 반드시 경제통합 등의 사전 단계를 뛰어넘기를 요한다. 그리고 남북한 경제통합에는 반드시 외부의 우호적 협력관계 설정이 요청된다. 여기에 국제사회의 협조는 절대적이다. 국제사회가 비핵화된 한반도를 절실하게 갈망하고 있는 현실을 직시해야 한다.

안전보장은 개인이나 국가 모두에게 생존·발전·번영을 위한 제일

차적 관심 대상이다. 한국의 안보문제는 북핵문제로 인해 지난 십 수 년 전부터 그 전망이 불투명하다. 한국의 안보가 북핵 때문에 장애를 받고 있는 현실은 한국인으로서의 생존상 근본적인 관심 영역이 아닐 수 없다.

안보는 실험실에서 행해지는 일회용 실험의 대상이 아니다. 북핵은 핵무기의 심각성 때문에 세인의 주요 관심이 되고 있다. 한반도 안보문제는 남북한의 평화공존과 평화정착 그리고 교류협력과 불가분의 것이다. 이런 의미에서 북핵은 한반도의 미래를 비관적으로 바라보게 해주는 요인이 되고 있다.

북핵 위기가 효과적으로 해결되지 못하고, 어느 나라도 해법 제시에 주도권을 적극적으로 발휘하지 못하고 있는 현실은 빠른 시일 안에 북핵문제가 타개되지 못할 수도 있다는 비관적 전망을 가능하게 해주고 있다. 이러한 현실은 관련국들 가운데 한국에게 가장 많은 부담을 안겨주고 있다. 한국의 정책결정자는 물론 핵문제를 바로 이해하기를 원하는 자라면 이러한 현실을 직시해야 한다.

이러한 관찰을 게을리 할 때, 맹목적 이상주의론이나 융통성 없는 아집에 빠지기 쉬우며, 그 폐해는 사회와 국민 전체에 파급될 수 있다. 혹자는 자신들은 수만 개의 핵무기를 쌓아놓고 있으면서 안보 불안을 느끼는 북한이 만드는 한 두 개의 핵무기를 시비하는 미국에 대하여 비판하기도 하며, 북핵도 통일되면 민족의 자산이라는 주장도 제기하고 있다. 이러한 논리에는 감성적·배타적 민족주의를 부추길 수 있는 함정이 도사리고 있다.

그러나 대외의존형 경제구조를 가지고 있는 한국이 이 길을 갈 수는 없다. 대미관계가 파탄되고, 국제무역에서 쌓아올린 실적이 무산되고, 국제사회로부터 제재를 받는 상황이 되면 한국의 경제는 물론 총체적 미래는 보장받을 수 없게 된다. 한국의 대북정책에 있어 화해협력과 안보유지라고 하는 두 개의 수레바퀴가 함께 굴러가야 한다는 당위적 현실에 비추어 볼 때, 교류협력 때문에 절대무기인 핵보유를 허용해도 무방하다는 논리에 따라 안보문제를 경시해야 한다는 시각은 일단 교정되어야 할 것이다.

3. 북핵 관련 6자회담 합의 요지

6자회담이 개최된 이후 회담 당사국들은 '9 · 19공동성명', '2 · 13합의'와 '10 · 3합의' 등 중요한 합의문을 내놨다. 그 주요 내용들을 간추려 보면 다음과 같다

(1) '9 · 19공동성명' (2005년)

2005년 '9 · 19공동성명'은 북한의 완전 핵 폐기를 통한 한반도 비핵화의 평화체제 구축을 지향하고 이에 대한 이행 원칙들을 큰 틀에서 규정했다. 남북한 미 · 일 · 중 · 러가 참석한 가운데 2005년 7월 26일부터 8월 7일까지 그리고 9월 13일부터 19일까지 베이징에서 개최된 제4차 6자회담에서 성명을 발표했다.

참가국들은 ① 6자회담의 목표가 한반도의 검증 가능한 비핵화를 평화적 방법으로 달성할 것, ② 국제연합 헌장의 목적과 원칙, 그리고 국제관계에서 인정된 규범을 준수할 것, ③ 에너지 · 교역 및 투자 분야에서 경제 협력은 양자 및 다자적으로 증진할 것, ④ 동북아시아의 항구적인 평화와 안정을 위해 공동 노력할 것, ⑤ '공약 대 공약', '행동 대 행동' 원칙에 입각하여 단계적 방식으로 합의 이행을 위한 상호 조율된 조치를 취할 것 등을 합의 했다.

(2) '2 · 13합의' (2007년)

'9 · 19공동성명'에서 제시된 원칙들을 '행동 대 행동' 이행 원칙에 따라 단계적으로 상호 조율된 조치가 이뤄지도록 하기 위한 로드맵을 제시한 것이 '2 · 13합의'이다.

이 합의에 따르면 북한은 궁극적인 핵 포기를 목적으로 재처리 시설을 포함한 영변 핵 시설을 폐쇄 봉인하고 폐연료봉으로부터 추출된 플루토늄을 포함한 공동성명에 병기된 모든 핵 프로그램을 신고해야한다. 이 단계에 이르면 미국은 북한을 테러지원국 지정으로부터 해제하기 위한 과정을 개시하고 북한에 대한 대적성국 교역법 적용을 종료시키기 위한 과정을 진전시켜 나간다는 것이다.

이 합의에서 참가국들은 북한의 완전 핵 폐기와 한반도 평화 정착이라는 최종 목표까지 과정을 하나의 합의된 로드맵 문서로 만들어 내기보다는 비핵화 과정을 세분화하고 단계마다 이행실태의 점검과 상응 조치를 합의해가면서 최종 목표에 도달해 가는 방식을 채택했다.

비핵화 이행단계를 3단계로 구분하고 단계마다 각각의 합의 문건을 계속 만들면서 진행해 나가는 방식이다. 이런 맥락에서 '2·13합의'는 바로 제1단계 초기 이행 조치를 명시한 합의문이고 이어 이뤄낸 '10·3 합의' 문서는 다음 단계 조치들을 규정한 문건이다. 따라서 비핵화 2단계 불능화의 이행이 마무리되면 참가국들은 비핵화 3단계를 규정한 새로운 합의문을 도출해 내는 것이다.

(3) '10·3합의' (2007년)

'10·3합의문'의 최대 성과는 비핵화 2단계인 핵 프로그램의 신고와 2단계 조치의 핵심인 영변의 5MW원자로, 핵 처리 시설과 핵 연료봉 제조공장 등 3개 핵시설을 12월 21일 이전에 불능화해야 한다는 것이다.

불능화방안과 관련, 북한의 제염처리 등 복잡한 과정을 거치지 않아도 되는 3개 핵시설의 부품을 떼어낸 뒤 이들을 상당기간 통제하에 둔다는 것이다. 또 신고의 경우 보유한 플루토늄을 포함한 모든 핵 프로그램을 신고대상으로 한다는 내용과 함께, 농축우라늄 프로그램(UEP)의혹을 합의문에는 명시하지 않았으나, 신고과정에서 해명한다는 것이다. 아울러 신고내역의 정확성에 대한 검증하는 문제도 합의문에 포함시켰다.

또 북한은 핵 물질이나 핵 기술·핵 지식을 이전하지 않겠다고 약속했

표 5-1 북한 미사일 개발 약사

연 도	내 용
1975년	중국서 탄도미사일(DF-61) 구입, 미사일 연구시작
1976년	이집트에서 스커드-B 미사일 도입
1984년	스커드-B 모방형 개발 · 시험 발사 성공
1986년	스커드-C 모방형 시험발사
1988년	스커드-B, C 모방형 작전배치 및 해외판매 시작
1993년 5월	노동 1호 발사
1998년 8월	대포동 1호 발사 실패
2006년 7월	대륙간탄도미사일(ICBM) 대포동 2호 발사 실패
2007년	중거리탄도미사일(IRBM) 무수단 미사일 실전배치
2009년 4월	ICBM (은하 2호) 발사 실패
2012년 4월	ICBM (은하 3호) 발사 실패
2012년 12월	ICBM (은하 3호) 발사 성공
2013년 1월 21일	국방부, 북 ICBM 개발 기술력과 자체부품 조달 능력 갖췄다고 판단

다. 북한의 핵시설 불능화 조치에 따른 상응 조치로 일본을 제외한 4개국이 번갈아 가며 매달 5만 톤씩 중유 50만 톤을 북에 제공하고, 나머지 중유 50만 톤 상당은 발전소 개보수 설비로 지원하되 쌍방준비가 되는대로 제공한다는 것이다. 미국은 이 단계에서 북한을 테러지원국 명단에서 삭제하고, 북한에 대해 적성국 교역법 적용을 중단키로 했다.

'10 · 3합의문'에는 참가국들이 "적절한 시기에 베이징에서 6자 외교장관 회담이 개최될 것임을 재확인했다"는 내용이 담겼다. 2 · 13합의가 북핵 시설 폐쇄 · 봉인 등 '9 · 19공동성명' 이행의 제1단계 시공도면이라면, '10 · 3합의'는 신고 · 불능화라는 제2단계 조치의 도면으로 볼 수 있다.

한반도 비핵화를 달성하기 위한 북핵의 폐기과정은 특별한 돌발 변수가 없는 한 ① 가동중단 · 폐쇄 · 봉인, ② 신고 · 불능화, ③ 검증 · 폐기의 단계로 구분하여 진행되도록 되어있다. 북한은 3단계 이상으로 세분화하여 각 단계마다 핵 폐기에 따른 정치·경제·에너지 분야의 상응 지원을 극대화하려했지만, 한·미를 비롯한 참가국들은 2단계 불능화 이후 핵무기·물질·시설을 동시에 폐기하는 3단계 방안을 관철시킨 셈이다.

4. 북핵 시설 불능화 중단과 6자회담 불참 선언

북한을 포함한 6자회담 참가국들은 2009년 7월 12일 수석 대표회의 '언론 발표문'을 통해 6자회담 틀 내에 한반도 비핵화를 검증하기 위한 검증체제를 수립하기로 합의했다. 그러나 검증방식에 있어 미국과 북한은 이견을 좁히지 못했다. 북한은 검증대상을 영변 핵 시설에만 국한되고 검증 방식도 제한적이어야 한다는 주장을 굽히지 않았기 때문이다. 북한은 결국 "'10·3합의'에 따라 진행 중이던 핵시설 무력화(불능화)작업을 즉시 중단키로 했다"고 선언했다.

북한은 2009년 5월 25일 국제사회의 만류에도 불구하고 2차 핵실험을 감행했다. 유엔안보리는 6월 21일 북한과의 모든 무기 및 관련 물품의 거래를 중단시키는 〈결의 1874호〉를 채택했다. 이 결의안은 전문 +34개 조항으로 2006년 1차 핵실험 직후 채택된 〈결의 1718호〉보다 크게 늘었고 북한의 핵실험을 비난하면서 "가장 강력하게 규탄한다."고 했다. 한편 유엔안보리는 9월 24일 민간 핵 기술을 제공받은 뒤 군사적 목적으로 전용한 국가에 대해 핵 물질을 회수할 수 있는 권리를 담은 〈결의 1887〉을 만장일치로 채택했다.

유엔안보리가 4월 13일 북한의 '대포동 2호' 발사를 규탄하는 '의장 성명'을 채택하자 북한은 이에 대한 대응조치로 외무성 명의의 성명을 통해 "앞으로 다시는 6자회담에 참가하지 않을 것"이라며, "기존 6자회담의 어떠한 합의에도 더 이상 구속되지 않겠다."고 선언했다. 북한은 이 성명에서 "불능화 작업이 진행 중이던 핵 시설을 원상 복구"하고 이를 통해 획득할 폐연료봉들을 "깨끗하게 재처리 할 것"이며 "자체의 경수로 발전 건설을 적극 검토할 것"이라고 위협했다. 실제로 북한은 4월 25일 영변 핵 시설에서 폐연료봉의 재처리 작업을 시작했다고 발표했다.

북한 외무성은 4월 29일 대변인 성명을 내고 유엔안보리가 대북제재를 철회하고 "즉시 사죄하지 않으면 우리는 부득불 추가적인 자위적 조치들을 취하지 않을 수 없게 될 것"이라고 위협했다. 김영남 상임위원장은 7월 15일 핵 프로그램을 둘러 싼 군축 협상을 재개할 준비가 돼 있지 않으면 "6자회담은 영원히 끝났다"고 말했다. 유엔 주재 신선호 북한 대사는 7월 27일 북・미 양자 대화에 관심을 표명하면서 "현 시대를 해결할 수 있는 대화방식은 따로 있다"며 "6자회담은 영원히 끝났다"는 기본 입장을 되풀이했다.

북한의 박길연 외무성 부상은 9월 28일 유엔총회 기조연설에서 "대화에는 대화로, 제재에는 핵 억제력으로 대처할 것"이라고 주장했다. 이는 미국이 제재를 앞세우는 한 6자회담에 참가할 이유가 없다는 것이다. 결국 북한은 핵문제 해결을 위해 6자회담 말고도 북・미 대화라는 방식이 따로 있으며, 대북제재를 거두어들이지 않는 한 앞으로 6자회담은 없을 것이라는 입장을 분명히 한 것이었다.

5. 안보리 결의 2087호 채택과 대북 제재

유엔 안전보장이사회는 2013년 1월 23일(한국시각) 북한에 대한 제재 대상을 확대하고 핵・미사일 개발 관련 통제대상 품목을 대폭 확대하며 현금・금융거래를 포함한 북한 금융기관 관련 모든 활동에 대한 감시 강화를 촉구하는 내용을 담은 대북제재 〈결의 2087호〉를 만장일치로 채택했다. 북한이 지난해 12월 12일 장거리 미사일 '은하 3호' 발사를 강행한 지 42일 만이다.

결의안은 이와 함께 북한의 3차 핵실험을 포함한 추가 도발시 안보리가 중대한 조치를 취하도록 하는 '트리거(자동개입) 조항'을 명시했다.

정부 고위 관계자는 "이번 결의안을 통해 북한이 추가 도발할 경우 국제사회가 자동적으로 중대한 제재조치를 취한다는 경고를 보낸 게 의미 있다"며 "캐치-올 방식, 현금거래에 대한 감시, 금융거래 모니터링 강화 등이 새로운 조치로 포함됐다"고 밝혔다.

북한은 대북제재 결의안 채택 2시간 만에 외무성 명의의 성명을 내고 '한반도 비핵화 종말'을 선언했다. 북한은 1월 23일 조선중앙통신을 통해 "미국의 가중되는 대조선 적대시정책으로 6자회담, '9·19공동성명'은 사멸되고 조선반도 비핵화는 종말을 고했다. 앞으로 조선반도 지역의 평화와 안정을 보장하기 위한 대화는 있어도 조선반도 비핵화를 논의하는 대화는 없을 것이다. 미국의 제재압박책동에 대처해 핵 억제력을 포함한 자위적인 군사력을 질량적으로 확대 강화하는 임의의 물리적 대응조치들을 취하게 될 것"이라고 밝혀 3차 핵실험 가능성을 내비쳤다.

한국 외교통상부 대변인은 이날 브리핑에서 3차 핵실험 가능성을 시사한 북한 외무성의 반발 성명과 관련, "굉장히 유감이다. 북한은 만장일치로 채택된 결의안의 메시지에 귀를 기울여야 한다. 정부는 북한의 동향에 주의를 기울이면서 주요국과 긴밀히 협의하겠다."고 밝혔다. 이와 관련, 정부의 한 당국자는 "(핵실험 가능성을 포함해) 모든 가능성은 열어 놓고 있다. 작년부터 계속 모든 가능성은 준비하고 있으며 (대비)태세를 계속 유지하고 있다."고 설명했다.

중국의 결의안 채택 찬성과 관련해서는 "북한이 장거리 미사일 발사 이후 국제사회에 보여준 태도에 중국은 상당히 실망하고 있는 상태"라고 밝히면서, 중국도 이번 결의안에 대해 "균형 잡힌 결과"라고 평가했다. 중국 외교부 친강(秦剛) 수석 대변인은 이 날 "안보리 2087호 결의는 관련국들이 협상을 반복해 얻은 결론으로 전체적으로 균형이 잡혀 있다."고 밝혔다. 친 대변인은 성명을 통해 "이번 결의는 조선(북한) 위성 발사 문제에 관한 국제사회의 태도를 밝힌 것으로 대화·담판을 통한 평화적 한반도 문세 해결에 관한 바람을 표명했을 뿐만 아니라 6자회담 재개 등 적극적인 움직임을 호소했다."고 긍정적으로 평가했다.

제6장

한국의 평화공존 지향 외교

1. 강대국 외교의 특징

국내사회이든 국제사회이든 모든 사회의 구성원들은 필연적으로 상호관계를 갖고 상호작용을 벌이고 있다. 그러나 사회구성원들 간에 언제나 이해가 일치하는 것은 아니다. 이들 간에 이익이 상충될 때 제도적·법적 장치가 마련되어 있지 않다면, 상대적으로 힘이 강한 자가 더 많은 이익을 갖거나 또는 이익을 독점하게 될 것이다.

이러한 현상은 국제사회에서 더욱 두드러지게 나타난다. 특히, 국내사회처럼 법적·제도적 장치가 제대로 마련되어 있지 않은 국제사회에서 강대국의 논리나 강대국이 지니고 있는 이익은 거의 배타적으로 보장받는 것이 현실이다. 이러한 논리에 입각해서 강대국이 그의 이익을 극대화하고 보장하기 위해 마련된 장치가 곧 국제정치체제라고 해도 과언이 아니다. 이처럼 국제정치체제의 주요 요소는 당대의 국제사회에서 정치·군사적 영향력이나 경제적 영향력을 크게 행사하는 강대국들(major powers)이다.

역사적으로 강대국은 외교정책의 수단으로 군시력을 동원하여 전쟁을 일으킬 수 있었으나, 약소국은 결코 그럴 만한 능력을 갖지 못했다.

그런데 외교정책의 목표 달성을 위해 군사력을 사용하는 데에는 어떤 적합성의 표준이 논의될 수 있다. 제2차 세계대전 이후 가공할 만한 파괴력을 지닌 핵무기의 출현은 외교정책의 목표 달성에 군사무기 사용의 적합성 여부를 더욱 어렵게 하였으며, 그 유용성에 대해서도 깊은 회의를 갖게 만들었다. 핵무기의 전략목표는 한 나라의 사활적인 이익에 대한 공격을 억지하는 데 있다. 즉, 핵무기는 핵보유국의 사활적 이익을 지키는 것과 동시에, 국제적인 질서를 지탱해 왔다. 이러한 점에서도 현대 국제사회에서 핵무기 보유는 강대국 지위의 확보를 위해서도 필수불가결한 요소가 되고 있다.

국제정치체제는 체제 내 주요 강대국들의 국력의 변화와 그에 바탕을 둔 대외정책의 전환에 의해 구조적으로 변화해 왔다. 모든 대외정책은 국력의 정도에 따라 결정된다. 그러므로 국력이 강화된 국가는 그에 상응하는 정책을 갖게 될 것이고, 국력이 약화된 국가도 마찬가지이다. 그러므로 국력의 변화는 필연적으로 과거와는 상이한 외교정책의 결정을 가져오게 된다. 특히, 국제정치체제 내에서 주요 국가의 국력이나 외교정책의 변화는 국제정치체제를 지탱하는 강대국의 수를 바꿔 놓음으로써 국제정치체제를 변화시키게 된다.

이러한 강대국 외교를 탈냉전시대와 관련시켜 볼 때, 다음과 같은 몇 가지 특징을 지적할 수 있다.

첫째, 탈이념적 요인으로 인해 동맹정책을 크게 고려하지 않고 있다. 강대국 간의 대결정책 상황의 축소로 인해 군소의 동맹국들을 그다지 필요로 하지 않기 때문이다.

둘째, 전략적 이해관계의 약화로 개별적 국익에 근거한 외교술을 구사한다. 과거의 경우 약소국에 대한 정책은 동맹체제의 맹주국을 통해 간접적 규제와 조정이 가능했으나, 이제는 강대국이 약소국에 대하여 보다 직접적인 힘의 행사와 외교적 협상력을 통해 강대국들의 이익을 일방적으로 추구하고 있다.

셋째, 과거와 같은 광범위한 해외 개입의 정도나 규모·범위가 상대적으로 축소되거나 자제되고 있다.

넷째, 강대국의 국력 및 외교적 협상력은 과거 자국의 대외적 이익 보호에 집중되었으나, 지금은 자국의 국내 이익이나 국내정치적 요인에 의해 재조정되고 있다.

1) 강대국의 외교정책 기조

(1) 미국의 외교정책 기조

미국의 외교는 역사적 · 지리적 · 이념적 요인과 관련되어 있다. 유럽으로부터 종교 · 신앙의 자유를 찾아 북미 대륙으로 건너온 신교도들은 독특한 공동체를 형성하는 가운데 미국의 평화와 안전을 도모하게 되었다. 이런 환경에서 다듬어지게 된 미국식의 외교정책 특성은 다음과 같다.

첫째, 반식민주의이다. 미국은 영국의 식민지 상태에서 벗어나기 위하여 독립전쟁을 벌인 끝에 독립을 쟁취하였다. 이러한 역사적 경험은 대외관계에도 그대로 반영되어 해외 식민지 건설에는 매우 소극적이 되었다.

둘째, 인도주의이다. 미국의 건설과정에는 인도주의 정신과 민주주의 이념이 지대한 영향을 미쳤다. 존 로크(J. Locke)와 몽테스키외(Montesquieu)의 정치사상은 신세계 미주대륙에 자유 · 평등 · 정의를 심는 밑거름이 되었다. 또한 이상주의 요인도 이에 부가하여 미국은 세계질서 유지와 평화 수호의 명분으로 세계전쟁을 부정하거나 이를 예방하는 것을 외교정책의 기본요소로 삼아 왔다.

셋째, 고립주의이다. 먼로(James Monroe) 대통령에 의해 선포된 '먼로 독트린(Monroe Doctrine)'은 구세계인 유럽으로부터의 개입과 간섭 일체를 거부하는 미국 외교의 고립주의(isolationism)를 대변하였다.

넷째, 냉전시대 미국 외교의 특징은 초강대국으로서의 영향력 행사와 관련된다. 예를 들면, 미국은 세계 경찰국가로서 소련을 비롯한 공산권에 대한 엄격한 봉쇄정책을 추진하였다. 그리고 힘을 중시하는 국제적 현실주의 관점에서 세계문제에 접근하게 되었고, 탈냉전시대에 접어들면서 미국 주도의 국제질서에 도전하는 어떤 세력에 대해서도 강력하게 견제하는 가운데, 특히 '9 · 11테러' 사태 이후부터는 대량살상무기(WMD) 확산 방지에 진력하고 있다.

(2) 일본의 외교정책 기조

일본의 외교정책 기조는 1956년 9월 일본 외무성이 작성한 외교 3원칙, 즉 유엔 중심의 외교, 자유민주주의 진영과의 긴밀한 협조, 아시아 지역에서의 일본의 위치 및 지위 확립 등으로 요약된다.

첫째, 국제주의, 즉 전방위 평화외교의 내용은 정치이념 · 제도 · 사회체제의 차이를 넘어 국제사회에서 다변외교를 전개해야 한다는 일종의 '무원칙의 원칙'으로, 모든 나라와 좋은 관계를 유지하려는 것이다. 예를 들면, 남한을 만족시키는 한편, 북한을 자극하지 않는다는 등거리자세이다. 이는 전후 요시다(吉田) 내각 이래의 원칙이었는데, 후쿠다(福田) 수상이 '전방위 외교'라고 명명했다.

둘째, 안보 문제와 관련된 친미정책은 1951년 미 · 일 강화조약과 관련하여 전쟁포기를 선언한 헌법 9조에서 일본의 재무장을 불허하고 있다. 1952년 4월 28일 미 · 일 안보조약은 미국이 일본에게 주권제약이 가능한 불평등조약으로서 기지 문제와 내정간섭 요인을 포함하고 있었다. 1960년 안보조약 개정안은 미국의 내정간섭 가능성 및 기지에 대한 미국의 동의권을 삭제하였고, 1970년 2월 14일 사토(佐藤) 수상은 미 · 일 안보조약과 관련 일본의 방위력 증강 중심의 개정안을 관철시켰다.

셋째, 아시아주의는 1979년 오히라(大平) 내각의 '환태평양연대구상(環太平洋連帶構想)'에서 비롯된 아시아 · 태평양 공동체 구상 및 설립 추진과 관련된다. 과거의 서구에 대한 대항과 '탈아입구(脫亞入歐)'를 겨냥하는 이론으로서 아시아공영권을 표방하고, 아시아 세력으로서의 지위 유지에 관심을 표명한 것이다.

(3) 중국의 외교정책 기조

중국의 외교정책 기조는 중화사상, 민족주의, 마르크스・레닌주의 및 모택동사상을 배경으로 하여 구성되었다. 이에 바탕하여 외교정책의 핵심적 목표로서 다음의 다섯 가지를 제시할 수 있다.

첫째, 안전보장이다. 이는 중국이 대소일변도(對蘇一邊倒)를 취해 왔고, 반미・반제의 프롤레타리아 국제주의를 표방한 데에서도 잘 알려져 있다. 그리고 한국전 참전이나 중・인 국경충돌 사태에서 중국이 보여준 태도에서도 입증되었다.

둘째, 통일달성으로서, 영토 통일 및 실지(失地) 회복이 이에 해당된다. 중국의 영유권을 둘러싼 분쟁이나 중・소 국경분쟁, 그리고 대만해협에서 일어나는 분쟁도 이에 속한다.

셋째, 독립확보는 독자적 안보 모색을 포함해서 독자적 핵개발 성공과 대소 및 대미 독자성 확보 등에서 그 의미를 찾을 수 있다.

넷째, 영향력 행사의 경우와 관련해서는 마르크스・레닌주의 및 모택동사상의 수출과 중국식 발전모델의 과시, 그리고 제3세계로의 적극적 진출에서 확인되었다.

다섯째, 경제발전과 대외적 위신 제고는 특히 덩샤오핑(鄧小平) 체제의 '4개 현대화' 정책의 성과가 가시화되는 가운데 중국이 사회주의 강대국을 지향하고 있는 관점에서 그 의미를 살펴볼 수 있다.

덩샤오핑의 실용주의 정권은 독립자주외교를 표방해 왔다. 이는 1982년 9월에 개최된 중국공산당 제12전대 이래 불변의 원칙으로 견지되고 있다. 그 주요 내용은 ① 초강대국과 야합하지 않고, 그들의 압력에 굴복하지 않는다. ② '평화공존 5원칙' — 호혜평등, 주권・영토 존중, 상호불가침, 내정불간섭, 평화공존 — 을 준수한다. ③ 패권주의를 반대하고, 중국도 이를 추구하지 않는다. ④ 제3세계 국가들과의 단결을 강화한다. ⑤ 문호개방과 대외교류를 추진한다는 것이다.

한편 덩샤오핑 이후 차례로 집권한 장쩌민(江澤民), 후진타오(胡錦濤) 시대에 와서는 중국의 외교정책 기조가 이전에 비하여 강성을 더해가고 있음을 알 수 있다. 즉, 덩샤오핑 시대에는 현상유지의 의미가 강했던 '도광양회(韜光養晦)' 정신이 근자에 와서는 보다 적극적이고 진취적인 '화평굴기(和平崛起)'·'유소작위(有所作爲)'로 전환되고 있다는 사실에서 현 중국 지도부의 대외정책 방향을 살필 수 있다.

(4) 러시아의 외교정책 기조

러시아의 전신인 소련 외교정책의 기조와 관련하여 소련의 1924년 헌법 전문을 보면, 이데올로기 성격에 기초하여 죄악적 자본주의 진영과 평화애호적 사회주의 진영으로서 '양대진영론'을 규정하였다. 소련은 세계자본주의에 대한 방파제 역할을 수행하는 한편으로, 세계 노동자들이 하나의 세계사회주의 소비에트공화국 중심으로 단결하도록 유도하고자 했다.

그리고 1977년 10월 7일 제정된 신헌법에서는 외교정책에 관한 장을 신설하고, 그 제28조에 "소련의 외교정책은 소련에서의 공산주의 건설에 유리한 국제환경 조성, 국익 옹호, 전 세계 사회주의의 지위를 공고히 하여 민족해방인민투쟁을 지원하고, 침략전쟁을 방지하며, 전면적 무장해제를 달성하여 상이한 사회체제를 가진 국가들 간의 평화공존 원칙을 지속적으로 추진함을 목표로 삼는다."고 명시했다. 소련 외교정책은 다음과 같은 몇 가지의 원칙에 바탕하고 있다.

첫째, 프롤레타리아 국제주의(Proletarian Internationalism) 원칙에 입각하여 세계혁명을 추진한다. 이에 따라 코민테른(Comintern)과 코민포름(Cominform) 등의 국제 공산주의 운동기구를 조직·운영하였다.

둘째, 평화공존(peaceful coexistence), 즉 현상유지 논리도 상황에 따라서 제기되었는데, "세계혁명이 지연되는 한이 있더라도 프롤레타리아 권력과 소비에트공화국 생존을 보전해야 한다."고 주장함으로써 전략·전술의 차원에서 평화공존론이 구사되어 왔다.

셋째, 반제 연대투쟁의 목표로서의 민족민주주의(national democracy)이다. 제국주의 진영과 사회주의 진영 어느 쪽에도 속하지 않는 국가들인 ① 신생독립국, ② 정치·경제적으로 독립을 추구하는 국가, ③ 제국주의와 외국군대 주둔에 반대·투쟁하는 국가, ④ 제국주의적 자본 침투에 대항하는 국가 등 이른바 제3세계에 공산주의 세력을 확대하여 반제 연대투쟁을 전개한다는 원칙이 있다.

넷째, 군사적 패권주의(hegemonism) 추구의 측면도 있다. 소련은 막강한 군사력을 근간으로 삼아 소위 '권력의 상관관계(corelations of power)'를 중요한 안보개념으로 고려해 왔다. 미·소의 무제한적인 군비경쟁에서뿐만 아니라 브레즈네프(L. Brezhnev)의 '제한주권론'을 통해 사회주의 진영의 이익을 우선시하는, 그래서 결국 소련의 패권유지 목적을 겨냥한 군사적 팽창논리를 견지해 왔다.

다섯째, 탈냉전시대를 경험하면서 러시아의 외교정책 기조도 변화를 거듭하고 있다. 즉, 고르바초프(M. Gorbachyov), 옐친(B. Yeltsin), 푸틴(V. Putin) 대통령이 차례로 집권하는 가운데 러시아는 대서양주의(Atlanticism)와 유러시아주의(Eurasianism)가 충돌하면서 러시아의 정체성 회복과 관련하여 외교정책 노선의 정립을 둘러싼 노선투쟁을 극심하게 겪고 있다. 그러나 어느 경우든 간에 현재의 러시아는 강력한 국가로서의 위신을 되찾는 데 뜻을 함께하면서 슬라브족의 민족주의와 애국심 고취를 강조하고 있다.

2) 4강의 한반도 정책: 배경과 공통분모

미국의 한반도 정책은 한마디로 한·미 동맹관계를 중시하고 한국주도의 평화적 통일을 지향하면서 북한의 도발을 억제시키는 것이라고 하겠다. 일제의 식민지 지배가 종료된 후 미국은 한반도의 완충지대(buffer zone)화를 통하여 주한 미군을 유지시키면서 일본의 재무장을 견제하는 것이었다. 말하자면, 대한해협과 일본 열도 사이에 깊은 관심을 표명하면서 러시아를 견제하려는 인식이었다.

한편 일본의 한반도에 대한 기본 정책은 경제대국으로 한국과 긴밀한 관계를 유지하면서 한반도의 분단 상태를 선호하고 있다고 하겠다. 말하자면, 남북한의 현 체제 유지와 남북한의 통일로 강력한 통일 한국의 등장을 견제하는 것이며 때문에 남북한의 자주평화통일을 원한다는 일본 정부의 대외적 공식 방침은 미사여구에 불과하다고 하겠다. 말하자면, 일본은 남북한의 분단 상황을 유지하면서 'Divide and Rule' 정책을 추구하면서 일본의 국가이익을 증대시키는 것이라고 하겠다. 이와 같은 현상유지정책(Status-Quo-Policy)의 연장선상에서 일본의 국가이익을 증대시키기 위해서는 북한에 대해서는 '남한카드'를 남한에 대해서는 '북한카드'를 동시에 적절히 활용하는 방안이라고 하겠다.

2011년 3월, 일본의 대지진과 쓰나미 이후 한일 간의 협조체제가 양국 관계의 발전에 약간의 관계증진 기회를 제공한 듯한 인상도 있지만, 여전히 야국 간에는 독도 영유권문제, 한・일 FTA 교섭, 과거사 청산, 역사교과서의 왜곡문제, 무역적자와 수평분업 등 적지 않은 난제가 앞으로 당분간은 계속될 것으로 보여진다.

중국의 한반도 정책은 북한을 정통 우방으로 간주하고 있으며, 남북한 관계의 현상유지를 통하여 한반도에의 정치적 영향력 확대를 기본으로 하고 있다. 중국정치 지도자들의 한반도 인식은 가끔 구한말의 청나라가 조선을 보는 듯한 시각에서 견제하는 측면도 없지 않다. 예컨대, 연평도 사건 이후 중국 정부의 다이빙궈(戴秉國) 특사가 한국을 방문, 한국 대통령에게 외교적 결례 자세로 면담한 것을 보면 이를 짐작할 수 있다.

중국은 한반도에서의 강대국 등장을 견제하고 있다. 길림성, 요녕성, 흑룡강성을 포함하는 중국의 동북 3성뿐만 아니라 '한반도 역시 고대중국의 부속국'이었다는 식으로 독선적・위선적 논리를 전개하여 북한은 물론 먼 훗날 한반도 전체를 중국의 세력권 내에 넣겠다고 하는 정치적 의도를 다분히 표출하고 있다.

오늘날의 러시아는 구 소련사회주의연방공화국에 비하여 국력이 상대적으로 약화되어 있고 국내 경제의 어려움 등으로 인하여 이전보다 한반도에 대한 관심이 다소 저하되어 있지만, 러시아의 선통적 남하정책과 한반도의 완충지역화를 여전히 중시하고 있다.

과거 소련은 1937년 가을에 사할린에 거주하고 있는 조선족(고려인)을 대거 중앙아시아로 집단강제이주를 추진하였는바, 이는 사할린 거주 고려인들의 독립운동을 사전 견제하기 위한 포석이었다. 중국의 동북 3성에 거주하고 있는 300만 명에 가까운 조선계 중국인(조선족)들의 자치주 등장이 러시아 정부를 크게 자극하였기 때문이다. 최근의 러시아는 한반도 국제정치에 대한 관심도가 떨어지고 소홀한 듯한 인상을 주나 사실은 그렇지 아니하다. 왜냐하면 러시아국내의 경제 문제와 대외관계의 발전이 급선무이기 때문이다.

러시아는 미・일・중의 가속적인 한반도 정책을 신중히 주시하면서 남한과 북한에 대한 각각 개별적인 접촉을 통하여 자국의 국가이익을 충실하게 추구하려는 노력을 보이고 있다.

4강의 한반도 정책의 저변에 흐르고 있는 공통분모를 역사 윤회의 논리 시각에서 살펴보기로 한다.

첫째, 한반도를 둘러싼 미・일・중・러의 세력다툼은 구한말 동양외교사를 방불케 하고 있다. 100년 전 한반도를 둘러싼 한반도 국제정치사의 틀 속에서 오늘날의 동북아정세가 전개되고 있는 것이다. 달라진 것이 있다면 남북한이 분단되었다는 것과 청나라가 중국으로 바뀌었다는 것이다.

둘째, 미・일・중・러의 4강은 남북한이 통일되어 강력한 국력을 갖는 '통일한국'의 등장보다는 현 상황을 존속시키는 한반도 분단 상태를 선호하고 있다. 이유는 강력한 국가의 등장은 기존 강대국의 힘을 덜 느끼게 할 우려가 있기 때문이다. 특히 한국을 지나치게 인식하고 있는 일본은 남북한이 통일하여 선진국형 강대국가가 등장하게 되면 이는 일본열도에 적지 않은 위협요인으로 등장할 것이라고 판단하고 있다. 일본이 한반도의 통일을 원치 않고 분단 상황을 선호하는 이유는 바로 여기에 있는 것이다.

셋째, 한반도에 대한 자국의 영향력 강화를 시도하는 측면이 농후하다. 이는 정치 이념과 정치적 이데올로기보다는 4강 공히 그들의 국가이익

(national interests)을 중요시하기 때문이다. 미국과 일본은 한국을 통하여 또한 중국과 러시아는 북한을 통하여 각각 적절한 차원에서 그들의 한반도 영향력을 강화시키고 있다. 그러한 의미에서 북한의 전통우방인 중국, 러시아와 우호협력관계를 유지하고 있는 한국은 매우 유리한 고지를 확보하고 있다고 하겠다. 왜냐하면 북한은 아직 미국, 일본과 정식 국교관계를 갖고 있지 않기 때문이다.

2. 한국과 강대국 외교관계

1) 한・미 관계

한국은 해방과 더불어 국가의 독립주권을 회복하였다. 그러나 대외관계를 자율적으로 처리할 수 있는 외교적 자율성은 제대로 확보할 수 없었다. 국토의 분단과 외세의 영향은 한국 외교의 독자성을 쉽게 허용하지 않게 되었다.

한국 사회 전반이 오로지 미국의 원조에 의존하여 생존을 부지하는 상황으로 인하여 대외정책과 외교 역시 미국의 이해관계에 따라 좌우될 수밖에 없었다. 당시 국제적 냉전시대는 약소국에게 무조건적인 종속을 요구하였고, 국제정치체제는 강대국의 국가이익에 따라 변형되었으므로 국제정치환경은 항상 약소국에게는 불리한 것이었다.

이러한 환경과 조건 아래에서 한국 외교는 아래와 같은 특성을 지니면서 정형화되었다.

첫째, 안전보장을 위해 미국을 중심으로 하는 서방 국가들과 동맹관계를 맺음으로써 핵심적 목표를 달성하는 동맹외교의 추진이다. 한국전쟁 이후 공산주의 세력과 대치하는 가운데 미국의 봉쇄정책망은 한반도에도 예외 없이 펼쳐지게 되었다. 반공주의가 지배적이었던 당시의 유일한 선택은 1953년 체결된 한・미 상호방위조약이었고, 한・미동맹은 이러한 국제환경의 산물이다.

둘째, 분단을 극복하고 적대관계를 종식하여 통일을 이루어야 한다는 당위성은 통일외교의 바탕이 되어 왔다. 강대국들의 이해관계에 따라 한반도가 분단되었으므로 강대국들의 복잡한 이해관계를 무시할 수 없으며, 통일외교를 원활하게 수행하기 위해서는 주변 국가들과의 이해를 효율적으로 조정해 나가야 한다.

셋째, 국제정치체제의 변화는 강대국의 주도에 의하여 가능하다. 냉전기 이후의 국제사회는 탈냉전의 새로운 국제질서를 지향하고 있다. 비록 그 실체가 완연하지는 않지만 국제환경의 변화는 한국에게 탈이념적 요인을 인정하게 만들었다. 이른바 북방외교는 냉전 유산을 우리 스스로가 청산해야 한다는 탈이념적 당위와 국제사회의 현실주의적 요청이 어우러져 형성되었다. 이념적 흑백논리와 적대세력에 대한 완승논리에 집착한 결과 장기적 소모성 외교의 폐해를 쉽게 걷어 내기가 어려웠다.

넷째, 한반도에서 전쟁을 막고 남북한이 평화공존하며, 탈냉전시대의 새로운 국제질서에 보다 적극적으로 참여할 수 있는 다자 안보외교를 지향하고 있다. 동북아 주변의 국제적 힘의 분산은 불필요한 견제를 줄이는 한편 상호간에 평화 분위기와 경제적 이익의 균점을 허용하는 다자간의 협력 가능성이 과거 어느 때보다 높아져 가고 있다. 경제적 이해관계를 국제적 규범과 규칙으로 해결하려는 세계적 무역기구의 출현이 이루지고 있고, 북한 핵을 평화적으로 해결하기 위한 목적으로 가동되고 있는 6자회담도 다자협력체의 한 유형이다.

한국의 대미 기본자세는 자주성에 입각했다기보다는 상호 의존 지향적이었다. 한국의 대외행위는 미국의 보증이 전제된 이후에나 추진 가능했고, 철저한 '보험외교'였다고 할 수 있다. 독자적 정책결정 및 독자적 행위에 따르는 위험을 감수할 수 있는 체계적·국가적 능력이 부족하였을 뿐만 아니라 협상력 결핍으로 대미 일변도 정책으로 일관해 왔다.

미국의 대한 기본자세는 반공이념을 우선시한 결과, 정권의 정통성 여부에 관계없이 미국의 국익에 부합될 때에 지지입장을 보였다. 한국에서의 민주주의 능력 신장이라는 주요 목표가 있음에도 불구하고 미국 민주당의 인권중시 정책조차 별무효였다. 실례를 들면, 박정희 대통령 집권 시 미국의 케네디(John F. Kennedy) 대통령이나 전두환 대통령 집권 시 미국의 카터(J. Carter) 대통령도 이러한 기존의 틀을 벗어나지 못했다. 이는 한국 안보에 대한 실제적・현실적 과제와 관련하여 미국의 국익만을 역대 미국 행정부가 인정해 왔다는 것을 의미한다.

1960년대 초의 상황을 살펴보면, 케네디의 집권과 4・19 이후 민주당 집권이 이루어졌는데, 미국은 종래의 무상원조에서 차관 형식으로 전환하여 원조를 제공했다. 특히, '바이 아메리칸(Buy American)' 정책이 그 전형적 실례였다. 한국에서 5・16군사쿠데타가 발생했을 때, 미국은 반대 → 무간섭 → 지지의 자세를 보여줌으로써 전통적 한・미 관계를 유지해 나갈 수 있는 기회를 허용했다. 그리고 병력 이동에 관한 양국의 이견을 조정했던 결과, 군사작전 지휘권 문제는 공산군의 침략 시 한국군을 유엔군의 지휘 아래 둔다고 양해함으로써 안보 차원에서 한국의 대미 의존 형태는 지속되었다. 미국의 월남전 개입은 한・일 양국이 관계를 개선하는 데에서 하나의 계기가 되었다. 1961년 케네디・이케다(池田) 회담을 비롯하여 한・일 회담을 위한 예비회담이 연속 개최되었고, 이를 계기로 해서 한・미・일 3각 협력관계가 모색되기에 이르렀다.

1969년 '닉슨 독트린(Nixon Doctrine)'*이 발표됨으로써 미국의 군사적 탈아시아 입장이 표면화되었으며, 비군사적 수단에 의한 대아시아 정책이 조정됨으로써 해외주둔 미군 70만 명을 40만 명 수준으로 감축하였다. 닉슨 독트린은 정치적 측면에서 볼 때, '아시아 문제의 아시아화'를 의미하는 것이었고, 아시아적 민족주의를 재평가하는 것이기도 했다. 이에

---

* 1969년 7월 25일 닉슨 대통령은 아시아 순방 길에 닉슨 독트린을 발표한다. 베트남전쟁으로 인해 만신창이가 된 미국은 '아시아인의 안보는 아시아인의 손으로'라는 구호를 앞세우며 미국은 이 지역의 안보를 위해 핵우산을 제공하고 경제적 원조, 군사고문단 등의 원조는 제공하지만 지상군은 제공하지 않을 것이며 아시아인들은 자조(Self-help)의 원칙에 따라 스스로의 안보에 더 많은 역할을 납낭해야 한다고 천명했다. 이러한 닉슨 독트린에 따라 이 지역에서 미군의 철수가 시작되었으며 미국의 안보 역할을 우방국이 함께 분담하는 계기가 되었다.

따라 미국은 중국을 국제사회로 이끌어 내는 데 성공했고, 중・소 관계가 조정되었으며, 세력균형 분위기가 조성되는 가운데 남북대화도 시작되었다. 군사적 측면에서는 아시아에서 미국의 군사봉쇄선이 해체되기에 이르렀고, 군사적 반패권(anti-hegemony)을 전 지역으로 적용하려고 시도했다. 이 결과로 미국은 지상군 및 지상기지 중심 정책에서 기술집약적인 해양정책 추구, 즉 해공군 중심체제로 전환하게 되었다.

1970년대 한・미 관계는 한국에 유신체제가 등장함으로써 새로운 국면에 돌입하게 되었다. 미국은 도덕성 및 인권 문제를 한국 안보와 연계시키기 시작했으며, 미국의 한국에 대한 비판은 남한에서 일시적인 반미・탈미 입장의 표방과 대미 자주화 감정의 표출을 가져오기도 했다. 그러나 한국은 한반도 통일문제와 관련하여 남북한 간의 〈7・4공동성명〉을 이끌어 내는 데 성공했으며, 미국도 이에 호응하여 교차승인안, 4자회담과 6자회담 등을 제의하였다. 카터 집권시 1978년 미국은 3천 670명의 주한미군을 철수시키는 한편, 한미연합사를 설치・운영함으로써 한국군에게 작전권을 이양할 수 있도록 준비하는 데 한・미 양국이 합의하였다. 한편 1977년 카터 대통령이 주한미군의 전면 철수를 주장한 데 대하여 박정희 대통령은 그 대안으로 한국의 핵보유가 불가피하다는 입장을 보임으로써 양국은 심각한 마찰을 빚기도 했다.

1980년대 양국관계는 한국에 제5공화국이 등장하고 미국에 보수주의 정권이 들어서게 됨으로써 원만한 상태로 복원되었다. 미국의 대한 인식은 정권의 정통성을 불문하고 반공정책을 지지하는 종래의 입장으로 되돌아갔다.

1990년대 미국의 한국에 대한 정책은 안보공약의 준수와 한국 민주주의 절차의 제도화에 쏠리게 되었다. 클린턴(B. Clinton) 행정부가 안보공약의 준수와 관련하여 미국이 추구하고자 했던 것은 ① 상호 양해 아래 주한미군이 존재하는 것을 포함하여 상호 방위조약을 통해 양국 군사동맹관계를 유지하는 것, ② 한국군의 현대화 노력을 지원하여 한반도 군사균형을 유지하는 것, ③ 방위에 관련된 연구・개발에서 협력을 확대하는 것, ④ 연례 팀스피리트(Team Spirit) 훈련을 지속하는 것, ⑤ 유엔군으로부터 한국군으로의 작전지휘권 이양에 대비하는 것, ⑥ 한・미・일 간 합동방위 문제를 개선하는 것 등이었다.

1990년대 미국의 동북아시아 정책과 관련하여 군사안보정책을 재검토한 내용은 1990년 4월 발표된 ≪21C 아시아・태평양 전략보고서(East Asia Strategic Initiative; EASI)≫와 1992년 8월 위의 수정 보고인 ≪EASI II≫가 있다. 그 주요 내용은 ① 아시아・태평양 지역에서 군사・정치・경제 이익 보호를 위하여 미국은 역내세력으로 계속 잔류한다, ② 탈냉전의 국방체제 구축과정에서 동맹국과 우방국들이 적당한 수준의 책임분담을 고려한다, ③ 향후 미국은 해군력 증강과 이를 보조하기 위한 수단으로 공군 및 지상군을 계속 배치한다는 것이다.

한편 미국 내의 여론은 대아시아 정책의 수정을 지지하는 쪽으로 나타났다. 미 의회의 일부 견해에 의하면, 아시아 국가들 간의 갈등이나 마찰 해소를 위해 미군이 주둔할 필요성은 없다는 것과 국방비・예산 삭감추세에 따라 미국 동맹국들 간의 군사경쟁을 억지하기 위한 목적 때문에 미군이 주둔할 필요는 없다는 것으로 요약되었다.

클린턴 대통령이 1993년 7월 동경에서 열린 G7정상회담에서 밝힌 '신태평양공동체(New Pacific Community)'의 내용은 미국의 주요 이해관계를 살필 수 있는 핵심을 담고 있다. ① 미국 방위공약의 지속적 실천과 한・일・호주・필리핀・태국 등과 미국과의 양자 간 안보협력관계의 재확인, ② 핵을 비롯한 대량살상무기의 확산 억제, ③ 공동안보에 대한 도전을 논의할 수 있는 다자간 안보 대화 및 지원, ④ 아시아・태평양 지역 내 민주주의 확산을 위한 지원 등이다.

또한 클린턴은 1993년 2월 26일 아메리카 대학에서의 연설을 통해 자신의 외교정책 기조를 "이제 우리는 무역 문제를 우리 안보의 중요한 요소로 고려해야 할 때가 되었다."고 밝힌 바 있다. 이어서 1994년 7월 백악관이 발표한 탈냉전기 안보정책의 대강 ≪미국의 안보정책: 참여와 확대(A National Security Strategy of Engagement and Enlargement)≫에서도

"미국의 모든 전략적 이해 — 국내의 경제번영, 세계적 위기가 미국 본토를 위협하기 전에 견제하는 것을 포함한 — 는 민주적이고 자유시장 체제를 지향하는 국가공동체 관계를 확대함으로써 달성될 수 있다. 그러므로 민주주의 국가들과 함께 노력하는 것이 우리 안보전략의 핵심이다."라고 명시하였다. 따라서 클린턴 행정부의 대아시아 · 태평양 정책기조의 핵심 내용은 ① 한반도와 남아시아에서의 핵 및 대량살상무기(WMD)의 확산 방지, ② 다수의 위협과 기회에 대처할 수 있는 새로운 협력 발전, 즉 경제협력 증대, ③ 전 지역으로의 민주적 개혁 확산 등으로 요약된다.

한 · 미 관계에서 제기되는 문제점과 그에 대한 새로운 방향을 모색해 볼 필요가 있다. 미국은 여전히 상위 동맹국으로서의 위치와 사고방식에 따라 한국을 인식하고 있다. 실례로 UR 협상과정, 핵을 둘러싼 대북 협상태도, 한 · 미 행정협정(SOFA) 논의, 농산물 수입 및 가공 식품류의 한국 내 유통 문제, 통신기기 분야의 수입 압력 등이 그것이다. 한국은 하위 동맹국의 의존적 사고방식을 벗어나지 못하고 있다. 그 이유는 협상력 부족에서 찾을 수 있다.

클린턴은 미국이 대외정책에서 '계속성의 의무와 변화의 의무'를 동시에 갖는다고 천명했다. 이는 미국이 향후 어떤 이념이나 원칙을 고수하겠다는 것이 아니라, 사안에 따라 자국이익 우선주의를 지향하겠다는 의미이다.

영국의 팔머스톤(I. Palmerstone) 경이 언급한 것처럼, "국가 간 관계에서 영원한 적도 우방도 없고, 오직 영원한 것은 국가이익뿐이다."라는 명구를 상기하여 한 · 미 양국은 성숙한 동반자관계(mature partnership), 그리고 균등한 상호의존관계의 확립을 위해 노력해 왔다.

21세기의 탈냉전시대라는 새로운 전략환경을 맞이한 미국은 새로운 시대에 적응하는 새로운 전략을 강구하기 시작했다. 부시(G. W. Bush) 대통령이 집권한 이후 미국은 국제안보의 핵심적 대강을 미국 중심의 압도적 힘의 우위 유지와 테러에 대한 비대칭적 적극 대응에 두게 되었다. 국가가 아닌 비국가적 행위자의 테러행위는 종래의 봉쇄, 억지, 기지

전과 같은 전통적 개념으로는 적절히 대처할 수 없다는 안보관이 제기되기에 이르렀다.

더욱이 2001년 9·11테러사건은 미국이 자신의 안보를 위해 선제공격을 정당시하는 계기가 되었고, 이를 새로운 ≪국가안보전략(The National Security Strategy of the United States of America)≫을 통해 공식화한 '부시 독트린(Bush Doctrine)'은 기존의 동맹정책에 관한 재검토를 요청하게 되었다. 따라서 미국은 자체의 미사일 방어(Missile Defense; MD) 계획을 재정비하는 가운데 핵무기의 국제적 관리체계인 NPT의 효율적인 관리와 WMD의 거래차단과 이의 효과적 실행을 위한 WMD 확산방지구상(Proliferation Security Initiative; PSI) 확대 등을 주요 정책으로 표방하였다.

미국이 한반도에 대해 단행한 탈냉전시대 첫 번째 정책 변화는 바로 이러한 미국 안보관의 변화를 반영하고 있다. 동북아 및 한반도에 대한 미국의 일차적 관심은 미국의 패권에 도전할 만한 경쟁 대상국이 등장하는 것을 저지함과 동시에 기존의 동맹관계를 축으로 하여 미국의 영향권을 계속 지켜나가는 일이다. 2001년 9월 30일 발표된 ≪4개년 국방보고서(Quadrennial Defense Review; QDR)≫에서는 미 국방장관 럼스펠드(D. Rumsfeld)로 대변되는 강경파의 국방전략과 지침이 소개되었는데, 이에 의하면 미국의 우방국에 대한 안보공약의 이행과 미군의 전진배치가 기본전략으로 제시되고 있다.

이러한 미국의 정책이 구체화되는 가운데 미국은 북한의 핵 포기를 압박하면서 북한을 '악의 축'으로 규정짓고, ≪핵태세보고서(Nuclear Posture Review; NPR)≫에서 북한을 선제공격할 수 있다는 강경 입장을 표명하였다. 이러한 배경 아래 미국은 주한미군의 부분 철수, 용산기지의 이전, 미군 주력부대의 한강 이남 배치를 포함하는 주한미군의 재배치를 결정하였다.

9·11테러사건 이후 미국의 안보관은 크게 변했다. 개별국가의 주권보장이라는 유엔의 원칙을 약화시키고, 미국의 필요에 의해 적극적으로 개입할 수 있다는 소위 '부시 독트린'의 '제한적 주권론(conditional sovereignty)'이 내용은 다르지만, 북한에서는 이라크와 같은 방식으로 적용되는 반면, 남한에서는 동맹의 부활이라는 이름으로 동시에 적용되고 있음을 알 수 있다.

부시 대통령이 규정한 '악의 축'은 단순한 불량국가 이상의 의미를 가지고 있으며, 기독교 근본주의에 입각하여 그 악은 종교적 차원을 가진다. 그들에게 김정일은 사담 후세인이나 빈 라덴 같은 악마적 존재이며, 어떤 희생을 지불하고서라도 정의전쟁을 통해서 제거해야 하는 대상이다. 미국 정부 내의 강경파들은 자주외교를 부르짖고, 미국의 대북 강경책에 미온적인 노무현 정부를 빈 라덴을 숨겨 준 탈레반 정권이라고 부르는 인사들마저 있다. 미국과 함께 하지 않는 자는 테러리스트와 함께 하는 자라고 선언한 부시의 선언을 기억해 보면 미국식의 흑백논리는 미국 안보관의 변화 모습을 시사해 준다.

한·미동맹 50주년을 맞이하는 양국 관계는 2003년 여중생 사망사건과 관련된 추모시위, 이라크 파병반대, 미군 철수를 요구하는 반미시위, 특히 미군 사격장 기습시위로 전례 없이 경색되고 있다.

미국에서는 한국의 반미 정서가 한·미 동맹관계를 훼손할 것이라는 우려가 커지고 있다. 미국 의회와 한반도 전문가들은 당시의 청문회나 세미나 등에서 반미 정서와 한·미 동맹관계 변화를 공론화하기 시작했다.

한·미 동맹은 비대칭적인 동맹이면서 균형동맹의 성격도 띠고 있다. 한·미 동맹관계가 성립되면서부터 한국은 미국의 피보호국이었지만, 미국 역시 한반도에 전진배치함으로써 소련과 중국 같은 공산주의 세력이 확산되는 것을 막으려 하였다. 9·11테러사건이 발생하기 전만 하더라도 미국의 사활적인 국가이익 중 하나는 동아시아 지역에서의 지역패권국의 등장을 방지하는 것이었다. 미국으로서는 중국의 군사 대국화 및 패권추구 가능성을 견제하고, 핵무기를 포함한 대량살상무기의 확산을 저지하기 위해서 북한을 통제하고, 북한의 도발 위험과 갑작스런 붕괴로 인한 동아시아 지역의 불안정에 대비하는 것이 자국의 가장 중요한 전략목표였다. 이러한 미국의 목표를 달성하는 데 한국은 이미 중요한 파트너 역할을 하고 있었다. 또한 9·11테러사건 이후 미국은 사활적 국가이익으로 테러리즘과 대량살상무기 척결이라는 명분으로 이라크를 중심으로 활동하였지만, 동맹국을 포함한 우방국들의 적극적인 지원 없이는 목적을 달성하기가 쉽지 않을 것으로 보인다.

2005년 7월 노무현 대통령과 부시 미국 대통령 간의 한·미 정상회담은 성공적이라는 평가를 받았다. 북한 핵문제에 대한 포괄적 합의를 이끌어 냈고 동북아균형론, 전략적 유연성 등의 이슈로 빚어졌던 한·미 간의 균열도 어느 정도 봉합한 듯했다. 그러나 미국의 대북 부정적 이미지는 쉽게 불식되지 않았다. 국무부의 폴라 도브리언스키(P. Dobriansky) 인권담당 차관은 북한, 미얀마, 짐바브웨, 쿠바 등 4개 국가를 거론하며 '폭정의 전초기지(outposts of tyranny)'라는 표현을 사용했다.

그러나 김대중 및 노무현 대통령 집권기의 한국 정부의 입장에서는 미국의 정책에 대해 쉽게 동조할 수가 없었다. 민족공조를 앞세워 북한을 도와야 한다고 보는 시각이 우세하였기 때문이다. 북한에 대한 인식의 차이가 있는 한 한·미동맹은 결코 공고하다고 말할 수는 없다. 자주와 동맹이 서로를 배척한다고 생각하는 한 동맹의 결속은 기대할 수 없다. 그러나 양국은 장기적 전략의 안목에서 자주와 동맹의 유용성을 변증법적으로 사고하고 실용화하는 가운데 여러 가지 어려움에도 불구하고 양국에게 새로운 이정표를 제시해 왔다.

미국의 제44대 대통령 버락 오바마(Barack Obama)는 변화의 가능성에 대한 강한 신념을 가진 사회운동가 출신 젊은 정치가답게, 취임 2개월을 조금 넘긴 2009년 4월 5월 체코 프라하에서 '핵무기 없는 세상(a world without nuclear weapon)'을 추진하겠다는 야심찬 비전을 전 세계를 향해 천명하였다. 반핵평화운동 NGO의 시위구호가 아니라, 세계최강의 핵능력을 보유한 유일초강대국 미국의 현직 대통령이 자국 군사력의 핵심인 핵무기를 완전히 없애겠다고 신인하고 나선 것은 핵무기가 갖는 군사전략적 가치와 역할에 대한 재검토는 물론, 국제안보 질서의 근본적 작동

원리와 수단에 대한 재고를 의미하는 실로 역사적인 일이다. 그런 커다란 상징성으로 인해 겨우 취임 100일을 조금 넘긴 오바마 대통령에게 노벨 평화상이 수여되기도 했다.

오바마 대통령의 핵무기 없는 세상 비전은 프라하 연설 이후 2009년 7월 이탈리아 G8정상회담과 9월 유엔안보리 정상회의를 거치면서 재차 확인되었고, 2010년에는 9년 만에 새로 발표된 미국의 ≪핵태세검토보고서(NPR)≫를 통해 본격적인 중장기 핵정책으로 천명되었으며, 4월에는 러시아와 역사적인 '새 전략무기감축협약(New START)' 체결과 '핵안보정상회의(Global Nuclear Security Summit)'를 통해 현실화를 향한 정책적 행동으로 구체화되고 있다.

오바마 행정부의 핵군축 구상이 한반도 안보에 영향을 줄 수 있는 부문은 크게 네 가지로 요약된다.

첫째는, 확장억지력과 관련된 것이다. 미국은 동맹과 우방국들이 핵 공격을 받게 될 경우 미국은 과감하게 핵 공격으로 응징할 수도 있다는, 소위 '적극적 안보 보증(positive security assurance)'을 통해 동맹 및 우방국들에게 핵우산을 제공하고 있다.

둘째는, 북핵 해결을 위한 대북압박 공조 부문이다. 오바마 대통령의 핵군축 구상은 수직적 확산방지 노력을 우선적으로 지적하고 있긴 해도, NPT체제의 복원 및 강화를 통한 지속적인 수평적 확산 방지 노력도 아울러 포함하고 있다. 즉, NPT 체제의 규범과 의무 위반에 대한 IAEA의 제재와 검정을 강화하는 한편, NPT 체제의 탈퇴에 대해서도 규제를 강화하는 방안을 모색하고 있다. 또한 프라하 연설, G8정상회의, 유엔안보리 결의안 1887(2009년) 채택 등 핵군축 구상을 재확인하는 과정 속에서 오바마 대통령은 빠짐없이 북한의 핵개발을 비난하고 조속한 핵 포기를 명시적으로 반복해서 촉구하였다.

셋째는, PSI와 관련된 것이다. 테러집단과 핵무기의 조합을 최대의 재앙적 위협(catastrophic threats)으로 인식한 부시 행정부의 국가 안보 전략은 오바마 행정부에 와서도 그대로 이어지고 있다. 그래서 오바마 대통령의 핵군축 구상에서도 테러집단에 대한 자금추적 및 동결과 더불어 지속적으로 PSI의 역할을 지지한다. 따라서 2009년 북한의 2차 핵실험 이후 전면참여를 선언한 PSI 활동에 한국도 보다 적극적으로 임할 필요가 있다.

네 번째 부문은, 핵의 평화적 이용을 위한 안정적 핵연료 공급과 관련된 것이다. 오바마 대통령은 핵연료 생산과 관리를 위한 다자적 기구의 설립을 제안하고 있다. 남북한 비핵화공동선언에 따라 핵연료 생산성 제고와 더불어 원전수출의 활성화를 위해 이 다자간 기구의 설립과 운영에 참여하는 것을 면밀히 검토해 볼 필요가 있다.

일부에서는 한국의 자체적인 핵개발을 주장하는 이들도 있다. 그러나 그런 주장은 현재로선 현실적이지도 못하고 바람직하지도 않다. 오히려 한・미 공조와 6자회담을 통해 북한의 비핵화에 더욱더 박차를 가하는 것이 나올 것이다. 물론 북한 비핵화가 실패하는 최악의 상황에 대한 적절한 대비는 마땅히 해야겠지만 그렇다고 한국도 북한처럼 똑같이 핵개발을 하는 것은 답이 아니기 때문이다. 또 그것은 미국은 물론, 일본, 중국, 러시아 등 주변 4강 모두가 강력히 저지하고 나설 것이 명약관화하기 때문에 어차피 실현가능성이 거의 없을 것이다.

그보다 한국의 경우는 오히려 핵의 평화적 이용 쪽에 관심을 더 가지는 편이 낫다. 앞서 언급했듯이, 한국은 현재 '남북한 비핵화선언'뿐만 아니라 '한・미 원자력협정'에 의해 평화적 이용을 위한 핵연료의 재처리에도 제약이 따르는 상황이다. 이는 현재 20기나 되는 원전을 통해 총 전력의 약 25%를 생산하고 있는 한국으로서는 상당한 핸디캡임에 틀림이 없다. 또 2009년 400억 달러에 달하는 아랍 에미리트로의 원전 수출을 계기로 관심이 높아진 한국의 원전수출에도 마이너스 요인으로 작용한다. 물론 '한・미 원자력협정'이 2014년 만료가 되기 때문에 그 개정협상을 통해 미국과 보다 개선된 새 조건에 합의하는 방법이 있다. 하지만 그 협상이 역시 현재 오바마 대통령이 주장하는 '핵무기 없는 세상' 구상이 더욱 진전될 경우 성사가 그리 만만찮아 보인다. 따라서 '한・미 원자력협정'

개정 노력도 당연히 추진해야겠지만, 그와 더불어 다자간 핵연료 생산기구에의 참여에도 보다 적극적인 관심을 가져야 할 것이다.

한・미 군사당국은 한・미 연합계획 '개념계획(COPLAN) 5029'를 '작전계획(OPLAN) 5029'로 전환시키는 계획을 추진하고, 북한 내부 정변으로 인한 내전상태에 준하는 소요사태 및 대량탈북, 북한 정권의 핵과 생화학

표 6-1 한・미 교역 증가 추세

(단위: 천 달러)

연 도	수 출	수 입	수 지
2012	1,285,678,428	1,904,082,510	-618,404,082
2011	1,480,431,903	2,207,823,920	-727,392,017
2010	1,277,503,932	1,912,091,625	-634,587,693
2009	1,056,931,976	1,557,876,206	-500,944,230
2008	1,300,135,650	2,100,141,224	-800,005,574
2007	1,162,708,293	1,953,698,801	-790,990,507
2006	1,037,142,973	1,855,119,254	-817,976,281
2005	904,379,818	1,670,940,375	-766,560,557
2004	816,547,622	1,469,670,757	-653,123,135
2003	723,743,177	1,259,395,643	-535,652,466
2002	693,257,300	1,163,548,552	-470,291,252
2001	731,025,906	1,141,959,125	-410,933,219
2000	780,418,628	1,216,887,535	-436,468,907
1999	692,820,620	1,024,765,969	-331,945,348
1998	680,474,248	913,884,886	-233,410,638
1997	687,597,999	870,212,654	-182,614,655
1996	622,813,799	791,313,267	-168,499,468
1995	582,076,775	743,499,982	-161,423,207
1994	512,411,114	663,745,773	-151,334,660
1993	464,858,412	580,468,670	-115,610,258

자료: 2013년 한국 무역협회 통계자료(http://www.kita.net/)

무기 통제력 상실, 김정일 위원장의 유고 등 크게 5개 시나리오에 대비한 행동계획을 마련하였다.

한・미동맹 미래비전과 관련하여 이명박 대통령은 2008년 4월 19일 부시 대통령과 정상회담을 개최하고 한・미동맹을 자유와 민주주의, 인권, 시장경제의 가치와 신뢰를 바탕으로 세계평화에 기여하는 '21세기 전략동맹'으로 발전시켜 나가야 한다는 데 합의하였다. 이명박 대통령과 부시 대통령은 정상회담 직후 기자회견을 통해 '21세기 전략적 동맹' 구축, FTA의 연내 비준, 북한 핵문제의 평화적 해결, 주한미군 병력의 현 수준 유지 등에 합의하였음을 천명하였다. 또한 이라크와 아프가니스탄 등 세계 분쟁지역에서 평화의 회복 및 재건복구를 위해 한・미 공조를 높이 평가하고 대량살상무기(WMD) 확산방지와 대 테러 국제연대, 평화유지활동(PKO) 등 안보 문제에 공조체제를 구축하자는 데 공감한다고 선언하였다. 아울러 기후변화, 에너지, 환경, 국제범죄 및 전염병 퇴치, 인권과 민주주의 증진 등에 대한 공동대처를 위해 국제기구에서 협력을 강화하기로 하였다.

2) 한・일 관계

일본에서 회자되는 골리즘(Gaullism)은 독자노선 추구에 관한 요청 외에 민족주의 성향을 강조하는 것으로, 최근의 '보통국가론'이 이를 대변해 주고 있다. 이 주장의 일각에서 미・일 안보조약 폐기, 동남아시아에로의 세력 팽창, 핵무장화의 길을 표방하고 있다.

일본의 대외지향에 관해서는 두 가지 견해가 있다. 첫째, 국제정치 문제에서 자신의 위험을 극소화하려는 경향과 경계심을 들 수 있다. 일본은 전통적으로 제한적 자위(自衛)의 개념을 초월하는 군사상의 주요 역할을 통해 획득할 수 있는 이익보다 군사 수단에 의존하는 것이 오히려 더 큰 희생을 가져올 것이라는 믿음에 근거하므로 방위개념의 축소화를 지향해 왔다. 둘째, 일본은 오직 자신의 경제적 이익만을 추구해서는 안 되며, 국제무대에서 일정한 역할을 담당해야 한다는 주장이다. 이는 일본이 경제력의 신장, 제도 및 기구의 견실함, 사태 처리능력에 대한 신뢰감을 가지고 있다는 판단에 근거한다. 즉, 책임 있는 국제적인 역할 확대와 그에 따른 세력권의 점진적 확대를 지지하는 내용이 핵심을 이루고 있다.

이와 관련하여 대외정책, 특히 안보상의 정책과제와 논쟁점을 보면 다음과 같다. 첫째, 인접국으로부터의 위협에 대한 방위를 위하여 자국의 동맹국(미국)에 의존하여 경무장한 상태로 장기간 존속하는 것이 경제대국으로서 일본의 경우 가능한가에 대한 과제이다.

둘째, 핵시대에서 일본의 국가이익이 단지 실업가나 외교관의 서류가방을 지닌 현대적 사무라이에 의해 지켜질 수 있는가에 관한 의문점이다.

셋째, 주한미군 철수 시 일본의 안보이익상 한 · 일 군사협력 범위가 확대될 가능성이 높은 데 대해 일본의 정책구상이 구체적으로 제시될 준비가 되었는가에 관한 의문이다.

한편 일본 내에서는 안보에 관한 관심증대 분위기가 서서히 고조되고 있다. 즉, 1980년 발표된 '종합안보정책'이 제시한 바에 따르면, 경제력을 발판으로 적극적 외교정책을 활성화하고, 미 · 일 무역마찰 등 변화의 측면을 고려하여 일본의 전반적 대외관계를 재고한다는 것이다. 그리고 우익성향 여론의 점진적 비등도 무시할 수 없는데, ① 경제적 힘에 걸맞은 정치적 역할 요구, ② 국제안보에의 적극적 관심 표명과 직접적 참여, ③ 독립 · 자주적 관점에서 독자적 안보정책 및 국가적 군대를 보유해야 한다는 것이 그것이다.

일본이 국제사회에서 그 역할을 증대시켜야 한다는 주장 몇 가지를 소개하면 다음과 같다. ① 제2단계의 팍스 아메리카나(Pax Americana), 즉 골리즘(Gaullism)의 대두이다. 미국은 안보상의 주도권을, 일본은 경제적 역할을 담당한다는 미 · 일 간의 '역할분담론'이 이에 해당한다. ② 바이게모니(bigemony)는 미 · 일의 경제가 기술적 · 경제적 · 전략적 협력의 활성화를 기반으로 통합될 것이므로, 미 · 일 '공동체제'를 희망한다는 내용이다. ③ 팍스 콘소시아(Pax Consortia)는 일개 국가의 주도가 아니라 주요 현안・이슈에 따라서 쌍무적 및 다자간 차원에서의 협력을 진행한다는 주장이다. ④ 팍스 니포니카(Pax Nipponica)는 일본 경제의 위상이 역내 핵심요소로 등장하고 있으므로, 일본이 균형자 역할을 담당할 경우 재래식 전력체제가 필요하다는 다소 팽창지향성을 띠고 있는 주장이다.

걸프전쟁(Gulf War) 이후 일본의 안보정책에서는 다음과 같은 사항들이 논의되고 있다. 먼저, 미국의 점진적 후퇴는 일본에게 '점진적 군사력 강화'의 길을 열어 줄 수 있다. 다음으로 일본의 무력은 F-16 전투기와 패트리어트 요격미사일을 실전 배치했고, E-3 최신형 조기경보기도 도입 예정이다. 그리고 대양해군력을 신속 강화하는 등 이미 세계 제 6 위의 해군력을 보유하고 있다. 이러한 실제상의 조건에 바탕하여 안보문제 전문가이자 주 말레이시아 대사인 오카자키 히사히코는 ① 미・일 안보체제는 유지할 필요가 있으나, 미국에만 유일하게 의존하는 것은 무책임한 행위이다. ② 러시아로부터의 역사적 위협은 탈냉전 시기에도 지속될 것이므로 이에 대응하기 위해 꾸준한 군사력 강화가 필요하다. ③ 미국의 시각에서는 한반도의 가치가 점차 희석될지 몰라도, 일본의 시각에서는 그 중요성이 점증하게 될 것이다. ④ 일본의 기본적 안보정책이 유엔의 평화유지활동(PKO)에 참여함으로써 변화할 가능성은 매우 낮다는 점 등을 지적했다.

일본의 우파 가운데는 일본이 경제력에 상응하는 역할을 해야 한다는 입장에서 '수표장 외교(checkbook diplomacy)'의 지양을 주장하자는 입장도 있다. 일본은 서방 쪽 안보 노력에 대응하고 공헌하려는 노력의 일환으로 인접국 및 개발도상국에 대한 경제적 지원을 구상・추진해 오고 있다. 예를 들어, 정부개발원조(Official Development Assistance; ODA)를 차관 형식으로 한국・태국・파키스탄・터키・이집트 등에 제공했다. 그리고 걸프전 당시 미국이 평화배당금(peace divident)에 관심을 둠으로써 일본은 직접적인 군대 파견을 피하고, 돈(錢)으로써 '사막의 방패' 작전

경비로 약 150억 달러를 제공한 바 있다. 따라서 최근에는 일본 국내에서 이러한 '돈 외교'를 벗어나야 하며, 명실상부한 자주방위를 요구하는 목소리가 크게 일고 있다.

이러한 일본 국내의 분위기에 즈음하여 최근 일본 정부는 역할 증대 노력을 기울이고 있는데, 그것은 PKO에의 적극적 참여 입장을 표명함으로써 유엔안보리 상임이사국 자리의 획득을 의도하는 것과 관련되어 있다. 일본 외무성은 적극적으로 일본의 PKO 참여를 주도했고, 1992년 가을 캄보디아에서의 PKO을 위해 약 600명의 자위대 병력을 파견했다. 또한 1993년 3월 모잠비크에서의 PKO 지원을 위해 아프리카에까지 비전투병력을 출동시켰다.

또한 일부 인접국의 조심스런 경계와 불만에도 불구하고, 일본은 국제적 평화 및 안보를 돕기 위해 해외에서의 군사작전을 실제 추진함으로써 최근에는 '유사시'라는 명분으로 한반도, 말라카 해협(일본은 에너지의 80% 이상을 해외에 의존하는 실정이며, 전 석유소비량의 99%를 수입에 의존하고 있음), 중동, 남사군도 등지로 군작전 범위를 확대시키려는 의사를 점진적으로 구체화시키고 있다.

일본의 대한반도 정책은 1961년 6월 '이케다(池田) · 케네디 회담' 뒤 일본이 '부산적기론(釜山赤旗論)'을 발설하고, 한국 안보가 일본 안보에 직결됨을 강조함으로써, 일본의 대한관(對韓觀)은 경제적 고려보다 안보 · 군사적 고려에 의해 형성되는 계기가 되었다. 그 후 1969년 11월 〈닉슨 · 사토(佐藤) 공동성명〉에서 "한국의 안보는 일본의 안보를 위해서 긴요하다."는 점을 명시하였다. 그러나 이후 1975년까지 한국 조항의 중요성은 일본에 의해 소극적으로 평가되었다. 1977년 3월 '카터 · 후쿠다(福田) 회담'과 1981년 5월 '레이건 · 스즈키(鈴木) 회담'에서 "한반도에서의 평화 · 안전의 유지는 일본을 포함한 아시아의 평화 · 안전에 중요하다."는 기본인식에 재차 합의함으로써 안보적 이유가 주요 기반이었음을 알 수 있다.

일본의 대한반도 정책은 미국의 경우처럼 주로 전쟁재발 억지에 쏠리고 있다. 일본이 한반도를 보는 시각에서 찾을 수 있는 정치적 동기는 첫째, 한반도 상황을 '1민족 2정권'으로 파악하고 있는 점이다. 이는 남북한이 모두 거부하고 있는 이유로 해서 애매한 태도, 즉 대남 — 공식, 대북 — 비공식 관계 유지에서 엿볼 수 있다. 둘째, 한・일 양국이 안보상 직결된다는 인식을 약화・배제하려는 데 있다. 이는 일본이 한국의 안보 상황에 타율적으로 개입할 수 있는 가능성을 배제하고자 하는 데 그 목적이 있다. 실제 1963년 '미쓰야(三失) 계획'에서는 한반도에 대한 군사적 개입을 적극 고려했던 바가 있다. 셋째, 일본은 북한을 평화공존의 틀 속에 끌어넣기 위해서도 대북 교류가 필요하다고 간주하는데, 이러한 접근방식이 한국 정부의 평화공존 정책과도 모순되지 않는다고 판단하고 있다. 넷째, 전방위 외교의 시각에서 보아 현실적으로 한반도에서 통일가능성이 거의 없다는 대전제에서 출발하고 있다.

이에 따라 일본은 무력통일보다는 평화공존이 장기화될 것이고, 명분상 평화적 통일을 지지하지만, 평화통일을 현실적・실제적 정책결정의 전제로 삼을 필요는 없다고 판단해 왔다. 일본은 한반도에는 두 개의 정권이 존재하므로 제한된 대립이 지속될 것이라는 전제에 입각해 있다. 한국이 일본의 안보에 중요하다는 명제는 일본이 자유세계의 열쇠이므로 일본을 위해 한국이 중요하다는 입장에서 한반도 문제에 접근하고 있다.

1996년 4월 20일 일본 동경에서 발표된 '미・일 신안보선언'은 시사하는 바가 많다. 이 선언은 미・일 안보가 동아시아 지역의 안정을 위한 것으로 규정했다. 이는 역사적 전환이자, 미・일 안보조약의 개정으로 풀이되고 있다. 이 선언에 대해 한국・중국 등은 어느 정도 우려를 나타내고 있는데, 이는 신안보체제로 인해 일본이 군사적 역할을 확대할 수 있는 일보를 내디뎠다는 경계심 때문이다. 이 선언이 지닌 배경의 하나는 아시아・태평양 지역에서 가장 중요한 요인이 중국의 향배이며, 중국이 미・일의 이익에 위협을 가하지 않아야 한다는 뜻이 함축적으로 담겨 있다. 즉, '중국의 건설적 역할'을 표현했던 것은 미・일의 이러한 요구에 중국이 응하지 않을 경우, 미·일이 중국을 견제할 수밖에 없다는 시각이 노출되었다는 데에 그러한 의미를 읽을 수 있다.

미·일 간에는 한반도의 긴급사태 발생 시에 일본이 미군(주일 미군 47,000명과 주한 미군 37,000명)의 후방지원 역할을 충실히 한다는 내부적 합의가 이루어져 있었다. '신안보선언'도 일본 정치권의 내부적 의견 일치의 결과이며, 오자와(小澤一郎)의 지론인 '보통국가론'의 주장 및 영향이 반영된 것이다. 일본 정치권과 언론 모두가 일본이 대국이 되어야 한다는 데에는 이견이 없음을 보여준 셈이다.

한편, 한국과 일본의 발전지향을 고려하여 양국 관계를 훼손하는 일본의 망언 사례를 다음과 같이 제시해 본다.

▶ 첫째, 일본의 식민통치 합리화 관련 망언

- 1953년(구보다, 한일회담 일본 쪽 수석대표): 일본의 조선 통치는 조선인에게 은혜를 베풀어 준 면이 있다. 만약 일본이 조선에 진출하지 않았다면 다른 나라가 조선을 식민지화하였을 것이다.
- 1996년(에토, 총무청 장관): 한일병합이라는 것은 만일 제일로 책임을 묻는다면, 그 당시에 도장을 찍은 수상 이완용이다. 싫으면 거절했으면 그만이다. 강제로 도장을 찍도록 한 일본의 잘못도 있지만 일본은 교육수준을 높이고 시설 정비 등 좋은 일도 했다. 창씨개명 등 긍지 높은 민족에 대한 배려를 극히 결한 사실로 인해 지금 꼬리를 잡히고 있지만, 모든 계층에서 한국이 활약할 수 있게 된 것은 한일병합의 효과라고 말할 수 있을지도 모른다.

▶ 둘째, 독도문제 관련 망언

- 1984년 2월 10일(아베, 외상): 독도는 국제법상이나 역사적으로 볼 때 일본 영토이다. 독도를 한국이 불법 점거하고 있는 것은 유감이며 평화적 수단으로 꾸준히 해결을 추진하겠다.
- 2004년 1월 9일(고이스미 준이치로, 총리): 다케시마는 일본 영토이며, 한국은 잘 분별해서 대응해야 한다.

▶ 셋째, 과거사 문제 관련 망언

- 1982년(마츠노, 국토청 장관): 한국의 역사교과서에도 잘못이 있을 것이다. 예를 들면 한일병합도 한국에서는 일본이 침략한 것으로 되어 있는 것 같은데, 한국의 당시 국내정세 등도 있어 어느 쪽이 옳은지 알 수 없다. 일본으로서도 정확하게 조사해야 한다고 생각한다.
- 2005년 4월(아베 신조, 자민당 간사장 대리): 종군위안부는 허구이다. 요시다 세이지가 지어낸 이야기이다.

한편 하토야마(鳩山由紀夫) 정권의 출범은 양국관계에 기대감을 갖게 만들었다. 전후 반세기 이상 동안 일본을 지배해 왔던 자민당 정권이 2009년 8월 30일 치러진 중의원 선거에서 민주당이 일으킨 광풍을 맞아 마침내 붕괴되었다. 민주당은 480석 중 308석을 획득하여 압승을 거둔데 반해, 자민당은 119석을 얻어 창당 이래 최대의 참담한 패배를 기록했다.

무엇보다도 민주당은 외교 안보 분야의 정권 공약에서 아시아를 중시하는 외교를 펼치겠다고 공언해 왔고 한・일 관계 진전을 위한 몇 가지 구체적인 언급도 하였기 때문에 일단 민주당 정권 하의 한・일 관계에 훈풍이 불 것으로 예상되었다. 민주당의 지도부는 역사인식 문제에서 전향적이고 건전한 입장을 견지하고 있으며, 군사문제나 헌법 문제 등 외교안보 정책에서 다소 유화적이고 온건한 노선을 지향하고 있었기 때문이다. 하토야마 대표는 '동아시아 공동체 수립'과 '아시아의 공동통화 구상'을 그의 아시아 중시 외교의 비전으로 주장한 바 있다. 또 자민당 정권하에서 결렬한 역사 마찰의 뇌관으로 작용해 왔던 야스쿠니(靖國) 신사 참배를 중단하겠다고 명확한 입장을 표명하였다. 더 나아가 그는 야스쿠니 문제를 정면 돌파하기 위해 제3의 국립 추도시설 건립을 공약으로 내걸었다.

그러나 현재의 한・일 관계는 국교정상화 이후 최악의 상태에 놓여 있다. 이명박 대통령의 독도 방문으로 양국 관계는 역대 최악으로 벌어지고 있다. 이는 조용한 외교로는 독도 문제를 풀 수 없게 되는 것을 의미한다.

아베(安倍晋三)의 재집권은 많은 문제점과 의혹감을 갖게 만들고 있다. 2012년 12월 16일 치러진 일본 총선에서 자민당이 3년 만에 정권을 탈환했다. 자민당의 승리로 아베 신조 총리는 2007년 이후 6년 만에 총리직에 복귀했다. 그런데 재등장한 아베 정권에 대한 우려의 목소리가 크게 들리고 있다. 아베와 일본의 새로운 지도부가 연일 강경한 발언을 쏟아내며 동북아를 긴장시키고 있다. 아베는 일본의 재무장화를 막고 있는 이른바 '평화헌법'을 개정하여 일본을 '정상국가'로 만들겠다고 여러 번 공언한 바 있다. 이뿐만 아니라 중국과 영토분쟁을 벌이고 있는 센카쿠열도(尖閣列島)를 비롯해 위안부 문제 등 과거사에 대해서도 강경한 입장을 취하고 있다. 지난 12월 총선에서 자민당 당선인 90%가 평화헌법을 개정하고 집단 자위권 행사에 찬성한다고 보도된 바 있다.*

또한 아베 총리는 매년 2월 22일 '다케시마의 날' 행사를 전국 수준의 행사로 격상하겠다고 천명했다. 집단적 자위권 행사 경우에도 반대하는 국민들이 더 많다. 자민당 의원들이 보수 성향이 강하다고 하더라도 일본의 저변에는 평화헌법과 '요시다 독트린'**에 대한 선호도 강하게 깔려 있는 것 같았다. ≪아사히신문≫을 비롯해서 다른 곳의 여론조사를 봐도 그렇다. 이는 아베 총리가 국내정치적 이유 때문에 우경화를 진행하고 그 핵심이 평화헌법 개정과 집단자위권 행사, 군사력 강화 등의 방향으로 가고 있지만 반대 세력도 만만치 않다는 것을 의미한다. 게다가 이번 총선에서 외교, 안보 정책을 이유로 자민당을 지지했다는 유권자는 6% 정도에 불과하다는 통계도 있다.

일본의 '정상국가=일본의 재무장화=군국주의화'라는 등식이 있으나, 이는 현재 일본의 현실과는 다르다는 것은 보통국가가 재무장을

* 선거 이후인 12월 28일 〈마이니치신문〉이 3,000명을 대상으로 한 여론 조사에서 평화헌법 개정에 찬성하는 비율이 36%로 집계됐다. 반대가 51%였다. 일본 국민들 사이에서는 압도적으로 반대가 많은 것이다.

** 요시다 시게루(吉田 茂) 수상은 제2차 세계대전 패전 이후 일본의 부흥을 위해 보수적 외교정책을 추진했다. 평화헌법 채택, 미・일 안보조약 체결, 경제회복 등이 주요정책이다.

의미하지만 재무장이 곧 군국주의화는 아니라는 점을 일본 지식인들이 대단히 강조하고 있다. 그리고 민주화된 일본에서 그것은 불가능하다는 것이다.

한편 일각에서는 북한이 핵무장을 하면 한국, 대만, 일본 등 핵무장이 도미노처럼 이어질 것이라는 가설을 많이 제기하고 있다. 일본이 자체 핵무장을 한다는 것은 미・일 동맹의 해체를 전제로 하는 것이기 때문에 미일 동맹 없는 일본 안보를 국민들이 얼마나 인정할 수 있을지 의문이라는 것이 중론이다.*

오늘날 동북아의 정세를 볼 때, 제2차 세계대전 당시 유행했던 지정학적 결정 요인이 요즘 다시 회자되는 것 같다. 즉 동북아가 미국과 중국의 패권 경쟁의 장이 되고 있는 듯하다. 미국과 중국의 패권 다툼 속에 한국과 일본이 협력하지 않으면 새롭게 전개되는 지정학적인 격량에 휩쓸릴 가능성이 크다. 따라서 양국 간 협력은 선택이 아니라 필수이다. 현명한 정치적 선택이라면, '거시적으로 한・일은 협력해야 한다, 한・일 간에는 갈등과 협력이 존재할 수밖에 없다, 그러나 갈등을 최소화하고 협력을 극대화시키는 것이 중요하다'는 인식을 공유하는 일이다.

이상에서 살펴본 바와 같이 전후 한국과 일본의 관계는 1965년 한・일 기본조약 체결을 계기로 제도적으로는 정상화되었지만 내용 면에서는 아직도 양국 관계가 정상화되었다고는 볼 수 없는 형편이다. 이후 1998년 '21세기 새로운 한・일 관계를 위한 한일 정상 공동선언문'이 채택되었으나 제도적 구속력이 없이 선언에 그치고 있다는 점에서 한・일 관계는 아직도 1965년의 국제적 환경에서 벗어나지 못하고 있는 실정이다.

물론 한국과 일본은 표면적으로는 경제 등 다방면에서 긴밀한 관계를 맺고 있다. 실제로 방한 일본인 수는 총 한국 방문객의 40%를 넘고 있고, 경제적인 측면에서도 일본은 한국의 제1의 교역대상국이다. 지정학적으

* 더 큰 문제는 미일 양국이 원자력협정을 맺고 있다는 사실이다. 일본은 미국 양해하에 사용 후 핵을 재처리하고 있다. 보유 플루토늄도 40톤 이상이다. 미국이 일본을 믿기 때문에 재처리를 허용했던 것이다. 그런데 일본이 독자적으로 핵무장하겠다는 것은 미・일 관계의 종결은 물론 국제사회에서 고립을 자처하는 행위이기도 하다.

▌표 6-2▐ **한 · 일 교역 증가 추세**

(단위: 천 엔)

연 도	수 출	수 입	수 지
2012	58,444,372,465	64,730,161,640	-6,285,789,175
2011	65,546,672,432	68,108,646,317	-2,561,973,885
2010	67,390,356,805	60,741,217,437	6,649,139,368
2009	54,171,417,663	51,498,472,411	2,672,945,252
2008	81,019,528,138	78,956,257,307	2,063,270,831
2007	83,931,437,612	73,135,920,427	10,795,517,185
2006	75,254,397,131	67,163,671,364	8,090,725,767
2005	65,659,981,769	56,881,841,920	8,778,139,849
2004	61,170,534,318	49,211,888,932	11,958,645,386
2003	54,548,350,172	44,362,023,034	10,186,327,138
2002	52,108,955,735	42,227,505,945	9,881,449,790
2001	48,979,244,311	42,415,533,002	6,563,711,309
2000	51,654,197,760	40,938,422,968	10,715,774,792
1999	47,547,556,241	35,268,008,063	12,279,548,178
1998	50,645,003,938	36,653,647,183	13,991,356,755
1997	50,937,991,859	40,956,182,573	9,981,809,286
1996	44,731,311,206	37,993,421,106	6,737,890,100
1995	41,530,895,121	31,548,736,759	9,982,158,362
1994	40,497,552,697	28,104,327,343	12,393,225,354
1993	40,202,448,725	26,826,357,239	13,376,091,486
1992	43,012,281,444	29,527,419,360	13,484,862,084
1991	42,370,112,699	31,876,979,384	10,493,133,315
1990	41,454,609,227	33,859,148,122	7,595,461,105
1989	37,830,368,302	28,973,110,836	8,857,257,466
1988	33,939,183,158	24,018,853,169	9,920,329,989

자료: 2013년 한국 무역협회 통계자료(http://www.kita.net/)

로나 경제적 관계의 긴밀성 때문에 역대 한국 정부는 일본과의 외교관계를 중시하지 않을 수 없었으며, 앞으로도 대일 외교는 더욱 중요시하지 않을 수 없다. 그러나 이 같은 다양하고 의욕적인 교류에도 불구하고 해소되지 않는 한 · 일 양국의 쟁점은 여전히 숙제로 남아 있다.

이런 양국 간의 논쟁거리를 좀 더 효과적으로 해결하고 미래에 더욱 긴밀한 관계로 발전하기 위해 한국과 일본은 다음과 같은 과제에 충실해야 한다.

첫째, 한국의 입장에서 볼 때, 한국인의 정체감을 확인하는 과정에서 굴욕적 과거를 지닌 국가라는 인식을 변화시켜야 한다. 그리하여 민족적 자긍심을 육성하기 위한 정책을 좀 더 세심하게 개발해야 한다. 일본의 경우에는 반성을 통한 진리 인식이라는 보편적 가치를 일본의 보수 정치세력은 물론이고 일반 국민들 차원에서도 수용하고 추구해야 한다.

둘째, 한국은 요즘 들어 일본이 우경화되고 있고, 군사대국화를 지향하는 데 대한 대응책을 세울 필요가 있다. 이를 위해 먼저 한국은 북한 핵문제를 해결하는 데 적극 협력하여 일본이 느끼는 안보 위협을 제거하는 일에 일조해야 할 필요가 있다. 그리고 한・일 간의 신뢰 구축과 군사적 투명성 증대를 위한 교류와 협력 증진이 필요하다. 한・일 의원외교를 강화하고 시민사회의 교류도 일본인의 대외인식을 긍정적으로 전환하는 데 도움이 될 것이다.

한・일 양국이 '가깝고도 먼 나라'로 인식하는 데는 양국 국민의 진솔한 파트너십이 결여된 데 기인한다. 상호 참된 인접 우호국으로서 동북아 지역의 안정과 평화, 나아가서 세계의 번영과 발전에 기여할 수 있는 대의를 공동으로 모색해 나가야 한다.

3) 한・중 관계

중국의 대한반도 정책에서 나타나는 기본전제는 중국의 전통적 국제 질서관 속에서의 순치관계에 기인한다. 중국은 한반도가 전통적으로 우호적 인접국으로 존재하기를 희망해 왔다. 즉, 비우호국 또는 적대국에 의해서 한반도가 장악되는 것에 대해 적극 반대한다는 입장을 견지해 왔다. 이에 따라 마오쩌둥(毛澤東) 집권 시에는 친북(親北) 일변도 정책을 일관해서 주장했으며, 북한의 대남정책 핵심인 이념적 혁명관에 절대적 지지를 보냈다. 한편 덩샤오핑(鄧小平) 체제에서는 실용주의 입장을 모색하는 이유로 한반도의 긴장완화와 현상유지를 선호하여 한국을 현대화계획 달성에 필요한 협력자로 평가해 왔다.

1970년대 이후 한·중 양국의 접촉 사례는 다음과 같다. 1973년 대륙붕개발 협상, 도서자료·서신 교환, 1976년 간접무역 개시, 1981년 외교관접촉 허용, 1983년 5월 중국 민항기 피랍사건을 둘러싸고 양쪽은 대한민국과 중화인민공화국이라는 정식국명 호칭 사용을 양해, 1983년 8월 상해-후쿠오카 운항 민간항공기의 한국 비행정보구역 통과를 한국 쪽 허용, 1984년 3월 중국이 중국거주 한인들의 모국 방문 및 한국인의 중국 입국허용, 1985년 3월 중국해군 어뢰정 사건, 8월 중국해군 경폭격기 망명사건, 1986년 아시안게임과 이 시기를 전후하여 양국 간 체육·문화 교류가 점증했고, 경제 분야에서의 괄목할 만한 교류 증대로 1987년에는 양국간 무역고가 약 20억 달러에 육박, 1988년 서울 올림픽게임에 대규모선수단 파견, 1992년 8월 24일 한·중 국교정상화 실현 등이다.

이러한 양국관계의 진전과 관련하여 중국 리펑(李鵬) 총리의 한반도정세관은 1993년 2월 외교부회의에서 행한 발언 요지에서 분명히 시사되었다. 그 내용은 다음과 같다. ① 북한과 새로운 정치·군사 관계는 확대하지 않고, 비밀접촉도 승인하지 않는다. ② 남북한 간 이념적 차이로 인한 긴장 조성에는 찬성하지 않는다. ③ 한반도 비핵화를 지지하고, 핵무기의 개발·비축을 반대한다. ④ 남북대화와 남북한 평화통일을 위한 협상을 지지한다. ⑤ 중국의 북한에 대한 최신 군사장비 제공은 없을 것이며, 동시에 제3국의 남한에 대한 최신 군사장비 제공에도 반대한다. ⑥ 중·한 수교 및 양국 관계발전은 아시아의 평화에 부합하고, 이는 중국 외교정책의 기본입장이다. ⑦ 현 단계에서 남한이 북한에 대해 전쟁을 일으킬 가능성은 없다고 보며, 또 그러한 조건을 갖추고 있지 않다고 판단하고 있다. ⑧ 중·북한 간의 장기적 우호관계가 유지되기를 희망한다. 그러나 최근 북한이 중·북한 관계를 손상시키고 있다. 북한이 양국관계를 악화시키는 일체 행위를 자제하고 중지하기를 바라며, 양국관계가 더 이상 악화되지 않기를 희망한다.

탈냉전시대 중국은 더욱 자국의 진로를 분명히 하고 있다. 중국은 국가의 총체적인 역량을 의미하는 소위 '종합국력(綜合國力)'의 증강을 통한 국가의 부강, 민족의 번영과 이를 위한 경제력, 국방력, 민족적 응집력 강화의 필요성을 강조하여 왔다. 또한 그러한 전략적 목표 실현을 위한 하나의 방편으로 대외정책 방향을 기존의 피동적·수세적 입장에서 보다 적극적·공세적 입장으로 전환하고 있다. 이는 종합국력의 증강을 대내적인 차원에 국한시키지 않고 대외적인 차원의 영향력 확대와 이를 통한 21세기 국제사회에서의 주도적인 지위 확보와 연계시키고자 하는 것이다.

이처럼 중국은 새로운 세기를 자신들의 시대로 이끌려는 야심찬 계획을 갖고 있으며, 지난 세기와는 달리 자신들에게 이를 실현할 수 있는 능력과 기회가 주어지고 있음을 조심스럽게 낙관하는 것으로 보인다. 이와 함께 중화민족의 부흥과 민족정신의 배양을 도모하고 이를 바탕으로 신국제질서의 주역이 되어야 한다는 점을 강조하고 있다.

한편 중국은 세계 절대 다수의 국가들이 평화와 발전을 피할 수 없는 시대적 조류라고 외치면서도 이를 제대로 실현하지 못하는 상황이 지속되고 있는 근본 이유를 첫째, 과도기적 국제질서, 둘째, 냉전적 사고의 잔재를 벗어나지 못한 일부 국가의 패권주의(覇權主義), 강권정치(强權政治) 성향 때문으로 설명한다. 또한 중국은 이를 극복하기 위한 방안으로 국제질서의 다극화와 국가의 대소 강약, 이념과 체제의 차이를 불문하고 평화 공존하는 소위 '구동존이(求同存異)'를 강조한다.

중국은 기본적으로 동북아 지역이 기존의 국제질서와 새로운 국제질서가 병존하는 과도기적 상황에 처해 있다는 인식을 갖고 있다. 따라서 중국은 역내 국가들의 교류협력 증진을 통해 과도기적 상황을 종결하고, 공정하고 합리적인 동북아 신국제질서를 확립해야 한다는 점을 강조하고 있다. 이와 관련, 중국은 자국의 정치·경제·안보 상의 이익을 극대화할 수 있는 동북아 신국제질서의 확립, 한반도의 평화·안정 유지,

전 세계를 대상으로 한 전방위 외교 추진의 거점 확보 등을 동북아 전략 목표로 설정하고 있다.

최근 중국의 이러한 대외 인식과 전략은 동북아 정책 전반에 투영되고 있다. 이러한 복잡한 동북아 지역 정세에서 중국이 북한에 대한 정책기조로서 선택할 수 있는 것은 북한을 하나의 폐쇄된 국가, 예측이 불가능한 문제국가로의 전락, 동북아 지역의 불안정 요인 등으로 남겨 두기보다는 자신의 영향하에서 국제사회의 일원으로 방향 전환하도록 충고하려 하며, 동북아의 안전과 이익을 확보할 수 있는 확실한 우방으로 양국관계를 유지하려는 데 있다. 이를 위해 중국은 김정일에게 보여준 기왕의 후원 자세를 견지하면서 김정은체제에 대한 전폭적인 지지, 식량 및 에너지 지원, 혈맹관계 강조, 한반도 문제에 관한 외세 배제 및 당사자 해결 원칙 강조, 한반도의 비핵화, 한・미・일 공조체제와 국제기구를 통해 북한을 고립시키는 것을 반대하는 한편 북한의 미・일 관계 개선에 중재자로서 자임하고 있다. 따라서 중국은 앞으로도 경제력을 바탕으로 전방위 외교에 적극적으로 나서는 한편 한국과도 정치・안보 협력의 범위를 확대하고자 노력할 것이다.

결국 중국은 국제관계에서 실질적으로 널리 적용되고 있는 게임 이론(game theory)과 대외정책의 국익우선의 원칙에 따라 한반도의 분단 특수성을 이용한 실익을 최대한 높이는 방법, 즉 북한에 대해서는 정치적 명분을, 한국에 대해서는 경제적 실익을 동시에 추구하여 자국의 이익에 기여하는 정책을 지속적으로 추구할 것이다. 중국이 추진하는 동북아 전략 중 하나인 한반도의 평화・안정 유지는 중국의 동북아 정책 전반에 영향을 미치는 핵심적인 부분이다. 즉 한반도의 평화・안정이 없이는 중국이 의도하는 방향의 동북아 신국제질서 수립이 불가능하며, 결과적으로 동북아에서의 영향력 확대를 통한 세계적 차원의 전방위 외교 추진이 불가능하다. 따라서 중국은 한반도의 평화・안정을 동북아 정책 성패의 관건적 요인으로 인식하고 있다. 결국 동북아 국제질서의 재편, 한반도의 평화・안정 유지는 중국의 동북아 전략의 핵심이며, 이를 통해 궁극적으로 자국의 역내 정치·경제·군사적 영향력을 극대화할 수 있는 기반을 확보하고, 더 나아가 세계를 겨냥한 전방위 외교 추진의 거점을 확보하고자 한다.

동북아 지역의 복잡한 국제환경하에서도 중국은 비약적 경제발전을 통해서 세계의 주목을 받고 있다. 국내생산총액(GDP)은 개방정책의 추진 이래 두 자리 숫자를 기록하고 있으며, 1994년 11월 발표된 세계은행의 분석 자료에 의하면, 실질적 구매력 평가(purchasing power parity)에 의한 중국의 경제력은 국내생산총액이 매년 6~7%의 실질성장을 기록한다고 가정하였을 때 2020년에 이르러 세계 제1위로 성장하게 되며, 국내생산총액을 표준으로 하였을 때 중국의 경제력은 1992년에 이미 세계 제3위를 차지하였다. 당시 한국이 세계 제15위, 대만이 제20위를 차지하였던 것으로 보아 중국의 경제력은 당시에 이미 상당한 수준에 도달하였으며, 2004년 발표된 IMF(국제통화기금)의 통계자료를 통해서 보면, 실질구매력 평가(PPP GDP)에 의한 중국의 경제력이 이미 미국 다음인 세계 제2위를 차지하고 있다.

대중 교역액은 1992년 64억 달러에서 2001년 315억 달러로 10년간 약 5배 늘어났다. 1992~2001년간 대중국 수출은 27억 달러에서 182억 달러로 7배 증가했고, 총수출에서 중국이 차지하는 비중은 3.5%에서 12.1%로 상승하였다. 1992년 중국은 한국의 수출대상국 중 제 6 위였으나 2001년에는 제 2 위로 부상했다. 또한 수교 첫해인 1992년을 제외하고는 계속해서 한국이 무역수지 흑자를 기록했고, 이것이 통상마찰 요인으로 작용하고 있다.

한편 한·중 군사관계와 북한 핵문제에 대한 중국의 입장을 살펴보면 다음과 같다. 북한과의 관계를 고려한 중국 쪽의 소극적 입장으로 계속 지지부진하던 군사 분야의 교류도 1990년대 후반 들어 물꼬가 트여 1998년 8월 중국 쪽의 고위 군사대표단의 방한으로 1999년 8월 조성태 국방부 장관의 중국 공식 방문과 2000년 1월 츠하오티엔(遲浩田) 중국 국방부장의 방한으로 새로운 전기를 마련하였다. 이는 중국이 1961년 체결한 '중·

조 우호협력 및 상호원조조약'에 따라 북한과는 적어도 군사적으로는 밀접한 관계를 맺고 있는 상황에서, 상당한 부담을 감수하고 한국과의 군사교류를 하겠다는 의지를 밝힌 것으로 볼 수 있다. 이는 한·중 교류의 추세를 볼 때 과거보다는 한국의 중요성이 북한에 비해 상대적으로 증대되고 있고 특히 한반도 안정과 평화유지에 대한 중국의 필요성 증대에 기인한 것으로 볼 수 있다. 즉, 한국이 중국의 경제발전 및 중국의 대외정책에서 차지하는 비중이 크게 증가한 반면, 중국의 대북 관계는 냉전기 사회주의적 동질성에 기초한 특수적이고 지원적인 관계에서 탈냉전기 국가실익에 기초한 보편적이고 호혜적인 관계로 전환되고 있다고 볼 수 있다.

중국은 최근의 북핵과 관련하여 자국의 입장을 여러 차례 강조한 바 있다. 이에 따르면, 한반도의 평화안정 유지, 한반도의 비핵화, 대화를 통한 평화적 해결이 원칙적 자세이다.

한편 최근에 와서 한·중 양국의 주요 현안으로는 아래와 같은 사항들이 제시되고 있다.

(1) 중국의 고구려사 편입 노력

중국은 고구려사를 중국사에 편입하기 위한 이른바 '동북공정(東北工程)'을 1995년부터 시작했다. 이는 중국의 고구려사 편입 노력이 이미 1990년대 중반부터 시작되었음을 보여준다. '동북공정'이란 용어는 2002년 2월부터 공식 사용되기 시작하였다. 중국 정부산하의 연구기관인 중국사회과학원은 1983년 '중국변강사지연구중심(中國邊疆史地研究中心, 약칭으로 변강중심)'이란 연구조직을 만들었다. 변강(邊疆)이란 변경(邊境)이란 뜻으로, 육지의 국경선과 바다의 국경선을 모두 일컫는 말이고, 사지(史地)는 역사와 지리를 말하는 것이다. 중국이 이 연구소를 발족한 목적은 '중국변경사지 연구의 우수한 유산과 중화민족의 애국주의 전통을 계승하고, 본 조직과 전국 변강사지 영역의 학술연구를 조직·협력하며, 국가통일을 유지보전하고 변경지역의 안정과 발전을 위해 공헌하기 위해'라고 명시하고 있다. 간단히 말해 '국토를 지키고 국경지역의 안정을 도모'하기 위한 것이다. 변강중심은 2002년 2월 연구소 내에 5개년(2002~2006) 연구프로젝트를 발족시켰다. 이것을 줄여서 '동북공정'이라 부른다.

동북공정의 주요 연구 내용은 고대중국변강이론연구, 동북지방사연구, 동북민족사연구, 중조(中朝, 즉 중국・북한)관계사 연구, 중국동북변강과 극동러시아지구의 정치 경제관계사 연구, 동북변강 사회안정전략 연구, 조선반도 형세변화와 그것이 중국동북변강 안정에 미치는 영향연구 등이 있다. 한편 중국은 이 연구가 매우 중요한 전략적 지위를 갖고 있다면서, 일부 국가의 연구기구나 학자들이 역사를 왜곡하는가 하면, 그들의 소수 정치인들은 정치목적에서 공개적으로 각종 황당무계한 논리를 선전하고 혼란을 조성한다고 지적, 연구의 목적이 한국을 겨냥하고 있음을 숨기지 않고 있다.

(2) 역사 왜곡의 본질

중국은 이미 발해사를 자국의 역사로 편입시켰고, 이번에는 고구려사를 대상으로 하고 있다. 그리고 고조선과 기자조선에 관한 연구도 수행중이다. 고구려사가 중점적인 연구대상이 된 이유는 고구려가 가장 논란거리가 되고 중요한 대상이라고 판단했기 때문인 듯하다. 그렇지만 일정한 시대에 존재했던 국가의 역사 귀속권을 바꾸는 일은 정치권력으로 쉽게 할 수는 없는 일이다. 거기에는 그럴 만한 학문적 성과가 뒷받침되어야 한다. 그렇지만 중국 학자들은 사실 뚜렷한 연구성과를 내놓지 못하고 있으며, 고구려사를 연구하고 있지만 동일한 내용을 반복하는 데 그치고 있다. 그것은 그만큼 고구려 연구가 쉽지 않음을 반증하고 있다. 고구려사 왜곡, 나아가 역사 왜곡은 현실을 왜곡하려는 데 목적을 두고 있다. 중국은 고구려가 중국의 지방정권이었다고 주장함으로써, 고구려의 주민이 중국민의 일부였고 고구려의 영토가 중국 영토의 일부였다고 주장하며, 그 때문에 현재 자신들이 차지하고 있는 만주지역이 고래로 중국

영토이고 그 위에 살고 있는 조선족도 원래부터 중국인이었다고 주장하였다. 더 나아가 고구려가 건국한 지역과 통치했던 영토가 중국이었으므로, 평양을 비롯한 한반도 북부도 중국의 영토였다고 주장하고 있으며, 중국과 수·당의 전쟁을 내전(內戰) 또는 실지(失地) 회복전쟁이라고 규정함으로써, 아직도 회복하지 못하고 있는 고구려의 옛 땅에 관한 권리를 역사적으로 주장할 명분을 축적하려 하고 있다. 그들은 역사를 왜곡함으로써 현재를 왜곡하고, 그를 바탕으로 미래의 관계를 왜곡되게 형성하려고 한다. 이것이 역사 왜곡의 본질이고 의도이다.

한·중 양국은 2004년 8월 ① 중국 정부는 고구려사 문제가 양국 간 중대현안으로 대두된 데 유념, ② 역사 문제로 양국 우호협력관계의 손상 방지에 노력하고 전면적 협력 동반자관계 발전에 노력, ③ 고구려사 문제의 공정한 해결을 도모하고 필요한 조치를 취해 정치문제화 방지 등을 논의했다. 또 ① 중국 쪽은 중앙 및 지방 정부 차원에서의 고구려사 관련 기술에 대한 한국 쪽의 관심에 이해를 표명하고 필요한 조치를 취해 나감으로써 문제가 복잡해지는 것을 방지, ② 학술교류의 조속한 개최를 통한 해결 등 고구려사 왜곡 5개 항 구두양해에 합의하고 중고교 역사교과서 개정과정에서 고구려사 왜곡 내용을 싣지 않고, 중앙과 지방을 불문하고 정부 차원에서 왜곡 시도를 하지 않겠다는 뜻을 한국 정부에 밝혔다.

한·중 양국은 두 차례 외교차관 회담을 비롯해 진지한 협상을 갖고 중국 정부의 고구려사 왜곡 문제와 관련해 이 같은 내용을 골자로 한 5개 항의 구두양해에 합의했다고 외교통상부가 밝혔다. 그러나 중국 정부(문화부)가 주관해서 발행하는 월간지 ≪중외문화교류≫가 발간한 2004년 9월호에서 "고구려는 중국 동북지방에서 생활했던 고대 소수민족 정권"이라고 지금까지의 주장을 되풀이했다. 2004년 8월 24일 우다웨이(武大偉) 중국 외교부 부부장이 방한, 한국과 중국이 고구려사 해결을 위해 5개 항을 '구두 양해'로 매듭지었다고 발표한 지 불과 22일 만이다. 고구려사 문제로 한·중 관계가 손상되는 것을 방지하기 위해 중국 정부

차원에서 필요한 조치를 취해 나가겠다고 했던 합의가 구두선에 불과했음이 드러난 셈이다.

(3) 경제 마찰

최근 세계적 생산기지로서의 중국의 위상은 크게 강화되고 있다. 중국은 일부 기초산업에서 세계적 생산거점이 되었으며, 기술수준과 가공도가 높은 정보통신과 가전 등에서도 세계 유수의 생산기지로 부상하고 있다. 현재 중국은 TV, VCD/DVD, CRT, 자동교환기, 이동교환, 이동전화, 모니터 등의 주요 제조국이다. 중국 경제의 성장축이 전통산업에서 IT산업을 포함한 첨단산업으로 이동하고 있으며, '9차 5개년 계획(1995~2000년)' 기간 중 중국 IT산업은 연평균 30% 이상 성장했다. 또한 중국 내 100대 기업 중 소프트웨어, 반도체, 컴퓨터, 통신 등 전자·IT 관련 기업이 전체의 75%를 차지하고 있다.

중국의 IT산업은 본격적인 발전을 시작했으며, 향후 IT산업의 성장 속도가 더욱 빨라질 전망이다. 중국의 방대한 내수시장이 산업성장에 유리한 조건을 제공하고 있고 지속적인 수요 확대, 선진기업 진출, 해외 고급인력 유입 등에 따라 기술의 습득 및 전파가 빠른 속도로 진행됨에 따라 이러한 산업재편에 박차를 가하고 있는 실정이다.

한국의 대다수 주력 산업들이 중국에 비해 경쟁력이 열세이며 더욱 약화 추세가 가속될 것으로 예측되고 있다. 한국과 중국은 모두 외부 지향적 발전전략을 채택하고 있으며, 산업구조의 중첩이 심화되는 가운데 유사분야에서 경쟁이 격화되고 있다. 중국은 중저가 분야에서 이미 한국을 추월하였고, 일부 중화학공업과 고부가가치 분야는 5년 내에 한국 수준에 도달할 것이고 대부분 주력산업에서 10년 내 한국과 대등한 수준에 이를 전망이다. 최근 중국 산업의 경쟁력이 강화됨에 따라 외국기업의 대중 투자에 따라 중국을 중심으로 하여 아시아 전체의 산업이 재편될 것이고, 이러한 중국 산업의 고도화에 따라 한국의 주력산업이 큰 위협에 처할 우려가 있다.

1993년부터 지속되어 온 한국의 대중 무역흑자가 통상마찰을 야기하고 있다. 한국은 무역불균형의 문제를 산업협력을 통해 장기적으로 해결해야 할 과제라는 입장이며, 중국은 상호간 균형 있는 교류 확대를 위해 무역역조를 조속히 해결해야 한다는 입장이다. 중국의 수입규제 대상국 중 한국은 주된 타깃으로 중국이 1997년 11월 한국산 신문용지에 대해 반덤핑조사를 개시한 이후 대한 수입 규제조치를 총 21차례 발동했다. 2002년 들어서 8월까지 조사된 9개 품목 중 한국이 8개를 차지한다. 중국의 자국산업 보호수단은 주로 관세와 비관세장벽이었으나, WTO 가입 이후 반덤핑과 세이프가드 등 WTO 규정에 부합하는 수단을 동원하고 있다. 실제로 양국 간 수출입 제품은 주로 중간재와 원자재로서, 상당한 정도의 국제분업이 이루어지고 있다. 한국의 대중 수출품은 중국 내 생산에 필요한 중간재와 부품이 다수를 이루고 있고, 전자부품이 수출입 품목의 상위에 랭크되어 있다.

21세기의 한·중 관계는 양국은 물론 동북아, 더 나아가 아·태지역의 평화와 발전을 진작시키는 방향에서 건설적인 동반자관계를 이루어 가야 한다. 즉, 향후 한·중 관계는 기존의 '경제적 호혜'를 발판으로 '정치적 선린' 관계를 거쳐 '전략적 동반' 관계로 발전해야 하며, 궁극적으로 21세기 국제질서의 평화와 발전 촉진요인으로 작용해야 한다. 2002년 10월 발발한 2차 북한 핵 위기는 한·중 간 정치·외교적 협력을 강화시키는 밑거름으로 작용하였다. 2003년 출범한 노무현 정부는 그해 5월 중국을 방문해 한·중 관계를 '전면적 협력 동반자 관계'로 격상시키는 데 합의하였고, 이후 5년간 양국의 협력을 실질적인 관계로 확대시켰다.

양국의 경제교류협력의 증가는 인적교류의 증대와 양국 국민간의 상호이해를 심화시켰고, 이는 정치·안보 분야의 협력으로 확산되었다. 양국은 수교 이후 지금까지 상대국이나 제3국에서 거의 매년 정상회담을 갖고 관계를 강화해 왔다. 김대중 정부 시절까지 10년간 11차례에 그쳤던 양국 정상회담은 참여정부 5년간 8차례, 신정부 들어서는 6개월 만에 3차례나 이루어져 양국 관계의 발전양상을 반영하고 있다.

(4) 외교 · 군사 · 안보 협력 모색

양국 간의 협력은 외교 · 군사 · 안보 분야에서도 이루어졌다. 대표적으로 2006년 4월, 차오강촨(曺剛川) 국방장관의 방한에 이어 2007년 4월 김장수 국방부장관의 방중을 통해 양국은 국방장관 회담을 갖고 양국의 안보협력을 논의하였다. 2007년의 회담에서 양국은 군부대 간 핫라인 설치, 공동탐색 및 구조훈련 방안에 합의하였다.

이러한 협력 기조는 2008년 새로 출범한 이명박 정부에서도 지속되었다. 2008년 1월 중국은 왕이(王毅) 외교부 부부장을 특사로 파견해 이명박 대통령의 당선을 축하하는 후진타오 국가주석의 친서를 전달하는 한편, 북핵 신고 문제해결과 6자회담의 진전을 위해 한국의 신정부와의 입장을 조율하였다. 한국은 비중 있는 인사인 박근혜 국회의원을 특사로 파견하며 답례하였다. 그럼에도 불구하고, 이명박 정부는 참여정부와 달리 한 · 미 관계의 진전이 남북 관계와 6자회담의 진전에 기여한다고 인식하였고, 대북정책에서도 '비핵 · 개방 · 3000 구상'을 발표함으로써 기존의 평화 번영정책과 차별성을 나타냈다. 이에 따라 중국은 한 · 미 관계 강화, 한 · 미 · 일 3국 공조 확대, 주한 미군의 역할 강화 등으로 한반도 및 동북아지역에서 자국의 위상과 영향력의 상대적인 약화를 우려하였다.

중국의 우려를 의식한 한국은 2008년 3월 유명환 외교통상부 장관이 주변 4국 순방외교에서 제일 첫 번째로 중국을 방문하기도 했다. 이러한 양국의 입장은 2008년 5월 27일 개최된 한 · 중 정상회담에서 한 · 중 관계를 기존의 '전면적 협력동반자 관계'에서 '전략적 협력동반자 관계(Strategic Cooperative Partnership)'로 격상시키는 동안이 되었다. 한 · 중 간 '전략적 관계'로의 격상은 우리 정부가 그동안 꾸준히 제기해 온 사안이었다. 특히 자주노선을 걸으며 중국과의 관계 강화를 추진해 온 참여정부 시절 적극적으로 노력했지만 북한의 반발을 의식한 중국 측의 정중한 거절로 성사되지 못했다. 그런 점에서, 이명박 정부 들어 중국과 합의한 전략적 관계는 한 · 중 관계의 발전에 커다란 획을 긋는 의미 있는 결과로 평가된다.

표 6-3 한·중 교역 증가 추세

(단위: 천 달러)

연 도	수 출	수 입	수 지
2012	1,850,879,557	1,649,732,780	201,146,776
2011	1,899,314,102	1,741,624,120	157,689,981
2010	1,578,444,201	1,393,909,267	184,534,934
2009	1,202,047,365	1,003,892,748	198,154,617
2008	1,428,869,189	1,131,468,686	297,400,503
2007	1,218,155,477	956,261,491	261,893,986
2006	969,323,615	791,793,900	177,529,715
2005	762,326,760	660,221,766	102,104,994
2004	593,647,174	560,811,175	32,835,999
2003	438,472,557	413,095,616	25,376,941
2002	325,642,067	295,302,905	30,339,162
2001	266,661,113	243,567,050	23,094,064
2000	249,239,664	225,095,142	24,144,522
1999	195,176,531	165,779,093	29,397,438
1998	180,515,543	140,385,350	40,130,194

자료: 2013년 한국 무역협회 통계자료(http://www.kita.net/)

이러한 노력은 2009년 9월 제3차 G20정상회의에서 한국이 2010년 11월 예정인 제5차 G20정상회의를 유지하는 데 중국의 협조를 얻는 것으로 이어졌으며 10월 한·중·일 정상회담에서 동아시아 공동체를 지향하는 포괄적 협력에도 합의하였다. 다만 2009년 4월 5일 북한의 로켓발사와 5월 25일 2차 핵실험 등을 둘러싼 대북제재에 대한 양국 간의 이견과 한·미 동맹 강화에 대한 중국의 우려로 인해 양국 간 안보협력은 외교협력보다 상대적으로 부족한 실정이다.

중국의 한반도 전략은 평화와 안정 유지, 영향력 확대, 비핵화 등으로 요약된다. 이에 따라 중국의 대북정책도 중국의 안전보장, 비핵화, 한반도의 평화와 안전 유지, 다자간 협력 등과 관련되며, 대북정책 3대 방지로

① 북한 붕괴, ② 위기의 확대, ③ 무력충돌이 지적되고 있다.

제2차 북핵 위기 이래 중국의 대북전략 재조정이 불가피한 까닭을 한반도 및 동아시아와 세계 평화와 안정에 위협이 되고, 중국의 안보이익에도 손상을 끼친다는 일부의 여론이 있지만, 중국 당국은 한반도 문제에 있어서 중국의 위상과 역할을 견지하기 위해서 절대 손을 빼지 못할 것이다. 그 이유는 역사적 및 지정학적인 이유, 중국의 현대화와 평화적 국제환경, 중국의 미통일 상태 등으로 요약된다.

대중 '적극외교'는 북한요인이 상존하는 한 멈춰질 수 없다. 중국이 경제, 안보, 외교상 책임 있는 대국으로서의 자격을 운위하는 한 반드시 한국 측 주장을 수용토록 만들어야 한다. '적극외교'가 추진과정을 통해 중북 안보상의 특수성을 희석시킬 수 있게 되면 향후 통일과정에서도 그 실용성이 인정될 것이며, 이로 인해 동북아 안정 유지와 세계평화의 진전에 있어 외교상의 이정표를 세우게 될 것이다. '적극외교'는 첫째, 북핵문제 해결과 한반도 평화정착 과정에 있어 중국의 건설적 중재역할 담당을 보다 적극적으로 요청한다. 둘째, 북한이 원하는 대미·대일 관계 개선 추진에 중국의 적극적인 지지를 유도해 나간다. 셋째, 북한의 개혁·개방과 정책변화 유도를 위한 중국 자체의 영향력 행사를 강력하게 촉구한다. 넷째, 동북아 '다자평화협력대화'에 대한 중국의 적극적인 역할을 유도해 내는 일이다.

4) 한·러 관계

외교수단으로 소련의 군사력은 '고르쉬코프 선언(Gorshkov Doctrine)'에서 더욱 분명히 그 의미를 띠고 있다. 이에 따르면, 소련 해군의 두 가지 역할은 해상 핵공격 능력을 보완함으로써 본토를 방어하고, 외교정책의 정치·군사적 도구화, 즉 '포함외교(gun-boat diplomacy)'의 기능을 수행하는 데 있다.

소련의 동북아시아에 대한 전략목표는 대체로 다음과 같다. 첫째, 미·

소의 균형유지이다. 이는 미국이 소련의 위협에 대처하고자 반소·반공 입장에서 아시아·태평양을 중심으로 패권을 추구함에 소련도 이에 대응해야 한다는 주장에 바탕하고 있다.

둘째, 반소동맹의 저지다. 소련은 그동안 동북아시아에서 NATO형 반소동맹의 출현을 극도로 견제·저지하려고 노력해 왔다. 특히, 미·일 주도의 태평양공동체 설립 움직임을 경계하는 가운데 고르바초프(M. Gorbachyov)가 '블라디보스토크 선언'에서 헬싱키안보체제 형식의 범태평양회의 소집을 요구한 것은 이와 직결된다.

셋째, 대중·대일 견제목표도 있다. 특히, 중국이 미국 주도의 동북아시아 전략체제와 관련하여 소련에 대해 적대적 태도·전략을 갖추지 못하도록 하는 데 기본적 이해관계를 가지고 있으므로 소련은 중국에 대해서 항상 적절한 견제정책 및 포위정책을 구사하고자 했다. 그리고 일본에 대해서는 재무장을 포함하여 군국주의의 부활을 경계해 왔다.

고르바초프가 1985년 3월 집권하게 된 이후 소련의 외교목표는 재조정되었다. 첫째, 미국과의 동등지위(parity) 확립은 주로 군사적·정치적 우위 확보와 관련된 것으로, 종래 군사력 강화방법에 의존했던 것으로부터 벗어나 정치·외교적인 교섭력과 협상력 강화에 의존하는 형태로 전환되었다.

둘째, 동서관계의 구조적 상호의존 강화의 측면이다. 1986년 제27차 당대회에서 '문명화된 동서관계로의 이행'이 강조되었다. 이는 국제적 협력체제의 필요성을 인식했던 것에 기인하는데, "현재로서는 미국의 안전 없이는 소련의 안전도 있을 수 없다."고 언명함으로써 데탕트 및 평화공존을 강조했다.

셋째, 전방위 외교의 추진이다. 미·일·서구를 '현대 제국주의의 세 가지 중요 센터'로 규정하는 한편, 전방위 외교로 소련의 국제적 영향력을 강화하고, 미국 진영의 분열과 미국의 고립을 시도하고자 했다. 넷째, 과학기술혁명의 중시라는 새로운 시대에의 적응노력이 나타났다. 군사부문에서 미국의 전략방어체제(SDI)* 등과 같은 기술경쟁에서의 장기화

조짐이 있었으며, 경제기술·산업 분야의 첨단과학기술 수준의 확보라고 하는 하이테크에 보다 많은 정책배려를 보여주기 시작했다.

고르바초프는 이러한 새로운 외교목표를 달성하기 위한 노력을 다방면으로 전개했다. 특히, 1986년 7월 28일 블라디보스토크에서 행한 연설에서 당시 소련의 열망이 대부분 반영되었음을 알 수 있다. 여기서 그는 ① 소련은 아시아·태평양 국가이며, ② 소련은 이들 국가와 새롭고 공정한 관계설정 희망, ③ 중·소 관계 개선의 중요성 인정, ④ 일본과의 협력 확대 희망, ⑤ 미국을 태평양의 강대국으로 인정하여 미국의 참여 없는 태평양의 안보 및 협력 문제 해결은 불가능, ⑥ 몽고·아프가니스탄으로부터의 군대철수 고려, ⑦ '유럽안보협력회의(CSCE)'를 모델로 하는 전아시아집단안보회의 개최 제안, ⑧ 블라디보스토크 개방 시사, ⑨ 필리핀 주둔 미군기지의 철수조치가 있을 때 소련도 베트남 내 캄란기지 등의 철폐와 같은 상응한 조치를 취할 용의가 있음을 시사, ⑩ 유럽 배치 중거리핵미사일(INF) 파기 제안 등 다양하고 광범위한 협상안들을 제안했다.

소련의 이러한 한반도에 관한 정책대강은 1988년 9월 16일 크라스노야르스크(Krasnoyarsk)에서 행한 고르바초프의 연설에서 재차 확인되었다. 그가 시베리아 순방 시 크라스노야르스크에서 제의한 아시아·태평양 지역 관련 평화제안 7개 항의 내용은 ① 핵무기 증강 반대, ② 해군력 강화 반대, ③ 남북한을 포함한 소·중·일을 잇는 지역에서의 군사력 동결 및 감축 협상, ④ 미국의 필리핀기지 포기 때 소련도 캄란만기지

* 미국 레이건 대통령은 1983년 3월 소련의 대륙간탄도탄을 비롯한 핵미사일을 우주에 배치한 위성을 통해 비행 단계에서 격추시키는 연구계획인 전략방위구상(Strategy Defence Initiative; SDI)을 발표했다. SDI는 이러한 방위 계획을 10년간에 걸쳐 300억 달러를 들여 연구하는 계획이다. 소위 '별들의 전쟁(Star Wars)'이라고 불리는 이 구상은 소련의 핵 우위를 단번에 역전시킬 수 있는 계획이었음으로 소련은 이에 대응하였고, 이는 결국 소련에게 엄청난 경제 부담으로 작용해 소련 붕괴의 한 원인이 되었다. SDI는 부시 대통령 때에 와서는 미국은 물론 미국 동맹국에 대한 제한적 미사일 공격에 대한 방이를 목적으로 하는 제한적 탄도미사일 방위전략(GPALS)으로 변화했고, 1993년 클린턴 정부는 소련의 붕괴와 함께 존재이유가 없어진 우주전쟁계획을 대폭 축소하여 새로운 탄도미사일 방어계획(BMD)을 수립했다.

포기, ⑤ 해상 및 항공 수송로의 안전보장 ⑥ 인도양 평화지대 설정을 위한 국제회의 개최 요구, ⑦ 아시아・태평양 지역 안보를 포함한 제반 협상을 위한 제도적 장치 마련 등이다. 여기서 우리의 주목을 끄는 대목은 고르바초프의 연설 중 "한국과의 경제관계 개선을 위한 기회가 마련되어야 한다."고 언급했던 부분이다. 이어서 1988년 10월 1일부터 4일까지 블라디보스토크에서 '대화・평화 그리고 협력'이라는 제하의 국제회의가 소집되었다. 이 회의에는 미・일 등 30개 국 대표가 참석하였는데, 여기서는 한국의 시베리아 개발 참여가 본격 논의되었다.

1988년 7월 22일 일본 수상 나카소네와 고르바초프의 모스크바 회담에서 소련은 아시아・태평양 지역, 특히 한반도에 관해 지대한 관심을 표명했는데, 여기서 고르바초프는 노태우 대통령의 '7・7선언'을 북한에 전달하겠다는 반응을 보였고, 또한 일본이 북한과 경제관계를 개선하려는 의사가 있음을 북한에 전달하겠다는 중재적 입장을 보였다. 참고로 일・북한 경제관계는 '서울올림픽'이 평화적으로 추진될 때 가능하다는 전제가 붙었다.

소련의 대한반도 정세관은 대체로 신축적이었음을 알 수 있다. 즉, '1민족 2국가'를 지지하면서 남북한을 동시 승인하려는 태도를 보여 왔다. 1972년 발표된 '7・4공동성명'에 대한 평론에서도 "한반도의 인위적 분단 극복은 분단 2개 국 간의 경제적・정치적・문화적 관계 개선을 통해 가능하다."는 공식 반응을 보였다.

고르바초프의 외교 브레인이자 이즈베스챠지 정치평론가 알렉산드로 보빈(A. Bobin)은 1988년 "한반도에 2개 국가의 존재를 인정하고, 소련이 한국과 관계 개선을 추진하는 것은 당연하다."는 입장을 보였다. 따라서 그는 중・소가 한국을, 미・일이 북한을 교차승인해야 한다고 주장했으며, 남북한의 유엔 동시가입을 지지하는 한편으로 북한이 고립되지 않도록 모든 국가가 노력해야 한다는 점을 지적하였다. 이러한 소련의 '신사고' 외교 행태는 많은 외교적 성과를 올릴 수 있었고, 마침내 1990년 9월 30일 한・소 수교가 이루어졌다.

고르바초프의 신사고 외교에 대응하여 노태우 대통령의 북방정책의 적극적인 추진과 함께 한·소 양국은 1990년 9월 30일 외교관계를 수립하였으며, 이어 양국 정상은 상호방문을 통하여 외교 및 국가 관계를 정상화하였다. 한국 정부는 1991년 1월 소련 정부에게 30억 달러의 경협차관 공여를 약속하고 12월 말까지 은행차관 10억 달러와 소비재 차관 4억 7천만 달러 등 총 14억 7천만 달러를 집행하였다.

러시아의 대한반도관은 1993년 1월 발표된 ≪러시아연방의 외교정책 개요≫ 문건에서 잘 나타나고 있다. 첫째, 한반도 통일은 인접지역의 불안요소를 제거할 뿐만 아니라 러시아의 외교영역을 확대시킬 수 있는 기회 제고의 측면에서 러시아에 유익하다. 둘째, 한반도 통일은 평화적 과정·절차를 거쳐 이루어져야 한다. 셋째, 러·북관계가 구소련에 비해 소원해진 것은 사실이나, 북한의 대량살상무기 개발 등을 억제하기 위해서는 북한에 대한 지속적인 영향력 행사가 필요하다. 넷째, 대한관계에서는 먼저 경제 분야에서의 발전·확대가 필요하다.

여기서도 러시아의 대한반도 등거리 정책의 일면을 엿볼 수 있다. 그 배경은 첫째, 국내 사정 때문에 한반도 문제의 급격한 전환 모색이 필요하지 않다는 것과, 둘째, 중·북관계의 정도 및 수준에서 러·북 관계를 견지한다는 것이다. 즉, 북한의 무모한 군사행동에 말려들지 않는 최소한의 대북 협력관계를 유지하되, 한편 경제적으로 더 많은 기회가 보장될 수 있는 남한과의 관계증진에 보다 많은 관심을 표명하려는 의도임을 알 수 있다.

러시아의 한국에 대한 세 가지 이해관계로서는, 첫째, 러시아의 경제회복 과정에 한국의 참여를 유도한다는 것이다. 특히, 시베리아 지역 개발 사업에 한국 기업을 유치하려 하고 있다. 그래서 ① 한·러·일 3국 간 부산-나홋카-일본을 잇는 1,717km의 해저 케이블 건설 문제, ② 나홋카에 100만 평 규모의 공단 설립 문제, ③ 야쿠트 및 사할린의 가스전 개발 문제, ④ 한·러 경제교류를 위해 보스토치니 항구에 한국 전용부두 건설 합의, ⑤ 서울-블라디보스토크 및 서울-하바로프스크 정기 직항로 개설 등에 합의했거나 논의 중에 있다. 그리고 이들은 1992년 11월 한・러 정상회담에서 합의된 '한・러 경제공동위원회' 설치준비를 위한 실무접촉에서 사전 합의된 것들로 알려져 있다.

둘째, 러시아가 한반도 통일문제에 적극 개입하기 위한 발판을 마련하는 데 있다. 러시아는 향후 통일한국이 일・중 간의 세력균형자(balancer) 역할을 해주기를 희망하고 있다. 그 이유는 러시아의 극동전력이 약화되었기 때문에 일・중이 동아시아에서의 '힘의 공백'을 마음대로 이용할지도 모른다는 우려에 기인하고 있다. 이렇게 볼 때, 러시아가 한반도의 비핵화와 군축에 관심을 갖는 이유를 이해할 수 있다.

셋째, 러시아는 전략적 의도를 충족시키기 위해 한국과 군사 교류・협력 관계를 확대하려 했다. 즉, 러시아는 군사협력을 통해서 러시아제 무기와 군사적 기술을 판매함으로써 경제적 실리를 얻으려고 한다. 이러한 의도는 1993년 옐친(B. Yeltsin) 대통령 방한 때 〈1993년도 국방부문 군사교류에 관한 양해각서〉 체결이 계기가 되었고, 이에 따라 같은 해 양국 해군함정이 부산과 블라디보스토크를 교환 방문하였다. 그리고 1994년 6월 김영삼 대통령은 러시아 방문 때 블라디보스토크의 태평양함대를 직접 방문하여 양국 간의 군사적 교류・협력에 적극 노력할 것이라는 관심을 표명한 바 있다.*

한편 소련의 해체는 한・러 관계에도 영향을 미치게 되었다. 소련의 해체와 옐친의 집권이 그것이다. 구소련이 1991년 12월 고르바초프의 실각과 함께 붕괴하여 15개 독립국가연합(Commonwealth of Independent States; CIS)으로 분리되자, 러시아연방은 구소련의 법통을 승계하는 식으로 신생국으로 발족하게 되었다. 러시아연방은 구소련의 대한반도 정책을 그대로 승계하여 연속성을 띠게 하였다. 구소련의 후계자 신생 러시아연방

* 옐친 대통령은 서울을 방문하여 1961년에 조인된 〈조・소 우호협력 및 상호원조조약〉 폐기의 필요성을 주장하며 〈한・러 간의 기본관계에 관한 조약〉을 체결하였다. 또한 러시아가 1995년 8월 〈북・러 군사동맹조약〉을 연장하지 않을 것임을 선언하였고, 동 조약은 1996년 9월 10일자로 폐기되었다. 이에 따라 1995년의 한국과 러시아의 교역량은 1990년 대비 3.7배로 증가하여 33억 1천만 달러에 달하였다.

의 초기 외교정책의 방향은 일방적인 친서방 경사노선이었다. 때문에 소련 해체 이후 한・러 관계는 일시적 소강상태를 맞이하기도 한다. 그러나 옐친은 친서방 외교노선이 얼마나 순진하고 비실용적이었는지를 깨닫고 1992년 후반에 들어서면서부터는 유러시아주의 및 민족주의에 입각한 독자적 강대국 외교노선을 추구하기 시작하였다. 그러면서 아시아, 특히 중국과 일본, 한반도가 속해 있는 동북아시아에 커다란 관심을 가졌다. 그래서 이 시기에는 대체로 러시아와 한국의 관계가 발전적인 면을 많이 보이게 되었다.

옐친 정권의 한반도정책은 전기와 후기로 나누어 볼 수 있는바, 코지레프(A. Kozyrev)의 친서방 외교시기(1991～1995)와 프리마코프(E. Primakov)의 국익추구 외교시기(1996～1998)가 그것이다.

코지레프 외교의 대일 및 대한 정책을 담당한 주역은 당시 외무차관이었던 쿠나제였다. 그는 러시아 외무부에서 대한반도 정책을 주도하고 있었는데, 그의 태도는 분명히 한국 편향이었다. 그는 한・소 수교가 소련 외교의 마지막 성취의 하나였다고 평가하고 있다.

구소련의 붕괴 이후 러시아의 초기 외교정책 노선은 '대서양주의'에 기초한 친서방 외교정책이었으나, 1993년을 전후한 시점부터 서구뿐만 아니라 동구와 독립국가연합, 나아가 아시아 지역 국가들도 함께 중시하는 유러시아로 수정・변화되기 시작하였다.

유러시아주의에 중점을 둔 러시아의 대외정책 전개는 아시아 지역을 비롯 접경국가와의 선린관계 구축에 중요성을 부여하고 유러시아의 잠재력을 적극 활용함으로써, 미국 등 서방과의 대등한 관계를 유지하고 러시아의 국제적 위상과 영향력 확대에 주력하는 양상을 띠고 있다. 즉, 외교노선 변화를 토대로 러시아는 한편으로는 서방으로부터의 경제적 지원과 지지 획득을 구하면서, 다른 한편으로는 CIS를 비롯한 근외국가와의 관계 강화와 다극적 국제질서 형성을 도모해 과거 구소련의 국제적 지위와 역할 회복을 꾀하는 대국주의 외교 성향을 표출하고 있다.

코지레프 후기에 드러난 새로운 대외정책 성향은 1996년 1월 프리마코프의 등장으로 더욱 가시화되었다. 이런 상황에서 한반도에서는 1996년 4월 김영삼 대통령과 클린턴에 의해 4자회담이 제창되었고, 한반도 문제의 해결에서 러시아의 참여가 배제되었다. 북한에 대한 영향력을 희생하면서까지 한국에 지속적인 지지를 표명해 온 러시아의 대한반도 문제에 대한 참여의 제한은 러시아가 한반도 정책을 재고할 수밖에 없는 상황으로 귀결되었다. 이에 러시아는 한·러 관계에 대한 불만을 나타내기 시작했다. 이어 러시아는 북한과의 관계 복원을 통해 한국에 대한 외교협상력을 강화하고 한반도 문제에 대한 발언권을 회복하기 위하여 그간 한국에 편향적이었던 한반도 정책을 수정하게 되었다.

김대중 대통령은 1999년 5월 러시아를 국빈 방문하여 옐친 대통령과 21세기를 향한 양국 간 '건설적이고 상호 보완적인 동반자 관계'를 강화한다는 공동성명을 발표하고, 그간의 불편했던 양국관계를 본 궤도로 복구하고 상호 이익을 증진하는 등 실질적 협력관계 구축을 향한 새 출발을 다짐했다. 양 정상은 양국이 민주주의와 시장경제라는 공통의 가치를 지향하고 있음을 재확인하였고, 세계질서의 다원화를 지향한다는 데 견해를 같이 함으로써, 양국이 외교 전략에서 협력할 수 있는 터전을 마련하였다. 특히 공동성명을 통하여 김 대통령은 러시아가 바라는 유엔 역할의 중요성과 유고 공습의 조속한 정치적 해결을 강조하고, 수교 10주년이 되는 2000년을 맞아 양국은 다채로운 문화교류 및 학술행사를 개최했으며 한반도 긴장완화를 지향하는 전략적 협력을 강화하였다. 러시아는 김 대통령의 대북 베를린 제안을 환영하였으며, 3월 말 한국의 러시아 내 연료·에너지 분야 합작사업을 가능하게 하고 한국에 대한 러시아 자원의 안정적 공급을 위한 법적 기반이 되는 '자원협력 협정안'을 승인했다. 양국을 연결하는 정기 해상항로는 부산과 나호트카 항로뿐이었는데, 동년 4월에 속초와 연해수 최남단의 자루비노 간 항로가 개설되어 한국과 중국 극동지역, 러시아 시베리아 및 극동지역 간에 협력이 강화되고 백두산 관광사업도 진흥될 것으로 기대되었다.

옐친에 이어 등장한 푸틴(V. Putin) 대통령은 김대중 대통령과의 전화통화에서 남북정상회담 개최를 축하하였다. 양국 국방장관은 5월 모스크바에서 우발적인 군사충돌을 방지하고 사고의 신속하고도 평화적인 해결을 약속하는 '위험한 군사행동 방지협정'을 체결한다는 데 원칙적으로 합의하였으며, 한국 해군과 러시아 태평양함대 사령부 간의 긴급연락체계와 양국 국방정책 담당부서 간 '핫라인'을 구축하기로 하였다. 10월 초에는 유사 이래 최초의 한·러 합동 해상훈련도 실시되었다.

2001년 2월 26일 푸틴 대통령은 서울을 방문, 김대중 대통령과 정상회담을 갖고 한국 정부의 대북 포용정책과 한반도 문제의 당사자 해결 원칙을 지지한다는 러시아의 입장을 표명했다. 김 대통령은 남북한 관계 발전에 러시아가 건설적인 역할을 수행하고 있다고 평가했다. 회담 결과 발표된 공동선언에서 한국은 국가미사일방어(NMD) 체제와 관련, 군축과 국제평화를 지향하고 있는 러시아의 입장을 지지하였다. 또한 양국 대통령은 남·북·러 3국 간 실질적인 경제협력 방안을 강구했다. 유러시아를 연결하는 '철의 실크로드' 사업을 적극 추진하기 위하여 교통협력위원회를 설치하기로 하고, 이르쿠츠크 가스전 개발과 나호드카 한·러 극동시베리아분과위원회를 설치하기로 했으며, 아울러 관광진흥협의회 및 관광연락사무소 개설에도 합의했다. 베링 해와 오호츠크 해에서의 한국어선 조업문제도 논의되었다. 양국은 정상회담을 통하여 남·북·러 3국 간 경제협력체가 탄생할 수 있는 가능성을 확인하기도 했다.

푸틴 외교는 프리마코프 외교의 연장선상에 자리 잡고 있다는 관점에서 네오-프리마코프 외교라고도 일컬어진다. 그러나 푸틴 외교는 여러 면에서 연속성을 띠고 있으면서도 정세변화와 그에 대한 판단 또는 푸틴의 사고방식과 성향에 기인하는 독자적인 나름의 성격을 갖고 있다 하겠다. 러시아 외교정책의 결정과 추진에 푸틴 자신이 깊이 관여하고 있으며, 그의 신념과 판단이 현 러시아 정권의 외교 이념과 실천에 강하게 반영되어 있는 것은 분명한 사실이다.

이 시기 한·러 관계는 동북아시아에서 미·일·중·러시아가 가기의 세력권 형성 및 영향력 확대를 위해 서로 각축을 벌이는 외교정책과 맞물리면서 다시 새로운 단계에 접어들었다. 그것은 2000년 7월 푸틴의 평양 방문에 따른 〈북・러 공동성명〉과 2001년 2월 서울 방문에 따른 〈한・러 공동성명〉에 의해 잘 반영되고 있다. 이 두 공동성명은 그 내용을 볼 때, 러시아가 한국과는 경제협력에, 북한과는 정치안보협력에 중점을 두는 것으로 파악된다.

2000년 이후 한・러 관계는 '상호 신뢰하는 포괄적 동반자 관계'로부터 '전략적 협력 동반자 관계'로 격상되었다. 푸틴 대통령이 1992년 11월 예친 전 대통령의 방한 이후 러시아 연방 대통령으로는 두 번째로 8년 만에 방한하였다. 김대중 대통령과 푸틴 대통령은 2001년 2월 27일 정상회담을 개최하고 7개항으로 된 〈한・러 공동성명〉을 발표하였다.

또한 양국관계의 발전 수준에서도 한・러 관계는 '건설적이고 상호 보완적인 동반자 관계'로 규정하고 있으나, 북・러 관계는 '선린, 우호협력 관계'로 규정하고 있다. 따라서 국가 간 외교협력 수준에서 볼 때 한국과의 관계는 북한과의 관계보다 더 우위에 있음을 알 수 있다.

한반도에서 푸틴이 전략적・지정학적 측면에서 추구하는 바는 북한과의 안보협력 증진, 한반도의 비핵지대화, 북한의 미사일 개발 포기 설득, 미국의 대북 군사적 공격 가능성 차단, 러시아 주도 세계 미사일체제(GCE)에 남・북한 가입 유도, 미국 주도의 MD체제에 한국의 참여 저지, 주한미군의 러시아 참여 평화유지군으로 대체, 남북한의 상호 협력대화 지지, 통일문제의 자주적 해결 원칙 지지, 남북한의 반(反)러시아화 방지, 북한의 개방과 국세사회로의 참여 확대 지원, 북한에 대한 포용정책의 확대, 한반도 6자회담에의 지속 참여, 남・북한 설득을 통한 다자간 안보체제 창설, 한국에 대한 북한 지렛대 활용 강화, 한・미 간 내재하는 모순의 확대 조장 등이다. 특히 지정학적인 측면에서는 시베리아 횡단철도(TSR)와 한반도 종단철도(TKR) 연결사업을 포함하여 시베리아 극동지역 개발을 위한 경제적 원천으로서의 한반도, 새로운 시장으로서의 한반도, 아・태지역 진출 교두보로서의 한반도를 활용하고자 하고 있다.

한・러 양국은 2003년 2월 25일 노무현 대통령의 취임을 계기로 정치,

군사·안보, 경제, 문화 등 제반 분야에서 건설적이고 상호보완적인 관계를 확대하였다. 노무현대통령은 방콕 APEC 정상회의 계기로 취임 이후 처음으로 10월 21일 푸틴 대통령과 정상회담을 갖고 제2차 6자회담 조기 개최와 철도 연결 사업 등 양국 간 실질협력에 관해 합의하였다. 푸틴 대통령의 초청으로 한·러 정상회담이 2004년 9월 21일 모스크바에서 개최되었다. 양국 정상은 한·러 관계를 '건설적이고 상호 보완적인 동반자 관계'에서 '상호·신뢰하는 포괄적 동반자 관계'로 새롭게 규정하는 10개항의 공동선언을 채택하였다. 또한 한인 러시아 이주 140주년을 맞이하여 양국에서 다양한 기념행사가 개최되었다. 노무현 대통령과 푸틴 대통령의 2005년 5월 9일 제2차 세계대전 러시아 전승 60주년 기념행사, 부산 APEC 정상회의를 계기로 한 11월 19일 실무 정상회담 등을 통해 긴밀한 관계를 유지하였다.

국제 고유가에 따른 러시아의 급속한 경제성장으로 2000년 이후 한·러 경제관계는 확대되고 있다. 양국 경제 부총리 급 협력채널인 '한·러 경제공동위' 산하 '한·러 극동시베리아 분과 위원회'가 2004년 2월 19일~20일 부산에서 개최되어 양측 간 통상과 투자 확대 방안 및 신규 사업 발굴 등에 관한 의견이 교환 되었다. 총 25억 달러가 소요될 전망인 TKR~TSR 연결 사업을 위해 남북한·러시아 전문가들이 4월 28일~30일 모스크바에서 최초로 회합을 가졌다.

2006년에는 한·러 양국 간에 활발한 인사교류와 다양한 합의들이 이루어졌다. 이 철 '한국철도공사' 사장과 김영삼 북한 철도상 및 야쿠닌 '러시아 국영철도회사' 사장이 함께 참석하여 사실상 3국 철도대표 간 첫 회담이라고 할 수 있는 '남·북·러 철도운영자 회의'가 3월 17일 블라디보스토크에서 개최되었다.

이명박 당선인은 동부 시베리아 개발과 관련된 한·러간 협의 진행의 상세한 파악 및 협의를 위해 특사(이재오 의원)와 6명의 특사 단을 2008년 1월 20~25일 러시아에 파견하였다. 이재오 특사는 줍코프(Zubkov) 부총리, 라브코프 외교장관, 다르킨 연해주 주지사 등을 면담하고 동부 시베리아에서 연해주 일대에 이르는 동북아시아 21세기 평화와 경제가 함께 번영하는 지역으로 발전시키자는 이명박 당산인의 '동북아 경제협력체 구상'을 설명하였다.

2008년 한・러 관계가 활발히 전개된 것은 첫째, 우리 정부가 대러 외교 정책 목표를 ① 한반도 문제해결을 위한 한・러 협의체제 강화, ② 에너지・자원 및 동시베리아 개발협력 사업 확대, ③ '2012 APEC 정상회담'(블라디보스토크) 및 '2014 동계올림픽(소치)' 인프라 구축 참여, ④ '2008 한・러 우주협력의 해' 계기 첨단 우주산업 협력 등에 두고 있기 때문이있다. 둘째, 이명박 대통령의 경제 분야 경력과 에너지 외교 강조로 러시아는 우리 정부에 큰 기대를 갖고 있기 때문이다. 또한 러시아 정부는 이명박 대통령의 서울시장 시절 방러 경험도 한・러 관계 발전에 긍정적 영향을 미칠 것으로 기대하고 있다.

이명박 대통령은 5월 7일 취임한 메드베데프(D. Medvedev) 러시아 대통령의 초청으로 9월 28일~10월 1일 러시아를 공식 방문하고 9월 29일 한・러 정상회담을 가졌다. 양국 정상은 회담에서 수교 이후 다방면에 걸친 양국 관계 발전을 평가하고, 주요 국제문제에 대한 유익한 의견을 교환하였다. 양국 대통령은 회담 직후 '전략적 협력 동반자 관계'로의 격상, 다양한 분야의 양자 협력 확대, 국제안보 문제에 대한 공동대처, 남북대회의 중요성 확인 등 10개 항에 달하는 '한・러 공동성명'을 발표하였다. 이 정상회담을 통해 한국은 미래 지향적 대러 관계 확립, 북핵문제 해결의 공감대 유지, 호혜적 실용외교 추진, 대북정책에 대한 지지 확보 등의 성과를 거둔 것으로 평가된다.

이명박 대통령의 취임 해인 2008년에도 5월 20일 야쿠닌 '러시아 철도공사' 사장의 방한, 7월 8일 모스크바에서 개최된 한・러 양자 간 경제동반사 협정(BEPA) 공동 연구 그룹 제2차 회의, 7월 8일 홋카이도 토이코에서의 G8정상회담, 7월 23일 싱가포르에서 개최된 ARF 계기 한・러 외교 장관회담, 9월 10일 모스크바 외교장관 회담 등이 개최되었다. 이러한 양자・다자 간 회의를 통해 한・러 고위 인사들의 교역, 투자, 철도협력, 가스관 연결. 극동시베리아 개발 관련 대화가 활발히 이루어졌다.

2009년 6월 말 현재 한국의 대러 실질 투자액은 724건, 12억 4145만 달러이고, 투자 신고액도 20억 3,300만 달러에 불과한 실정이다. 한국의 대러 실질 투자액은 대중 투자액 273억 달러의 4.5%에 불과해 러시아의 최대 불만 요인이다. 다행히 최근 중동과 동남아 쪽으로만 편중됐던 우리나라의 에너지공급 체계에서 러시아가 핵심 에너지 공급원으로 부상하고 있다. 실제로 2007년 러시아산 원유 수입(38,129,000배럴)이 2006년(13,973,000배럴)보다 3배 가까이 급증하였다.

이외에 한・러 관계에서 주목할 사항은 우주과학 분야에서 2009년 8월 25일 고흥 '나로 우주센터'에서 러시아와 한국이 공동 개발한 과학위성 2단계 KSLV-1로켓이 발사되었으나, 100kg의 연구위성을 목표 궤도에 올리는 데에 실패하였다. 그 후 양국의 공동노력으로 2013년 1월 30일 드디어 발사에 성공하였다.

▌표 6-4▌ 한・러 연도별 교역 현황

(단위: 억 달러, 전년 동기대비 %)

구 분		'07	'08	'09	'10	'11	'11.1.~6.	'12.1.~6.
수 출	금액	80.9	97.5	41.9	77.6	103.1	53.8	55.1
	증가율	56.2	20.5	△57.0	85.0	32.8	80.8	2.6
수 입	금액	69.8	83.4	57.9	99.0	108.5	52.5	52.6
	증가율	52.6	19.5	△30.6	71.0	9.6	6.1	0.1
무역수지		11.1	14.1	△15.9	△21.4	△5.5	1.2	2.6

자료: 주 러시아 대사관 "2012년 상반기 한・러 교역 동향"(http://rus-moscow.mofat.go.kr)

제7장
세계화와 한국

1. 세계화: 불가역성

최근 우리 사회에서 널리 회자되는 새로운 용어 가운데 세계화라는 말이 있다. 세계화(globalization)는 때때로 '국제화'나 '지구화'라는 용어와 혼용되거나 경우에 따라서 구분되어 사용되고 있다. 이것은 세계화의 개념이 아직 충분히 자리 잡지 못하고 있다는 뜻이며, 그 의미가 또한 애매모호함을 일러주는 것이다. 국제화(internationalization)는 국경의 개념을 인정하며, 전 세계를 경영 단위로 보아 경영 전략을 수립하고 경영 활동을 넓혀 가는 것이고, 세계화는 국가 간의 국경과 나라 간의 한계를 넘어서 전 세계를 경영의 단위로 보며, 각 기업의 경영전략을 수립하고 경영활동의 영역을 넓혀가는 것이다. 예를 들어, 세계무역기구(WTO)에의 가입과 그에 따른 시장개방, 경제협력개발기구(OECD) 가입과 의무부담, 국제적인 교류협력의 확대, 인터넷을 포함한 컴퓨터 학습, 영어를 비롯한 외국어 학습, 정보화시대에 걸맞은 지식산업 분야의 발전, 세계적 일류를 지향하는 생활 및 의식의 제고 등이 일반적으로 알려져 있는 세계화의 범주에 속한다.

1) 세계화 개념과 용법

세계화라는 용어는 찰스 타즈 러셀(C. T. Russell)에 의해 처음 사용되었다고 전해지고 있으며, 가장 근래에는 하버드 비즈니스스쿨의 테오도르 레빗(T. Levitt) 교수가 "Globalization of Markets"라는 글에서 "지역 소비자의 기호에 맞게 제품을 생산・공급하는 다국적 기업 시대는 가고, 생산, 분배, 마케팅 등에서 '규모의 경제(economic of scale)'를 실현하는 글로벌 기업들이 활약하는 세상이 올 것"이라고 예측했으며, 이후 '세계화'는 경제는 물론 정치와 사회분야 등에서 가장 널리 사용되는 용어가 되었다.

실제로 세계의 여러 나라가 이제는 이웃 동네처럼 함께 살아가고 있다. 바로 이러한 현상을 지구화/세계화/글로벌리제이션이라고 부른다. 세계화를 긍정적 입장에서 파악한 기든스(A. Giddens)는 세계화를 이미 인간이 살아가는 삶 그 자체로 설명하고 있다. 즉 "국가와 국가, 사회와 사회 사이의 경계성을 넘나드는 정치 사회 문화의 상호 연계성의 급속한 전개로 사람들의 삶의 조건과 양식 그리고 운명에도 결정적인 영향을 미치고 있는 세계사회의 증대된 상호의존성을 나타내는 보편적인 표현이다."

한편 세계화를 부정적 관점에서 본 부르디외(P. Bourdieu)는 '무제한적인 착취의 유토피아의 실현'으로 표현하였다.

세계적으로 전개되는 상호의존적인 관계는 사람들의 삶의 과정에서 거리의 시간과 공간적 영역을 급격하게 단축시켰다. 물론 이러한 변화는 21세기로 접어드는 이 시점에서부터 시작된 것은 아니다. 그것은 이미 2, 3백 년 전부터 시작되었으며 21세기에 즈음하면서부터 가속적으로 진행되어 왔을 뿐이다.

경제적 세계화란 전지구화라고도 하며 세계 경제가 하나의 형태로 이루는 것이다. 그리고 민족중심의 국가 경제가 허물어지고 세계라는 하나의 경제체제로 형성되어 경제 시스템과 관계없이 상호의존성이 커가는 과정으로 이해할 수 있다. 세계화는 각국의 시장개방화가 가속되면서 빠르게 진행 중에 있다. 상품뿐만 아니라 지식 및 기술 그리고 자본과 노동까지 국경을 넘어 교류하면서 세계의 경제가 하나로 통합되고 있다. 더욱이 국제적 상호 의존시대에서 한 국가 내의 경제활동이나 정책결정은 민족국가 단위를 넘어서서 세계적으로 광범위한 반향을 불러일으키고 있다. 1984년 유엔 조사에 따르면, 3만 5천 개의 초국가적 기업이나 다국적 기업들과 그들이 거느리는 15만여 개의 계열기업들은 이제 어느 민족국가에도 예속되지 않는 유기체적 집단이 되어 세계 무역량의 25%를 점하고 있었다. 이 통계가 시사하는 것은 개별 국가들이 신보수주의 정책을 선호하든 신국가주의적 대응에 임하든 간에 세계화의 도도한 추세를 멀리하거나 외면할 수 없는 시대적 상황이라는 사실이다.

2) 세계화의 의미

세계자본의 지리적 재배치는 "돈은 대접 받는 곳으로 이동한다"는 의미와 일맥상통한다. 즉, 나라 간 국경의 개념을 뛰어넘어 지구촌 전체를 하나의 경영단위로 삼아 경영활동이 전개되는 것을 의미한다. 이는 국경과 주권의 존재를 인정하며 자국을 중심으로 다른 나라와의 한계를 극복하면서 발전시켜 나가는 국제화보다 좀 더 공세적이고 전략적인 성향을 뜻한다. 무한경쟁에서 살아남기 위해 보다 뛰어난 능력과 자질을 갖추고, 보다 더 열심히 일해 세계적으로 높은 생산성을 달성해 나가는 것이 당위성을 띠고 있다는 의미이다.

오늘날 세계는 '국경 없는 경제', '지구촌 경제'라는 표현처럼 일종의 새로운 시대를 맞이하는 전환기에 처해 있다. 경제는 이제 민족국가의 수중에서가 아니라 자본을 매개변수로 하는 '국경 없는 경제'의 논리에 의해 운영되게 되었다. 정치 역시 한 지역이나 한 국가의 활동이 아닌 지구라는 장(場)에서의 사회적 활동을 의미하는 세계정치가 그 실체를 드러내고 있다. 문화적으로는 그 파급력이 시공간적으로 민족국가의 경계선을 자유자재로 넘어 문화의 무국적 시대마저 논의되고 있는 실정이다. 이는 기존의 전통적인 사회구성의 논리토대가 해체되는 문명사적 전환을 의미하는 것으로 이해되기도 한다. 이와 같은 범세계적 변화의 추세 속에는 초국적기업·다국적기업의 활동영역 확대, 생산 및 금융 자본의 자유 이동에 따른 국제화, 과학기술의 비약적 발전과 관련된 정보화시대의 출현, 상호 의존 심화와 불가피성의 증대, 국경 및 주권 개념의 희석, 전 지구를 대상으로 삼는 경제 네트워크 조직 등이 포함되고 있다.

여기서 간과할 수 없는 점은 세계화가 변화의 와중에서 일어나는, 그리고 변화가 진행되는 과정에서 나타나는 현상과 불가분하다는 데에 있다. 그리고 세계화는 국가들 간의 경쟁과 협력 및 상호작용을 확대해 나가는 국가들 간의 현상이라는 국제화 개념보다 더욱 포괄적이고 상위의 개념으로, 보다 넓은 지구촌 개념의 성격이 함의되고 있으므로, 그만큼 진취적이며 적극적인 내용을 담고 있다. 이에 따라 국제화는 민족국가를 단위로 하는 하나의 공동체(society of states)를 형성해 나가려는 노력 및 현상으로 파악할 수 있다. 이에 반해 세계화는 민족국가의 국경을 뛰어넘는 그리고 국경이 없는 하나의 세계 단일공동체(a world community)를 지향하는 일체의 노력과 현상을 뜻한다고 하겠다.

세계화의 의미를 좀 더 정리하면, 국제사회의 역동적인 변화가 국내외적으로 영향을 미치는 과정에서 이에 대응하고 적응하는 사회적 관계범위를 전 세계적으로 확대시키면서 세계사회 또는 단일의 지구적 운명공동체를 뜻하는 새로운 세계가 도래하는 현상이다. 이에 따르면, 각국의 고유 제도와 준칙을 국제사회에서 통용되는 공통의 제도와 준칙을 조화시키려는 국제화 노력과는 달리, 세계화는 각국의 제도와 준칙을 하나의 세계 공통의 제도 및 준칙으로 통합하려는 시도라고 볼 수 있다.

세계화의 거대한 추세는 강대국과 약소국 가릴 것 없이 광범위하게 진행되고 있다. 우리는 이러한 시대적 대세에 뒤져서는 안 된다. 물론 지금의 세계화 경향이 완전한 것이 아니라거나 이론의 여지가 있음도 발견되고 있다는 부분적인 지적도 감안해야 하겠지만, 더욱 중요한 것은 전 지구적으로 거대한 시대적 조류로서 밀려오는 세계화 추세에 어떻게 보다 적절하게 대응하며 적응해야 할 것인가를 신중히, 그리고 적극적으로 모색하는 데 있다. 과거의 타성으로 인해 정치논리에만 익숙해진 우리로서는 이제 새롭게 대두하고 있는 지구촌 변화를 경제논리로서 인식하고 수용할 수 있는 지혜를 개발해야만 하는 당위성에 주목해야 할 것이다.

세계화는 이전에 논의되었던 보편주의(universalism)와도 관련된다. 하나의 가치 및 목표로서 국제사회를 통일로 이끈다는 이전의 '민족주의적 보편주의(nationalistic universalism 또는 universalistic nationalism)'는 세계화와 유사하다. 그러나 양자 간에는 분명히 차이가 있다. 보편주의는 어디까지나 스스로 추구하는 '가치의 상대화'를 거부하는, 즉 그 가치에 대한 절대적 추종을 요구한다. 그러나 세계화는 목표에 대한 공통의사 및 공동행동을 유도해 내려 하지만, 개별 민족국가가 가지고 있는 민족문화에 대해서는 나름대로의 영역과 고유성을 인정한다.

보편주의는 어떤 특정의 민족 혹은 어느 특정 문명권의 개별적 가치가 지닌 개별성은 고려하지 않고, 그것을 인류사회와 지구의 전역에 적용할 수 있도록 최선을 다하는 사고방식을 토대로 하고 있다. 독자적 개별성을 간과하는 것은 주로 '진보'라고 하는 역사관에서 이질적인 문명을 의식하고 있기 때문이다. 이로 인해 보편주의에서의 이질적 문명은 자체의 문명과 병렬해서 고려할 필요가 없었으며, 후진적인 것으로 인식되었다. 한 가지 예를 들면, 기독교의 보편주의와 자본주의의 경제관, 그리고 정치적 민주주의를 주요한 동인으로 삼았던 것은 민족주의의 제국주의적 전개라고 할 수 있는 보편주의였다.

한편 '로마에 의한 평화(Pax Romana)'는 로마 이외에 다른 세계가 존재하지 않는다는 관념으로서의 보편주의였다. 그리고 '영국의 지배질서(Pax Britanica)'의 경우, 대영제국 건설은 영국의 민족주의적 보편주의로서, 민족적 문화가치가 선진성을 띠게 됨으로써 하나의 '이념형'으로 전 세계에 확산되었던 것이다. 양자의 차이점은 대영제국이 힘(power)을 통한 Pax Britanica를 비기독교 세계를 대상으로 삼아 불평등조약이나 인종주의적 차별을 하나의 질서 형성의 조건으로 제시했던 것에 비하여, Pax Romana는 지역적 자치의 토대 위에서 보편적 법질서를 존중함으로써 인종차별적인 요소는 문제시되지 않았다. 백인우월의식이라는 차별성을 고려할 때, 영국의 제국주의는 민족주의의 변형이었지 결코 세계화는 아니었다.

'미국의 지배질서(Pax Americana)'라는 미국의 국제정치 지도이념도 영국과 공통된 문명관 및 사명감에 의해 형성되었다. 자유세계 대 공산세계라는 이분법적·이율배반적 시각에 익숙해 있었던 미국은 영국 이상으로 각국 민족문화의 다양성을 망각하였다. 진보주의적 문명관을 영국보다 강하게 계승한 미국 주도의 Pax Americana는 바로 '미국식 민족주의(Americanism)'를 반영한 것이었다.

3) 세계화와 민족주의

세계화에는 공통의 역사적 체험이라는 요소가 더욱 중요하게 부각된다. 공통의 체험이라는 것은 핵시대에 접어든 이래 가장 중요한 것이다. 즉, 인류 전체가 지구 전체의 생존과 직결되어 있다는 의식의 자각을 통하여 공동운명체 의식이 움트게 되었다.

민족주의는 다른 민족주의와 상승적으로 갈등·대결을 가져오기도 했는데, 이전 유럽의 경우처럼 가톨리시즘(Catholicism)의 보편주의로부터의 해방을 추구하는 개별주의라는 측면도 있다. 그러나 세계화라는 것은 대립되는 다른 집단이나 대상이 존재하는 것이 아니고, 과거 민족주의가 소위 '민족적 보편주의'라는 형식으로 민족주의의 적용범위를 확대하려고 했던 것과는 달리 전 지구를 대상으로 하여 보다 상위의 가치를 지향하는 것을 의미한다. 지구라는 경제영역 가운데서 한정된 자원을 고갈시키지 않고 어떻게 번영·발전을 누리면서 국제사회를 안정시킬 수 있느냐 하는 데에 세계화의 본뜻이 있음은 알 수 있다.

세계화는 핵무기·자원·인구·환경 등의 문제가 모두 전 지구의 운명에 연관되어 있음으로써 실감을 가져다주는 데에 그 중요성을 발견할 수 있다. 따라서 세계화는 최근 급속히 전 인류와 각국의 지도자들에게도 주요 관심사가 되고 있다. 그렇다면 이로 인해서 민족주의가 쇠퇴할 것인가? 답은 '그렇지 않다.'이다. 왜냐하면 근래의 국제경제의 영역에서 자원외교 또는 자원민족주의의 강한 이념적 경향이 하루아침에 지구공동체로 인해 사라지지는 않을 것이기 때문이다. 세계화가 목표로 삼는 것은 군축·인구·자원 등 인류의 운명과 직접 관련되는 것이지만, 오늘날 이 문제와 쟁점에 보다 직접적으로 관여할 수 있는 주체는 각각의 주권국가에 국한되기 때문이다.

한편 세계화와 국가이익 간의 상관성을 따져볼 때, 세계화 추세를 따르지 않고서는 해결의 실마리가 없는 국제사회의 근본적 과세를 감안한다면, 현재에는 제일 유력한 행동 주체로서의 각국 정부가 정책결정 과정에서 당연히 논의될 국익의 논리를 세계화의 이념에 어떻게 종속시킬 수 있느냐가 중요한 연구 과제이다. 우리는 세계화와 민족주의가 완전 대립되는 것이 아니라는 희망적 관점에서 출발하는 낙관주의에도 관심을 가질 필요가 있다.

세계화라고 하는 집단의식 및 행동목표는 역사적으로 '새로운 문제'이며, 실제 정치의 분야에서는 세계 각국의 정책결정자들이 직접 참여하고 관여하는 단계에까지 와 있다. 민족주의가 자유와 평등을 국제사회에서 추구함에 있어 어떤 것으로부터도 제약받기를 거부하는 이데올로기라면, 세계화는 지구 전체의 이익이라는 일종의 범세계적·초월적 목표를 표방하여 이것이 직접 달성될 수 있도록 만드는 데에 최대의 가치를 부여하는 것으로 이해할 수 있다.

2. 세계화의 요인들

오늘의 세계화 진전에는 과학기술의 발전을 비롯하여 국경 없는 교역시대를 열었던 자본주의 경제의 발전만이 아니라, 지구촌 시대의 단일 유행 양식(fassion)을 조성한 인공위성의 문화 충격 등을 원인으로 지적할 수 있다. 여기에는 국제정치 변화도 하나의 요인 제공자이다. 세계화는 구소련의 붕괴와 동유럽 공산세계의 변화가 크게 작용한 측면이 있다. 세계화의 배경을 이루는 다른 요인들은 ① 신자유주의의 대두, ② 최첨단 정보통신 기술의 발달, ③ WTO 체제의 출범, ④ 신흥시장경제국가의 금융위기, ⑤ 구사회주의 국가의 경제개혁 및 대외개방 등이다.

(1) 신자유주의의 대두

세계화가 대두되고 있는 배경은 신자유주의(Neo-Liberalism)의 출현과 밀접하게 연관되고 있다. 신자유주의란 모든 경제활동에 대한 국가간섭 철폐를 주장한 자유주의 이후의 새로운 의미의 자유주의를 말한다. 여기서 자유주의는 국가의 경제발전을 도모하기 위해 모든 인위적인 간섭조치를 철폐할 뿐만 아니라 모든 대외경제거래도 그 간섭조치를 폐지하여 이를 자유롭게 해야 한다고 주장한 경제사상이다. 자유주의는 기업 활동 규제, 무역장벽 설치, 수출입 관세 부과, 무역제한 조치 등을 거부하는 사상이다.

경제학자들의 신자유주의 사상은 국제통화기금(IMF)과 세계은행(IBRD)에도 커다란 영향을 미쳤다. 최근의 신자유주의의 정통파는 이 세계 경제기구라고 볼 수 있다. 신자유주의의 정통파들은 경제개발의 목표가 (불완전한) 국가보다도 (불완전한) 시장을 통해서 이루어진다고 믿고 있다.

신자유주의는 ① 자유경쟁의 실현, ② 극대의 효율성 추구, ③ 이윤의 극대화, ④ 시장원리의 준수, ⑤ 규제철폐, ⑥ 공기업의 민영화, ⑦ 정부기구 및 기업의 구조조정, ⑧ 사회복지부문에 대한 공공예산 삭감, ⑨ 공공재의 개념철폐, ⑩ 무역과 자본이동의 자유 등과 같은 특징을 가지고 있다.

신자유주의는 국제통화기금과 세계은행 등 국제경제기구나 기관이 주도하였고, 국제경제기구의 세계전략으로 이용되었으며, 국제경제기구 주도의 세계화는 국가기구의 불개입을 주장했던 하이에크(F.A.

Hayek)파의 신자유주의 사상에 입각하고 있다. 그 주요 내용은 완전고용이다. 이것은 자본주의 발전에 필요하고, 국가개입과 중앙은행의 개입으로 달성할 수 있다는 케인즈(J. M. Keynes)의 주장과 배치된다.

IMF의 구제금융의 조건은 자유경쟁의 실현, 극대의 효율성 추구, 시장원리의 준수, 공기업의 민영화 등을 표방하는 신자유주의를 바탕으로 하는 것이다. 이를 통해 보호주의를 추구하던 국가들이 금융위기를 통해 무너지고 있다는 것을 보여준다. 보호주의의 철폐는 자유주의 실현을 촉진시킬 뿐만 아니라 세계화 확대를 가속화한다.

(2) 최첨단 정보통신 기술의 발달

세계화의 확대에는 정보통신기술의 혁신에 힘입게 되었는데, 이는 광속의 신기술이 전 세계의 상품·서비스·자본의 이동비용을 대폭으로 절감시킬 뿐만 아니고, 이용의 편의함 증가와 위험의 감소에 따른 세계적 이동이 용이하기 때문이다.

(3) WTO 체제의 출범

WTO 체제의 출범은 체제 가맹국의 국민경제 세계화에 결정적 영향을 미치는데, 이는 경제적 의미의 국경을 붕괴시킨 것에 기인한다. 경제 국경의 붕괴는 정보통신기술의 발달, WTO 협정 발효에 의해 초래되었다.

WTO 협정은 세계교역상품에 대해 관세장벽과 비관세장벽 등 무역장벽의 철폐나 완화를 통해 그 상품이 국경의 규제가 없이 이동할 수 있게 했다. 그리고 모든 서비스 교역에 대해 내국민대우와 최혜국 대우를 부여하고 규제조치의 철폐나 완화를 통해 서비스의 이동이 국경의 제한 없이 전 세계에 자유롭게 실현될 수 있게 하는 것이다. 결국 WTO 협정은 세계 각국의 국민경제를 세계경제로 통합시키는 역할을 하고 있고, WTO는 범세계적 경제기구인 것이다.

WTO 체제는 우루과이 라운드의 다자무역협상의 타결(1986년 7월 추진, 1993년 12월 타결)에 따라 출범하였다. 이 협정으로 ① 상품이나 서비스 또는 자본 등의 인위적인 제한 조치의 철폐나 완화, ② 무역과 자본의 세계적 자유화의 확대, ③ 국제무역을 저해하는 관세장벽이나 비관세장벽의 철폐 등의 결과가 일어났다. WTO 체제는 세계 각국 국민경제의 세계경제로의 통합에서 급진적 성과를 가져왔고, WTO 가맹국의 경제는 세계화를 급격하게 맞게 되었다.

(4) 신흥 시장경제국가들의 금융위기

외환 위기나 대외채무 폭발을 겪고 있는 나라들이 선진국 및 IMF 등 외부 신자유주의 세력의 권유에 따라 이를 해결하기 위해 실시한 외환관리 규제의 전면적 철폐도 세계화를 촉진시키는 원인이 되고 있다.

(5) 구사회주의 국가의 경제개혁 및 대외개방

구사회주의 국가들의 경제개혁과 개방이 세계경제에 통합되어 나가는 것도 이유가 되고 있다. 이들의 경제개혁과 대외개방은 상품, 서비스, 자본의 세계적 이동이 자유롭게 하는 데 기여했다. 주로 구소련과 동유럽 국가들이 이러한 조치를 적극적으로 취하고 있다. 이는 사회주의체제의 국가계획경제가 시장경제로의 전환을 의미한다. 이들 국가는 통제경제 체제나 국가소유제, 대외무역의 국가독점을 시장경제체제, 개인 기업의 사유재산 인정, 대외무역 개방화, 기업의 국민소유제, 사유재산 인정을 위한 국영 기업의 민영화 등을 실시하고 있다.

구사회주의 국가들은 강력한 국가 독점의 대외무역제도를 대폭으로 완화하였다. 민간부분으로의 이양을 통해 무역정책의 자유화를 추진하고 있다. 또한 이들 국가들은 외국 기업의 국내 기업 활동의 환경을 조성하였고 서비스의 자유화, 외국인 투자 촉진, 외환규제조치의 완화 정책을 펴고 있다.

3. 세계화의 반향

근래 세계화를 위한 각국의 각종 조직/단체들의 NGO들 간의 집회가 있어 왔다. 이들은 '자본의, 자본에 의한, 자본을 위한 세계화,' 즉 자본에 의한 전 세계적 석권이라고 정의하였다. 세계화의 당위성을 주장하는 사람들은 세계화가 주는 경제적 이익이 경제민족주의보다 월등히 크다고 주장하고 있다. 또한 발전을 위한 경쟁체제가 어느 정도 불가피하다고 주장하고 있다. 일명 다보스 포럼(Davos Forum)*이라 불리는 세계경제 포럼(World Economic Forum; WEF)은 범세계적인 경세문제를 논의하는 국제규모의 민간회의이다.

세계경제올림픽으로도 불리어지는 다보스 포럼은 1971년 이래 해마다 개최되었다. 최근 2011년까지 주로 신자유주의와 세계화를 화두 삼아 자본주의의 미래를 탐색하기도 했다. 2013년 1월 개최된 제43차 연례회의에서는 그동안 금융위기에서 비롯된 침체에서 벗어나 성장동력을 되찾으려는 방안을 모색하자는 취지에서 올해 포럼 주제를 '탄력적 역동성(resilient dynamism)'으로 정했다. 이번 포럼에서는 재정긴축과 경기부양 간의 괴리를 극복할 수 있는 정책적 균형점을 모색하고 경기후퇴에 따른 실업대책과 청년실업 문제 등 성장을 위한 근원적인 의제가 활발히 논의되었다. WEF 창시자인 클라우스 슈밥(Klaus Schwab) 회장은 "내 바람은 우리가 목격해온 위기와 단지 싸우는 것을 넘어서 그 이상의 비전을 갖고 이 포럼을 마치는 것"이라고 했다. 그는 세계경제 위기 이후의 충격을 주는 부정적인 효과를 뜻하는 '블랙 스완 효과(black swan effect)'에 빗대어 세계의 안녕을 위협하는 요소로 시리아와 말리 내전 등 정치적인 이슈를 강조하기도 했다.

---

* 매년 스위스 동부 스키 휴양지인 다보스에서 개막되는 회의는 '위기 후 세계질서 개편(2009)', '더 나은 세계－재사고/디자인/건설(2010)', '새로운 현실대응을 위한 공통규범(2011)', '자본주의 미래(2012)' 주제를 다루었다.

세계화는 더 이상 거스를 수 없는 세계 역사의 한 흐름이다. 하지만 여기에서 반세계화의 문제를 검토해야 할 것이다. 지구촌이나 세계화라는 용어를 사용하는 가운데 또다시 다가온 다른 용어는 반세계화(anti-globalization)이다. 반세계화는 세계화라는 대세를 향해 "누구의, 누구에 의한, 누구를 위한 세계화인가?"라는 질문을 던진다. 세계화가 IMF의 정의대로 주는 나라와 받는 나라 양측에 도움이 되는 상생효과를 줄 수 있느냐 하는 것이다.

세계화는 긍정적인 면에 있어 자유주의론자들이 주장하는 것처럼 국가 간의 교역 확대에 따른 부의 증대와 다양한 상품에 대한 구매 기회의 증대로 물질적 수요충족이 생활의 풍요로움을 가져왔다. 기업경영에서 개발, 생산, 영업, 판매 등의 모든 기업활동의 전 세계적 네트워크가 이루어져 기업의 세계화가 달성됨으로써 기업이윤의 극대화가 이루어진다.

정치, 경제, 문화적으로 상호의존이 증가하면서 평화의식이 정착됨으로써 전쟁위기의 기회를 줄여왔을 뿐 아니라 환경 및 인권문제 등에 대한 인식 개선을 초래하여 세계 여러 곳에서 민주주의의 정착에 기여하였다는 점을 들고 있다. 그리고 세계화의 촉진으로 유엔을 통한 경제원조나 평화유지활동(PKO) 등과 같은 대외활동 기회의 증가와 국위선양과 함께 국제문제에의 참여기회가 더욱 많아진다.

외국어 학습과 인터넷 활용에 따른 인력 수급과 충원의 신속간편함이 촉진되어 정보화 기술수준의 고급화가 이루어져 세계적인 국제화 흐름에 편승, 무한경쟁에서의 생존이 가능해진다.

문호개방과 교역에서의 차별철폐에 따라 외국인들의 입국 기회와 숫자가 증가됨과 더불어 기술과 외국자본 유입과 그에 따른 고용창출 효과를 기대할 수 있다.

그러나 이와 달리 부정적인 평가도 상당하다. '자본의, 자본에 의한, 자본을 위한 세계화,' 즉 자본에 의한 전 세계적 석권 문제는 부익부/빈익빈 현상을 극대화할 뿐이고, 대부분 국가의 중산층의 몰락을 재촉한다는 주장이다. 이에 더하여 신자유주의의 확산으로 이익을 얻는 사람은 소수에 불과하고, 대다수의 사람들은 큰 고통을 받는다는 지적과 함께 그 고통은 수십 년 간 힘들여 모은 재산이 줄어들고 어렵게 얻은 노동권 등의 생존권이 위협받는 것 등에서 '세계화의 덫'을 논하는 주장도 있다.

개발도상국과 후진국의 이익을 무시한 채 선진국의 의도대로 진행되는 세계화는 부의 불평등 심화와 빈곤의 세계화를 초래할 뿐 세계질서의 안정에 기여하지 못한다는 주장이다. 세계화를 표방하는 국제금융기구는 외채가 있거나 대외 신용도가 낮은 국가에 자금을 대여하는 대가로 해당 국가의 자원과 노동력을 다국적 기업에 개방할 것을 강요하여 부실 국가의 민중의 삶을 피폐하게 만든다는 것이다.

세계화가 범지구적으로 확산되면서 '20대 80의 사회'가 다가오고 있다. 이는 각국의 내수시장의 붕괴로 이어진다는 우려를 확산시키고 있다. 각국별로, 그리고 지구촌 전체에서 오로지 20%의 사람들만 좋은 일자리를 가지고 안정된 생활 속에서 자아실현을 할 수 있을 뿐, 나머지 80%는 실업상태, 혹은 불안정한 일자리와 싸구려 음식, 그리고 매스컴에서 뿜어대는 상업적 대중문화 속에서 살아가는 현실이 심각한 수준에 있다는 주장이다. 문제는 이러한 현실 교정을 위해 도입하는 외채가 경제적 종속 이외에 사회문화적 예속을 초래하여 주체성이 훼손되는 우려를 표명하기도 한다.

국내외의 이러한 불안정과 도전을 후진국은 쉽게 벗어날 수 없으므로 국내에서의 사회갈등이 극심하게 되고, 정치적 및 사회적 합의를 이루는 것이 용이하지 않은 데 따른 비용이 더욱 증가되는 걱정도 피해 사례로 제기되고 있다.

세계화의 진전에 따라 나타나는 3차원의 전도 현상도 도외시 할 수 없는 대목이다. 범지구적 경쟁의 격화로 특징 지워지는 세계화는 각국의 노동자들로 하여금 생산성과 원가, 품질 등의 측면에서 살인적 경쟁을 요구하기도 한다.

① 수단과 목적의 전도: 노동 등의 경제활동은 보다 높은 삶의 질 추구라는 생존목적을 위한 수단으로 존재해야 하나 무한경쟁의 논리가 지배

하는 사회에서는 경제활동 자체가 목적으로 전도되며, 이 목적을 위해 삶의 질이 희생당하게 되는 것이다.

② 주체와 객체의 전도: 상품의 경쟁력을 높이기 위한 경쟁은 경제주체인 개인을 경제와 경영의 대상으로 전락시키는 과정에서 개인은 창조와 진보의 주체가 아니라 경영혁신과 생산합리화의 객체로 전도되었다.

③ 기업적 합리성과 사회적 합리성의 전도: 기업은 경쟁력 있는 상품을 만들기 위해 값싼 원료 구입을 위해 치열한 경쟁을 벌인다. 이 경쟁은 생태파괴, 인간관계 해체 등을 수반하는 파괴적 경쟁이 될 수밖에 없다. 즉 기업이 경쟁력과 이윤증대를 추구하는 과정에서 자연을 포함한 온 사회와 생태계가 그 고유의 건강성을 상실하게 된다.

이러한 반세계화 운동에 부딪쳐 세계화는 여러모로 고전을 겪고 있다. "선진국 정부가 남반구로부터의 이민행렬을 모두 받아들일 수 없는 한 '물자와 자본과 인력의 자유로운 이동'이라는 이념을 더 이상 전파할 수 없을 것"이라는 지적은 정확하다고 여겨진다.

이러한 세계경제의 불평등과 위기 지속은 새로운 대안의 출현을 촉진시켰는데, 2012년 1월 다보스 포럼에서 '4.0 자본주의'*가 등장하게 되었다. 시장자유주의가 최선의 것이라는 오래된 믿음이 서서히 무너지고 있다. 부자는 탐욕만 부릴 뿐 투자에 대해선 무심한 태도를 보여주었다. 자유시장의 이념이 너무나 진부해서이인지 도덕적 감성과 윤리적 의식이 퇴색되면서 경제정의의 참뜻이 제대로 갖추지 못했던 오늘날의 자본주의가 스스로의 역할을 다하지 못함에 따라 새로운 내용과 의미를 담은 '4.0 자본주의'를 제기하였다. 이른바 '인재주의'라고 불리기도 하는 대안은 윤리성과 도덕성을 재확립하고 기업의 혁신과 개인의 창의성을 자유롭게 발휘할 수 있는 기회가 허용되어야 하고, 구성원 개개인과 사회 전체의 만족감과 창의성을 극대화할 때, 경제발전이 가능해진다는 데

* '4.0 자본주의'는 칼럼니스트인 칼레츠키(A. Kaletsky)가 출판한 ≪자본주의 4.0≫ 책명에서 비롯된 것이다. 그에 의하면, 자본수의는 1.0(고전사본주의), 2.0(케인즈의 수정자본주의), 3.0(자유시장자본주의) 단계를 거쳐 4.0(따뜻한 자본주의)로 진화하게 된다.

초점을 맞추고 있다.

한편 반세계화 운동도 취약점은 많다. 반세계화 운동단체들은 뚜렷한 지휘 명령체계가 갖춰진 조직과는 거리가 멀다. 여러 단체로 구성된 이들 운동집단은 유기농업 주창론부터 무정부적 견해 등 다양한 입장과 사상을 가진 많은 사람들의 집합체이다. 따라서 논리 정연한 이론의 전개보다는 통일성이 없는 이벤트성 시위가 주류를 이루는 것도 사실이다.

세계화 운동과 반세계화 운동은 양쪽 모두 무거운 짐을 지고 있다. 세계화 긍정론이 대의명분을 갖추었더라도, 문제와 부작용을 인정하고 해결책을 모색하지 않으면 설득력이 약해질 것이다. 반세계화 또한 보다 합리적이고 이성적인 계획과 전략을 구사하지 않는다면 궁극적 소득은 기대할 수 없게 될 것이다.

제8장
한국과 FTA

1. 지역주의의 형성과 특징

1) 지역주의의 개념

지역주의(regionalism)란 어느 특정 지역의 공통성이 중요하다거나 지역 국가들의 집단적 행동이 지역 내 국가들의 이해에 부합한다는 이데올로기적 주장 또는 관련 국가들의 유형화된 행동이라고 할 수 있다. 그런데 지역주의는 때때로 국제주의라는 용어로 사용되기도 한다.

국제주의(internationalism)는 다른 국민들과 다른 문화들이 받아들여질 수 있는 범위 내에서 전체에 대해 강조하는 것을 핵심으로 한다. 일반적으로 국제주의는 민족주의와 같은 감정적 열정을 낳는 것은 아니다. 그렇기 때문에 국제주의는 감정보다 이성의 문제로 생각된다. 국제주의를 지지하는 사람들은 민족주의에 의해 일어나는 감정을 반대하면서 민족주의는 국가 간의 분열과 위험스런 충돌을 가져온다고 생각한다. 그러나 일반적인 의미에서 볼 때 국제주의는 민족주의와 비슷하다. 즉, 국제주의는 한 국가 내에 사는 다른 사람들 간의 연대의식을 요구하는 민족주의와 같은 의미로서, 세계의 모든 개인들 간의 연대의식을 요구한다.

첫째, 이데올로기로서의 지역주의는 유럽의 통합과정에서 나타난 연방주의적 주장이나 과거 일본이 표방했던 '대동아공영권'은 이데올로기로서의 지역주의가 등장했던 실례이기도 했다. 이 경우 감정적·이념적 요소를 포함하는 지역적 일체감이나 정체성(regional identity)은 이데올로기로서의 지역주의의 핵심 내용이 된다.

둘째, 이념적 요인이 배제된 상태에서 단지 국가들이 자신의 이해를 증진시키기 위해 특정의 지역을 기반으로 하여 집단적으로 행동·협력하는 것이다. 이 경우는 감정적·이념적 요소가 배제되므로 지역협력이라는 이미지가 더욱 적절하게 느껴진다. 실제로 북미자유무역협정(NAFTA) 또는 동남아국가연합(ASEAN)이 그것이다.

그러나 현실적으로 '이데올로기로서의 지역주의'와 '국익의 계산 결과로서의 지역협력'이라는 엄격한 구분은 개념적·이론적인 것이다. 실제 두 가지 요소는 중첩적이고 동반적인 현상의 성격이 강하다. 만약 한 지역에서의 지역협력이 일정 기간을 통해 성공적으로 이루어진다면, 그것으로 인해 지역적 일체성·정체성을 가져올 수 있다. 또한 지역적 일체감, 문화적 동질성, 동일 문명 등 공통의 가치와 이해를 공유한 역내 국가들 간의 지역협력은 그렇지 못한 경우에 비하여 상대적으로 성공할 가능성이 높다.

지역주의의 유형으로는 다음과 같은 형태가 있다.

첫째, 경제동맹으로서, 회원국 간에 상품·서비스·노동·자본의 이동이 자유롭게 이루어지고, 또한 경제활동과 경제정책 면에서 조화와 협력을 이루는 것이다. 1967년에 성립된 유럽공동체(EC)가 대표적 사례이며, 사바·사라와크·말라야연방이 정치적 통합 이후 등장한 말레이시아 역시 그 결과로서 경제동맹이 실현되었다.

둘째, 관세동맹으로서, 회원국들이 하나의 관세지역을 형성하고, 관세를 비롯하여 기타의 무역장벽을 철폐하여 무역 면에서 공동시장을 형성하는 한편, 역외에 대해서는 공통의 관세율을 적용한다. 이의 사례로 EC의 전신인 1957년 로마 조약에 따라 설립된 유럽경제공동체(EEC)의 공동시장을 들 수 있다.

셋째, 자유무역 지대로서, 관세동맹에 비해서 협력의 정도가 다소 약하다. 역내에서 관세나 기타의 무역제한은 없으나, 역외 국가에 대해서는 여러 가지의 관세 등을 부과한다. 사례는 EC에 대항하기 위해 설립된 유럽자유무역연합(Europe Free Trade Association; EFTA)이나 NAFTA, 그리고 ASEAN이 구상중인 아세안자유무역지대(ASEAN Free Trade Area; AFTA) 등이 있다.

넷째, 부분통합으로서, 공동시장은 모든 상품에 관련되지만, 어떤 특정의 상품에 관한 공동시장을 형성하는 경우가 있다. 예를 들면, EC 통합 이전의 유럽석탄철강공동체(ECSC)가 그것이다.

2) 지역주의의 전개

1990년대 세계경제의 가장 중요한 흐름으로 대두된 지역주의의 확대와 심화 현상은 21세기에 들어와서도 계속 이어지고 있다. 다자간 공정한 자유무역체제를 보장하는 WTO가 1995년 1월 공식 출범했음에도 불구하고, 지역주의의 바람은 좀처럼 수그러들지 않고 있다. 유럽연합이 단일경제권으로 착실하게 이행하는 데 자극받아 1990년대 초반 지구촌 곳곳에서 형성됐던 크고 작은 지역그룹들은 오히려 역(逆) 아메바식 확대・통합 추세까지 보이고 있다.

인접한 국가끼리 뭉쳤던 지역주의의 초창기 특성은 이와 같은 확대・통합 추세에서는 더 이상 적용되지 않는다. 지역적 원근이 문제가 아니라, 지역그룹 자체의 성장잠재력이 통합의 중요한 전제조건이 되고 있다.

(1) 유럽연합(EU)

1993년 11월 1일 EC 12개 회원국이 마침내 유럽통합협정인 마스트리히트 조약(Treaty of Masstricht)에 서명함으로써 기존의 EC는 유럽연합(European Union; EU)으로 역사적인 출범을 하게 되었다. 그리하여 EU는 인구 3억 4천 5백만 명, 세계 총 GDP의 23%, 세계 총 교역량의 41%를 차지하는 세계 최대의 경제블록을 형성하였다.

1990년 1월 프랑스의 미테랑(F. Mitterrand) 대통령은 신년사를 통해 유럽연방 구상을 제의하면서 강력한 정치통합을 실현시켜 유럽을 하나의 국가로 만들고자 하는 의지를 대내외에 천명하였으며, 같은 해 4월 미테랑은 독일의 콜(H. Kohl) 총리와 함께 유럽동맹에 관한 공동선언을 발표하였다. 그리하여 마스트리히트 조약은 EC 회원국들의 국내 의회를 통과하거나 혹은 국민투표를 거쳐 1992년 말까지 전 회원국들의 만장일치로 비준·추진하도록 되어 있었다.

1993년 10월 EC 회원국 중 독일이 마지막으로 비준절차를 밟음으로써 마스트리히트 조약은 1993년 11월 1일 공식 발효되었고, 이에 따라 기존의 EC는 EU로 탈바꿈하게 되었다.

한편 1993년 1월 유럽단일시장이 공식적으로 출범하게 되었고, EC 회원국들과 유럽자유무역연합(EFTA) 국가들은 1991년 19개 국가의 자본·상품·서비스·인적 이동을 위한 유럽경제지역(EEA)을 창설하기로 합의, EEA는 1994년 1월 출범하게 되었다. 또한 1995년 1월에는 오스트리아·스웨덴·핀란드·노르웨이 4개 국가가 EU에 가입하게 되었다.

1993년 11월 1일 마스트리히트 조약이 공식 발효됨에 따라 기존의 유럽공동체(EC)는 유럽연합(EU)으로 탈바꿈하게 되었다. 2004년 5월 1일에는 10개 국가가 EU에 새로 가입함으로써 회원국수는 25개 국가로 늘어나게 되었고, 이로써 유럽의 대폭발(Big Bang)이 나타나게 되었다. 새로 가입한 10개 국가는 폴란드, 헝가리, 체코, 슬로바키아, 슬로베니아 등 동유럽 5개 국가와 에스토니아, 라트비아, 리투아니아 등 발트해 연안 3국 그리고 유럽의 소국인 몰타와 키프로스이다. 이들 국가 외에도 터키, 불가리아, 루마니아도 가입을 희망하고 있어 앞으로도 EU의 확대는 계속될 전망이다.

이러한 EU 확대를 계기로 제2차 세계대전 이후 냉전체제하에서 동서진영으로 분열됐던 유럽이 명실공히 단일유럽으로 거듭 태어나게 되었다. 또한 개별국가의 주권을 넘어서 25개 국가가 공동의 외교・안보・통상 정책을 펼치는 EU는 21세기 국제질서의 새로운 실험무대가 될 것으로 보인다. 확대된 EU는 회원국 간에 국경의 장벽이 무너지고 단일관세가 적용되면서 미국과 어깨를 나란히 하는 세계 최대의 단일시장이 되었다.

유럽통합운동은 보다 적극적으로 진행돼 왔는데, 이처럼 유럽통합을 촉진시킨 요인으로는 다음과 같은 사항들을 지적할 수 있다.

첫째, 정치적인 측면, 특히 국제정치적 측면에서 볼 때 1990년대 중반 고르바초프(Mikhail Gorbachyov)의 등장 이후 소련이 적극적으로 추진한 개혁・개방 정책은 동유럽 사회주의 국가들의 탈공산화・민주화・개방화를 초래하였고, 나아가 동서 진영 간에 데탕트를 형성하였다.

둘째, 경제적인 측면에서 미국뿐만 아니라 세계 제2의 경제대국인 일본에 의한 유럽경제 침식에 대한 유럽 각국의 두려움을 들 수 있다. EU에 의해 시작되어 전 세계로 확산되어 가고 있는 세계경제의 블록화 현상은 역으로 유럽통합을 한층 가속화시키는 요인으로 작용하고 있다.

셋째, 안보적인 측면에서 볼 때, 그동안 유럽의 안보는 냉전의 산물인 북대서양조약기구(NATO)와 바르샤바조약기구(WTO)라는 두 군사기구에 의해 주도되어 왔다. 그런데 NATO가 제 기능을 발휘하지 못하고 있고, WTO가 이미 해체된 상황에서 유럽의 각 국가들은 '유럽에 의한 유럽의 안보'를 모색하게 되었다.

한편 유럽통합이 이제까지 진척되어 온 경제통합에서 정치・사회통합으로 확대・발전되어 나가기 위해서는 많은 난관들을 극복해야만 한다. 향후 유럽통합의 장애요인들에 대해 살펴보면 다음과 같다.

첫째, 정치적인 측면에서 볼 때 ① EU 회원국들 간의 공동체 내에서의 헤게모니 싸움, ② 유럽의회의 권한 문제에 대한 EU 회원국들 간의 상이한 입장, ③ EU 기구의 확대로 인한 회원국 간의 의견 조정 문제, ④ EU가 지향해 나가야 할 유럽통합의 형태가 연합(confederation)이냐 혹은 연방(federation)이냐 하는 제도상의 이견 등을 들 수 있다.

둘째, 경제적인 측면에서 EU 회원국들 간에 가장 이견을 보이고 있는 유럽중앙은행(European Central Bank)의 설립을 통한 단일통화(single currency)의 실현 문제이다. 이에 대해 영국은 강력한 반대 입장을 보여 왔는데, 그 이유는 단일통화제 실시로 인해 파운드화의 가치하락에 대한 두려움을 지적할 수 있다. 경제적 차원의 두 번째 장애요인으로 지적할 수 있는 것은 경제, 기술 및 사회복지 수준의 국가별 차이이다. 사회복지 정책의 국가별 차이를 극복하기 위해 EU는 이미 사회헌장(Social Charter)을 제정한 바 있으나, 이에 대한 각국의 의견이 상충되고 있는 실정이다. 사실상 사회보장의 비용 확보와 수준 문제는 쉽게 해결될 수 있는 것이 아니다.

셋째, 안보적인 측면에서 냉전의 산물인 미국 주도의 NATO는 오늘날 유럽에서 제 기능을 발휘하지 못하고 있다. EU 회원국들 간에 논란이 되고 있는 부분은 EU 차원의 독자적 방위체제 구축에 관한 것으로, 유럽의 독자성을 강조하는 독일, 프랑스와 NATO를 통한 미국과의 연대를 주장하는 영국, 이탈리아의 주장이 맞서 정치통합 전체에 어려움을 겪고 있다.

(2) 북미자유무역협정(NAFTA)

북미자유무역협정은 미국·캐나다·멕시코 3개 국가가 1992년 12월에 체결한 새로운 경제협정이다. 북미자유무역협정은 1994년 1월 1일부터 공식 발효되었는데, 이 협정의 체결국인 미국·캐나다·멕시코의 인구는 2004년 기준 4억 3천만에 국내총생산(GDP)은 무려 13조 4천만 달러에 달하고 있다.

미국·캐나다·멕시코는 EU와 달리 각기 경제 규모와 발전단계, 산업구조 등 경제적 특성이 상이함에도 불구하고, NAFTA 협상이 급속히 추진된 배경은 무엇보다도 당사국 간의 이해관계가 서로 일치하였기 때문이다. 즉, 미국은 멕시코의 저렴한 노동력을 이용하여 자국 산업의 경쟁력을 제고하고, 멕시코 시장에의 접근을 용이하게 하여 무역수지의 개선을 꾀하고 있다. 뿐만 아니라 멕시코에 대한 투자 확대로 멕시코 내에 고용

기회가 확대되면 멕시코 인의 불법 입국이나 마약 유입을 감소시킬 수 있는 정치・사회적인 면도 함께 고려되었다.

멕시코의 입장에서도 NAFTA의 체결로 미국의 멕시코에 대한 투자가 멕시코 전역으로 확대됨으로써 사회간접자본의 확충 및 멕시코 산업의 효율화를 기할 수 있다. 또한 멕시코의 경우 자국이 비교우위를 갖고 있는 노동집약적 산업에 부과되는 미국의 무역장벽을 제거함으로써 수출의 70%, 수입의 65%, 국내투자의 65%를 점하고 있는 미국시장에 대한 보다 자유로운 접근을 통하여 미국시장을 안정적으로 확보할 수 있을 뿐만 아니라 유럽, 일본 및 아시아 국가들로부터의 직접투자를 유치하여 만성적인 외채 문제를 해결하고, 경제성장을 촉진시킨다는 것이다.

한편 캐나다로서도 멕시코와의 교역관계가 미국과의 교역관계보다 긴밀하지 못한데다가 멕시코와 경쟁관계에 있는 자국의 에너지산업, 자동차산업이 위협받을 것이라는 우려 때문에 NAFTA 추진에 소극적인 태도를 견지해 왔다. 그러나 미국과 멕시코 사이에 자유무역지대가 이루어질 경우, 캐나다 상품보다 가격경쟁력이 뛰어난 멕시코 상품이 캐나다의 미국 내 시장을 잠식할 것이라는 판단하에 미・캐나다 간 자유무역협정에서 확보한 기득권을 지킬 목적에서 이 협상에 참여하였다.

이상에서 살펴본 바와 같이, 북미 3국이 서로 상이한 목적에서 체결한 NAFTA는 경제발전단계가 상이한 선진국과 개발도상국 간에 체결된 최초의 포괄적 자유무역협정으로서 새로운 경제통합모형을 제시하고 있다. NAFTA의 주요 내용은 대체로 다음과 같다.

첫째, 미국・캐나다・멕시코 3국 간에 거래되는 물품에 대한 관세, 쿼터 및 기타의 무역장벽이 제거된다. 대부분은 즉각적으로 시행되고, 기타는 5~10년 동안에 단계적으로 제거되며, 농산물 등 가장 민감한 품목에 대한 관세는 15년까지 지속될 수 있다.

둘째, 협상기간 중 가장 논란이 많았던 자동차의 경우, 타협안이 이루어져 미국산 자동차 및 부품의 멕시코 수출에 대한 관세가 협정비준 후 반으로 줄어들게 된다. 또한 북미산 부품이 60% 이상을 차지하는 모든 승용차와 트럭의 수입에 대한 세금이 면제된다.

NAFTA는 단일통화체제의 실현과 정치적 통합까지 모색하는 EU와는 달리 역내국 간의 교역 증진과 자원의 효율적 배분을 통한 무역 증대 및 역외국에 대한 경쟁력 배양을 궁극적인 목표로 하고 있다. 또한 EU 통합은 역외국에 대한 공동관세를 부과하는 등 통일된 대외정책의 수행을 추구하는 데 반해, NAFTA는 역외국에 대한 통상협상 및 관세제도 시행에서 각각 독립성을 유지함으로써 각국의 실리를 최대한 신축적으로 추구할 수 있다는 점에서 EU와는 그 성격이 다르다고 하겠다.

2. 세계무역질서의 변환

1) 세계무역질서

세계무역질서가 수립하는 데 가장 큰 기여를 한 국가는 당시 국제관계를 주도하던 영국이었다. 1840년대 곡물법(Corn Law)을 둘러싼 자유주의자들과 보호무역주의자들의 논쟁에서 자유주의자들이 승리한 이후, 영국은 자유무역주의를 자신들이 주도하던 국제질서를 구성하는 중요한 원칙의 하나로 확립했다.

제2차 세계대전 이후 세계경제질서를 논의하기 위해 1944년 브레턴우즈에 모인 연합국들은 보호무역정책이 전쟁의 경제적 원인 중 하나였다는 인식하에서 자유무역을 장려하고 관리하기 위한 국제기구의 창설에 합의했다. 이 회의에서 처음 제시된 안은 각국 무역정책을 조율할 수 있는 국제무역기구(International Trade Organization; ITO)를 설립하는 것이었다. 그러나 이 안에 대해 합의가 이루어지지 않아, 1947년 '관세 및 무역에 관한 일반 협정(General Agreement on Tariffs and Trade; GATT)'을 국제무역기구를 설립할 때까지 임시로 유지하기로 했다. 국제무역기구 안은 결국 실현되지 않았고, 이 협정은 1995년 WTO로 대체될 때까지 유지되었다.

1986년 시작된 우루과이라운드에서 제안되어 1995년 출범한 WTO는 GATT의 성과를 더욱 발전시켜, 그동안 논란의 대상이 되었던 농산물에서 서비스(금융・지적재산권・법・교육・의료 등) 시장에서 개방시키기 위해 노력하고 있다. 또한 WTO에서는 무역에 직간접으로 영향을 주고받는 노동, 환경 기준에 대한 고려도하고 있다. 더 나아가 2001년에 시작된 도하라운드에서는 개발도상국들을 위한 경제개발 지원문제까지 주요 의제로 다루고 있다.

FTA는 21세기 들어 각 지역에서 활발하게 추진되고 있다. FTA가 유행하게 된 가장 근본적인 이유는 도하라운드가 교착상태에 빠져 있다는 데 있다.* 또한 FTA를 맺지 않은 국가들은 FTA를 맺은 국가들 사이에서 차별을 받지 않기 위해 FTA를 추진하고 있다. 최근 유럽이 한국과 FTA를 체결하려는 이유도 2007년 미국이 한국과 FTA를 체결한 이후 유럽 상품과 서비스의 시장점유율이 하락할 수 있다는 우려에 있다.

2) 동아시아 무역질서

제2차 세계대전 이후 세계무역질서에 본격적으로 편입된 동아시아 국가들은 수출지향적 경제개발전략을 추진했다. 이 전략을 처음 추진한 일본은 1970년대 세계 2대 경제대국으로 성장했다. 한국과 대만도 유사한 정책을 도입하여 1990년대 중반 선진국으로 발전했다.

동아시아 지역을 하나의 무역공동체로 건설하려는 노력은 1930년대 일본 제국주의의 대동아공영권 구상 이후 간헐적으로 시도되었다, 이 구상은 1960년대 이후 안행모델(flying geese model)로 이론화되었는데 그 핵심은 일본이 항상 다른 동아시아 국가들을 선도한다는 데 있다.

* 도하개발협상(Doha Development Agenda): 도하라운드는 2001년 11월 카타르의 수도 도하에서 열린 WTO 제4차 각료회의에서 합의된 다자간 무역협상을 지칭한다. 1994년 타결된 우루과이라운드 이후 가장 포괄적인 무역협상인 도하라운드의 주요 의제는 농업・서비스・비농산물 시장 접근, 지적재산권, 무역과 환경, 무역과 개발 등이 있다.

이러한 일본 주도의 동아시아 구상은 후쿠다 총리의 1977년 아시아정책 선언 이후 본격적으로 추진되었다.

일본의 영향력은 1997년 동아시아 금융위기 이후 급격하게 악화되었다. 미국의 정치적 견제 속에서 위기 해결을 주도하지 못한 일본은 이 지역 국가들로부터 신임을 얻지 못했다. 동시에, 1978년 이후 개혁개방정책을 통해 무서운 속도로 경제발전을 이룩한 중국이 화상 네트워크를 활용하여 동남아시아 지역에서 일본의 영향력을 침식시키고 있다.

21세기 들어서는 세계무역에서 동아시아가 차지하는 비중이 계속 증가하고 있다. 특히, 동아시아 국가들 간의 무역도 빠른 속도로 증가하고 있다. 역내 무역의 증가는 동아시아 지역이 단일한 경제공동체로 발전할 가능성에 대한 기대를 높이고 있다. 그러나 지역 내 국가들 사이의 경제 발전 수준의 차이 및 군사외교적 갈등관계 등을 고려할 때 단시일 내에 유럽과 같은 경제공동체를 형성할 가능성은 높지 않다.

3. 한국의 FTA 체결 추세

한국에 있어서 FTA는 선택이 아니고 생존과 직결된 문제이다. 한국은 2012년 수출 5,481억 달러, 수입 5,196억 달러를 기록하여 258억 달러의 흑자를 내면서 4년 연속 250억 달러 이상 흑자기록을 지켜냈다. 국가별 무역규모에서는 1조 달러 이상으로 세계 8위를 차지함으로써 주요무역국으로서의 위상을 보여주었다.

이러한 기록은 한국의 대중(20%), 대미(10%), 대일(10%), 대EU(10%) 무역 분포를 포함하여 한국의 대외무역 의존도가 70% 이상 높은 실상을 여실히 보여주는 것이다. 현재 전 세계적으로 205개의 FTA가 발효 중에 있고, FTA 조건 아래에서 이루어지는 특혜무역 비중이 전 세계의 50%를 상회하고 있으며, 아시아 국가들이 체결경쟁국으로서 주요대상국이 되고 있다.

오늘날 세계 각국은 보다 윤택하고 풍요로운 삶을 위해 적극적으로 FTA를 추진하고 있다.

각국의 동기가 모두 동일하지는 않으나 몇 가지 공통점은 ① 관세 철폐에 따른 시장확대와 무역 및 후생 기회 증대, ② 개방에 대비 국내기업들의 경쟁력 강화, ③ 대외신인도 제고 및 대외협상력 강화, ④ 외국투자 유입 효과 및 기술이전 효과 증대, ⑤ 국내 개방을 통한 고용기회 창출 및 확대 등이다.

최근에는 일본・중국 등 그동안 지역주의 움직임에 소극적이었던 동아시아에서도 FTA 논의가 활발히 신행되어 일본-싱가포르, 일본-멕시코, 중국-홍콩, 중국-마카오 등의 FTA가 출범하고, 특히 ASEAN을 중심으로 한 FTA가 중국・한국・인도 등 주요국들과 연결되고 있어, 역내국 간에 FTA를 매개로 한 합종연횡이 진행되고 있다.

또한 유럽 및 미주 지역에서도 지역협정을 중심으로 경제통합이 지속되고 있다. 유럽연합(EU)은 동유럽 10개 국가가 가입한 25개 국가의 경제통합체로 확대되었고, 미국은 NAFTA에 이어 범미주 자유무역지대(FTAA)를 추진하는 등 수십 개의 국가를 아우르는 거대경제권이 형성 중에 있다.

1) 한국의 FTA 추진 현황

자유무역협정(FTA)이란 2개 이상의 국가가 관세와 통관절차 등의 비관세장벽을 원칙적으로 없애기로 맺는 협정이다. 구체적으로 말해서, FTA는 당사국 간 모든 관세・비관세장벽을 원칙적으로 철폐해 상품과 서비스가 자유롭게 오갈 수 있도록 하는 협정을 말한다.

한국은 외환위기 이후인 1998년 11월 대외경제정책조정위원회의 의결에 따라 FTA를 통상정책의 일환으로 추진하기로 공식 결정하였다. 과거 WTO 중심의 다자주의 원칙만을 고수하며 지역주의나 양자주의적 통상정책을 일관되게 거부해 오던 한국의 대외통상정책 기조에 큰 변화가 생긴 것이다. 그리하여 우리 정부는 1998년 FTA의 첫 협상국가로 칠레를 지명, 그 후 초기 수년간은 한·칠레 FTA 협상 하나에만 매달렸으나, 2003년 8월 정부 최초의 FTA 추진 로드맵이 확정된 이후로는 여러 국가들을 상대로 한 FTA 체결 노력이 동시에 진행되고 있다. 소위 '동시다발적' 추진이 한국의 FTA 전략으로 정해졌다.

2003년 12월 한·일 FTA 논의가 시작된 지 만 5년이 넘은 시점에 이르러 드디어 일본과의 정부 간 협상이 개시되었고, 2004년 4월에는 칠레와

▮표 8-1▮ 한국의 FTA 체결 현황 및 협상 과정

구 분	FTA 현황	비 고
체결	한·칠레	▪ 2004.4.1. 발효
	한·싱가포르	▪ 2006.3.2. 발효
	한·EFTA (유럽자유무역연합)	▪ 2006.9.1. 발효
	한·아세안	▪ 2007.6.1. 발효(상품부문)
	한·인도	▪ FTA와 동일한 성격의 포괄적 경제동반자협정(Comprehensive Economic Partnership Agreement; CEPA) 체결 * BRICs 국가 중 최초로 추진
	한·페루	▪ 2011.8.1. 발효
	한·EU	▪ 2011.7.9. 발효
	한·미	▪ 2007.4.2. 타결(2012.3. 발효)
협상 추진 중 (진행 중)	한·캐나다	▪ 제2차 한·캐나다 상품분야 실무협상 완료('07.9.14) ▪ 2007.10. 11차 협상 진행
	한·멕시코	▪ 2008.6.11. 2차 협상 진행
	한·중동 (GCC, 걸프협력회의)	▪ 2008.11. 2차 협상 진행
중단	한·일	▪ 2004.11. 6차 협상 이후 교착상태
공동연구 등 협상을 위한 사전 절차 진행 중	한·중	▪ 한·중 FTA 産官學 공동연구 제1회 회의 개최('07.3.) ▪ 2012.5.14. 제1차 협상 개시
	한·메르코수르 (남미공동시장)	▪ 공동연구를 완료하고 협상 추진 예정 ▪ 아르헨티나, 브라질, 파라과이, 우루과이, 베네수엘라
	한·호주	▪ 2007. 민간공동연구 개최
	한·뉴질랜드	▪ 2008.4.21. FTA 라운드테이블회의 개최

의 FTA가 발효되었으며, 2005년 8월에는 싱가포르와의 FTA가 체결되었다. 일본과는 2003년 10월 APEC 정상회의를 계기로 개최된 양국 정상회담을 통해 2005년 내 타결을 목표로 FTA 공식협상을 개시하기로 합의하고, 2005년 2월까지 총 6차례의 공식협상을 개최한 바 있다.

또한 2006년 2월 한국과 미국은 공식적으로 FTA 협상 개시를 발표하였으며, 이 밖에도 우리 정부는 EFTA, ASEAN, 캐나다 등 약 20개 국가와 동시에 FTA 협상을 진행 중에 있다. 중장기적으로는 중국, 유럽연합(EU) 등 거대 경제권과의 양자 간 FTA를 체결하는 한편, 한·중·일 FTA 혹은 동아시아FTA(EAFTA)도 점진적으로 성사시킴으로써 지역주의의 발전에 기여한다는 복안을 가지고 있다. 아울러 우리 정부는 인도, 멕시코 등과의 공동연구를 통해 BRICs로 대표되는 신흥 유망시장과의 FTA 추진기반이 놓일 것으로 보인다.

2) 한국과 FTA

한국은 FTA에 관한 한 국제적 선진세력이다. 왼쪽에 EU를, 오른쪽에 미국을 그리고 후방에는 동남아국가연합(ASEAN)을 위치시킴으로써 세계 양대 시장을 상대하게 되었다.

분명 FTA는 한국에게 새로운 기회를 제공하고 있다. 시장 선점 효과는 중요하다. 그리고 과감한 규제개혁과 고통스러운 구조조정 과정을 통하여 한국 경제 전반의 효율성을 획기적으로 높여 나가야 한다.

대기업은 국제환경의 변화와 외환위기 이후 경험하면서 쌓아온 자체의 역량을 바탕으로 글로벌 경영전략을 새롭게 구상 검토하고, 자동차부품, 컬러TV, LCD모니터, 섬유 등 경쟁력 우위업종은 대미 관세인하에서 남기는 이윤을 R&D나 디자인 개신 또는 미국시상 섬유율 확대에 투자해야 한다.

중소기업은 기존 전통적 직수출 방식에서 벗어나 더욱 커져나가는 온라인 유통시장이나 미국과의 유통채널을 다양화하는 전략이 필요하다. 아울러서 원산지 기준이나 FTA 공급 사슬을 고려한 새로운 생산 네트워크 구축에도 관심을 쏟아야 한다.

정부의 지원과 관심도 중요하다. 비교 열위산업을 그대로 가져가는 것이 아니라 경쟁 우위제품에 대한 인센티브 제공으로 중심축을 과감하게 이동해야 한다. 또한 M&A나 전업 및 폐업 유도 등 구조조정을 위한 효과적인 컨설팅 제공 쪽으로 지원방향을 틀어야 한다, 관련 부서에서는 스스로 노력하는 기업과 농가를 선발하여 국내외의 공동물류라든지 마케팅 혹은 기술기반 강화와 전문적인 시장조사 대행 등 구체적이면서도 실효성 있는 경쟁력 강화방식으로 지원체계를 전환해야 한다.

FTA를 통한 무역자유화 추세는 역류불가능하다. 피할 수 없는 생존방식과 전략은 부단하게 요청되고 있다. 광복과 6・25전쟁 그리고 좌절과 폐허 속에서 일구어 낸 '한강의 기적'과 같은 성공담은 중단 없이 써내려 가야 한다.

한국은 다른 나라와 FTA를 적극적으로 체결하고 있다는 이유가 무엇일까? 첫째, FTA 발효로 관세가 철폐 또는 인하되면 해외 시장에서 한국 상품의 가격경쟁력이 높아지고, 이로 인해 수출증대 및 생산, 고용증대로 이어져 한국 경제성장에 많은 도움이 될 것이다. 둘째, 대기업의 생산 및 수출이 증가하게 되면 협력관계에 있는 중소기업도 매출이 늘 수 있는 기회가 생길 것이다. 또는 소비자도 FTA 발효로 수입상품과 국내 상품의 가격을 인하시켜 물가가 안정이 되고 소비할 때도 선택이 다양화 될 수 있다. 마지막 정치적으로 생각하면 세계 각국이 경제위기로 인해 보호무역주의로 인해 FTA 추진에 대한 강한 의지를 표시하면서 국제사회에서 한국의 신인도주의 제고에 도움이 될 것이다.

한국은 1998년 11월 대외경제조정위원회에서 FTA 체결을 추진하기 시작했다. 이미 발효되고 있는 나라는 칠레, 싱가포르, 아세안국가, 인도, EFTA(유럽자유무역연합), 유럽연합과 미국이 있다. 그리고 협정 체결한 나라는 페루, 콜롬비아가 있고 협상중의 나라는 캐나다, 멕시코, 호주, 뉴질랜드, 터키와 GCC(걸프지역국가 사우디와 예맨)가 있다. 일본과 중국은 연구와 협의의 관계에 있다. 그래서 현재 한국은 9건의 FTA를 통해 46개국과 자유무역을 거래하고 있으며, 9건의 FTA 협상 준비 및 공동 연구를 하고 있다.

지난 2012년 5월 2일 북경에서 양국 통상장관 회담을 갖고 한·중 FTA 협상개시가 선언되어 제1차 협상이 5월 14일 진행되었다. 이로써 한국은 한·EU FTA와 한·미 FTA에 이어 중국과의 FTA 협상이 진행됨으로써 세계 3대 경제권과 FTA를 체결하는 전 세계 유일한 국가가 되었다.

3) 한·미 FTA

먼저 FTA가 등장하게 된 경제 이론적 배경은 애덤스미스의 국부론, 리카르도의 비교우위론으로 인한 특화생산 및 무역에서 그 시발점을 찾을 수 있으며, 제1차 세계대전 이후 극심한 보호무역주의에 대한 반성으로 신자유주의의 등장이 직접적 배경이라 하겠다.

두 번째로 산업 경쟁력에서 그 당위성을 찾을 수 있다. 관세 없이 수입된 상품과 국내의 상품이 같이 시장에서 나옴으로써 자유 경쟁에 의해 소비자는 값 싸고 질 좋은 재화, 서비스를 향유할 수 있으며, 각 산업들은 경쟁에서 도태되지 않기 위해서 산업경쟁력을 키우려고 노력하게 된다는 논리이다.

세 번째는 한국적 상황에서 본 한·미 FTA의 필요성이다. 우리나라는 대표적인 무역 의존 국가이다. 우리나라가 세계 10위권의 무역 규모를 가지며, 국민 총생산에서 수출, 수입이 차지하는 비중이 70%에 이른다는 것은 내수시장의 수요로는 도저히 국가 경제를 이끌어 갈 수가 없음을 뜻한다. 이에 따라 세계 경제의 흐름은 우리나라 시장에 직격탄으로 영향을 미치고 있다. 우리나라의 주요 무역 국가는 중국, EU, 미국 등을 들 수 있는데, 미국시장은 우리나라의 주요 수출산업인 자동차, 반도체 및 가전에 대한 수요가 매우 큰 시장이므로, 한·미 FTA는 그 중요성을 가지고 있다.

FTA는 자유무역이라는 이름과 함께 실질적으로는 FTA 체결 국가 간 경제 블록이라는 역설적인 상황을 가져오게 된다. 체결 국가 간 협력적 자유무역이기도 하지만 그 외 비 체결 국가는 차별적 대우를 가져오는 것이다. 즉 FTA의 비 체결은 수출시장의 상실과 국제적 고립을 초래하는 요인이 될 수 있다.

4) 한 · 중 FTA

FTA는 양자주의 및 지역주의적인 특혜무역체제로, 회원국에만 무관세나 낮은 관세를 적용한다. 시장이 크게 확대되어 비교우위에 있는 상품의 수출과 투자가 촉진되고, 동시에 무역창출효과를 거둘 수 있다는 장점이 있으나, 협정대상국에 비해 경쟁력이 낮은 산업은 문을 닫아야 하는 상황이 발생할 수도 있다는 점이 단점으로 지적된다. 전통적인 FTA와 개발도상국 간의 FTA는 상품분야의 무역자유화 또는 관세인하에 중점을 두고 있는 경우가 많다. 최근 WTO 체제의 출범을 전후해서 FTA의 적용범위도 크게 확대되어 대상범위가 점차 넓어지고 있다. 상품의 관세 철폐 이외에도 서비스 및 투자 자유화까지 포괄하는 것이 일반적인 추세이다. 그밖에 지적재산권, 정부조달, 경쟁정책, 무역구제제도 등 정책의 조화부문까지 협정의 대상범위가 점차 확대되고 있다. 다자간 무역협상 등을 통하여 전반적인 관세수준이 낮아지면서 다른 분야로 협력영역을 늘려가게 된 것도 이와 같은 포괄범위 확대의 한 원인이라고 할 수 있다. FTA로 대표되는 지역주의는 세계화와 함께 오늘날 국제경제를 특징이 되고 있으며, WTO 출범 이후 오히려 확산 추세에 있다.

한국과 중국의 FTA 체결에서 한국의 이점은 첫째, 중국은 세계2위의 경제대국의 동시에 한국의 최대 교역대상국이다. 한 · 중 FTA로 인해 한국은 중국시장을 확보하게 될 수 있을 것이다.

둘째, 한 · 중 FTA를 통해 중국 내부에서 한국 이익 보호를 위한 제도적 기반이 구축 가능하게 된다. 현재 중국에 진출한 한국 기업은 약 3만

개로 약 100만 명이 중국에서 근무하고 있다. 따라서 한・중 FTA를 체결함으로써 중국 내 한국기업을 효과적으로 보호할 수 있게 되는 것이다.

셋째, 한・중 FTA를 통해 투자 유치가 확대되고 이는 일자리 창출로 이어지게 된다. 중국의 한국에 대한 투자가 확대될 뿐만 아니라 중국 시장을 겨냥한 미국, 유럽 기업의 한국에 대한 투자 또한 확대될 수 있게 된다. 또한 중국의 고관세 정책으로 인해서 중국에 진출하는 한국 기업이 국내로 다시 되돌아오는 현상이 발생하게 되고 이로써 국내 일자리가 창출하게 될 것이다. 대외경제정책연구원도 한・중 FTA가 발효되면 5년 안에 GDP는 0.95~1.25퍼센트, 후생은 1백 76.5억~2백 33.3억 달러 증가할 것으로 전망했다. 고용 효과도 크다. 5년 안에 19만~25만 개의 일자리가 발생할 것으로 기대된다는 전망이다. 한국은 세계 최대 경제권인 EU, 미국과의 FTA에 이어 한・중 FTA 체결을 하게 됨으로써 명실상부한 'FTA 허브국가'로서 국제사회에서 새롭게 재탄생하게 된다. FTA를 중심으로 재편되고 있는 국제 통상환경에서 그 중심적 지위를 차지할 수 있게 되는 것이다.

한・중 FTA 체결에 대한 반대하는 입장도 많이 있다. 첫째, 농림수산업 분야에서 값싼 중국 농수산물의 유입 확대로 타격이 있을 거라는 우려가 있다. 둘째, 서비스와 투자 등 중요 핵심 사안에 대해 중국이 제도개선이 소극적이어서 기대효과만큼 결과 도출이 어려울 수도 있다.

한편 중국의 입장에서 중・한 FTA를 고찰할 필요도 있다. 중국과 한국은 수교 20년이 되었다. 무역관계는 중・한 관계의 원동력이라고 생각할 수 있는 만큼 중요하다. 중・한 FTA의 체결은 그 가운데 제일 중요한 문제이다.

첫째, 중국과 한국의 전략의견이 일치한다. 중국과 한국의 정치인들이 중・한 FTA에 협의하고 적극적으로 추진하는 의지를 보이고 있다. 협의하는 과정에 문제나 갈등이 생길 때마다 양쪽 즉시 해결하는 방법을 모색하고 빠른 속도로 문제를 해결하려고 한다.

둘째, 중국과 한국의 이익 보장으로 기본적인 동력이 형성되었다. 관세 철폐에 있어서 비관세장벽 제거를 통해 무역을 추진하고, 경제투자가 많아질 것이므로 중국과 한국에 상생의 효과를 기대할 수 있다. 한국 삼성경제연구소의 연구결과는 중・한 FTA 발효하면 한국의 수출입은 4.28~4.93% 증가할 것이고, GDP는 2.72% 증가할 것이다. 이 숫자들이 한・미 FTA와 한・유럽 FTA보다 다 크다.

셋째, 지역협조전략은 중요한 추진 요인이다. 아세안 쪽은 최종적으로 중・한・일 FTA, 10+1과 10+3의 협조를 통해 일체화가 될 것이다. 그래서 중・한 FTA의 체결은 중요한 첫걸음이 될 수 있다.

넷째, 중국은 동아시아 경제통합에 가장 적극적이므로 한국을 통한 'FTA 도미노 효과'를 기대하고 있다. 지역경제통합의 거시적 목표는 아시아에서의 미국과 일본 견제라는 전략 측면이 짙게 깔려 있다.

사실 중국은 이미 8개 자유무역 협정을 체결하고 있다. 세계 45개국과 자유무역협정을 체결하여 풍부한 경험을 활용할 수 있다. 이것은 중・한 FTA의 체결에 대한 큰 도움이 될 것이다.

하지만 중국 입장에서도 중・한 FTA의 체결에 대한 고려사항이 많다고 한다. 양국 간에 경제와 발전 수준의 차이가 크기 때문이다. 그 외에 정치와 국민인식 때문에도 큰 지장이 되어 지연될 가능성도 있다. 그리고 양국 간의 문제뿐만 아니라 미국 같은 선진국도 자국의 이익을 확보하기 위해서 중・한 FTA의 체결을 반대할 가능성이 있음도 예상해야 한다.

4. FTA의 긍정적·부정적 효과

1) 긍정적 효과

(1) 무역 창출 · 전환 효과

무역창출효과란 협정체결 전의 고가의 국산제품이 협정체결로 인하여 관세가 낮아지거나 제거됨으로써 상대적으로 저가로 대체되는 것을 말한다. 교역국들이 관세인하로 서로 재화를 중심으로 교역을 하게 됨으로써 비교우위상품의 시장이 확대되어 생산과 수출이 늘어나게 된다. 이는 생산 측면에서 자원의 효율성을 높이고 소비자 후생을 증가시키게 된다. 무역전환효과는 역내관세철폐로 인하여 상대적으로 더 저가인 역내의 재화가 고가의 역내 상품으로 대체되는 것을 말한다. FTA의 결성으로 역내국에서 관세가 철폐되고 역외국에 대해 차별관세가 부과됨에 따라 기존에 저가의 상품을 공급하던 나라가, 교역 협정 이후 역내국의 고가의 상품을 공급하는 나라로 전환하는 효과이다.

이와 관련하여 경제영토의 확장이라는 적극적 측면에 대한 고찰도 요구된다. 한국은 지리적으로 생산요소에 한계가 있고, 내수시장이 협소한 실정을 극복해야 하는바, 외부 해외시장을 우리의 경제영역에 편입시키는 것이 실효성 있는 잠재성장 제고방안으로 정착되어야 한다.

(2) 해외 직접투자 유치

교역상대국의 기업이 역내에 진입하게 되면 주요 원자재를 유리한 조건으로 조달할 수 있기 때문에 투자가 증가하게 된다. 그리고 유통・판매활동에 있어서도 비용을 줄일 수 있어 시장 접근성이 높아지게 된다. 따라서 FTA에 참여하지 않는 역외 기업이 역내에 투자하는 경우에도 실제로 낮은 장벽의 혜택을 누릴 수 있기 때문에 직접투자를 하게 된다.

(3) 정치・외교적 유대강화

FTA체결은 경제적 측면에서만 국한된 것은 아니다. 국가 간 안보능력 제고, 평화유지 등의 목적으로 자유무역협정을 체결한 경우도 있다. 그 예로 1985년 미국과 이스라엘 사이의 FTA는 이스라엘의 안보능력 향상을 통한 중동평화 유지라는 정치적 요인이 중요한 계기가 되었다.

2) 부정적 효과

단기구조조정 비용의 발생을 우려할 수 있다. FTA체결 후 상대국가의 경쟁 산업이 우리나라에 들어오게 된다. 이로 인해 국내의 취약산업은 생산이 감소하며, 구조조정이 발생할 수도 있다. 장기적으로는 우리나라 산업의 경쟁력을 확보하는 좋은 계기가 될 수도 있다. 하지만 일시적 구조조정으로 취약산업 근로자의 실업이나, 사회 전체적으로 경쟁 산업은 성장하고, 취약산업은 위축되어 소득재분배가 악화될 수 있다.

5. 한국 정부의 FTA 정책과 문제점

궁극적으로 우리 정부의 FTA 추진목표는 경제의 선진화와 경제적 이익을 극대화할 수 있는 거대·선진 경제권과의 FTA 네트워크를 형성하는 것이다. 미국, 중국, 일본, EU, ASEAN 등 5개 국가군이 우리 전체 교역의 90% 가량을 차지하고 있는 상황에서, 중·장기적으로 이러한 거대·선진 경제권과의 FTA 추진효과가 가장 클 것으로 기대하고 있다.

우리 정부의 FTA 정책의 양대 기조는 '동시다발적'이고 '포괄적이며 수준 높은' FTA를 체결하는 것으로 정해진 바 있다. 이와 관련하여 외교통상부의 자유무역협정국은 우리 정부의 FTA 전략을 다음의 네 가지로 설명하고 있다.

첫째, FTA의 추진방법은 동시다발적이다. 한국은 그동안 전 세계적인 FTA 확산 추세에 비켜서 있었기 때문에 짧은 기간 내에 여러 나라와 FTA를 추진함으로써 그동안 지체된 FTA 체결 진도를 단기간 내에 만회해야 하며, 그러기 위해서는 동시다발적인 FTA 정책이 불가피하였다.

둘째, FTA 추진 지향점은 거대·선진 경제권 및 신흥 유망시장과의 FTA 체결이다. 한국이 기왕 개방형 선진 통상국가로 갈 것이라면 한국 경제의 선진화와 경제적 이익을 극대화할 수 있는 거대·선진 경제권과의 FTA 체결이 궁극적 목표가 되어야 한다. 한국 정부는 이들에게 접근하기 위하여 우선 주변을 먼저 공략한다는 전략을 구사하고 있다. 즉, 이들 주변 국가들과의 FTA 선(先) 체결을 통해 교두보를 구축함과 동시에,

거대 경제권과의 직접적인 협상을 위한 국내외적인 여건을 조성해 놓는다는 것이다.

셋째, 추진하는 FTA의 내용은 포괄적이고 높은 수준의 FTA이다. FTA 체결 효과를 극대화하기 위해서는 단지 상품 분야뿐만 아니라 서비스, 투자, 정부조달, 지적재산권, 기술표준 등 광범위한 분야를 모두 포함하는, 즉 포괄적인 FTA 체결을 지향해야 한다고 믿기 때문이다.

넷째, 국내 여건 조성을 위해서 국민적 공감대를 바탕으로 한 FTA를 추진한다. 모든 개방조치들이 그러하듯, FTA에는 사회·경제적 고통이 따르게 마련이므로 국민적 공감대를 바탕으로 추진하지 않으면 국민적 지지를 받기가 어려울 것이기 때문이다. 우리 정부가 FTA 추진에 대한 국민적 공감대를 형성하고, FTA 추진과정에서의 투명성 제고를 위해 2004년 5월 '자유무역협정 체결절차 규정(대통령 훈령)'을 제정한 것도 이러한 맥락에서 이루어진 일이라고 할 수 있다.

그러나 이러한 우리 정부의 FTA 전략에도 불구하고, 우리나라의 FTA 전략이 부재하다는 주장들이 일부에서 나오고 있다. 즉, 우리 정부는 FTA 확산의 필요성만을 강조할 뿐, 추진순위의 기준이나 중간 혹은 최종 목표 달성의 시간표와 방안 등이 무엇인지 확실하지 않다는 것이다. 여기에서는 우리 정부의 FTA 전략이 지니고 있는 문제점을 몇 가지 측면에서 살펴보기로 한다.

첫째, 우리 정부의 FTA 추진 명분의 핵심은 FTA를 통한 시장접근 기회의 확보와 자유무역의 확대가 결과할 산업구조 조정의 촉진에 따른 국가경제의 효율성 제고이다. 그렇다면 FTA의 구체적인 추진 전략은 이러한 목표에 부합되어 수립되어야 할 것이지만, 현재 우리 정부가 내놓은 FTA 로드맵을 살펴보면 그렇지 않아 보인다.

둘째, 무분별한 FTA 확산정책으로 인한 정치·사회적 비용은 매우 클 것으로 예상된다. 예를 들어, 국제경쟁력을 갖추지 못한 상당수의 한국 중소기업들은 한·일 FTA의 경우에서는 물론 ASEAN이나 중국과의 FTA 체결에 의해서도 많은 피해를 입게 될 것으로 예상된다. 이 경우

동시다발적인 FTA 체결은 중소기업들에게는 오히려 피해의 집중 내지는 축적만을 결과하게 될 것으로 보인다. 그러므로 FTA 전략에는 FTA 체결로 인한 개별적인 피해 대책까지도 체계적으로 포함되어 있어야 비로소 의미 있는 추진전략이 될 수 있다.

셋째, 한국의 FTA 정책은 정부가 수립하고 있는 주요 외교목표들과 일치하는 방향에서 추진되어야 한다. 만약 FTA 정책이 다른 외교목표들과 상충되는 방향이나 속도로 추진될 경우, 그로 인해 야기되는 정책혼란은 FTA의 추진을 곤란하게 하거나 또는 다른 외교목표 달성을 어렵게 할 것이기 때문이다. 따라서 우리 정부는 상위 외교목표에 해당하는 동북아시대 구상의 실현이나 동아시아공동체의 형성과 FTA 정책 추진과의 조화를 항상 염두에 두어야 할 것이다.

넷째, 우리 정부는 FTA 정책을 수립・집행함에 있어 그것의 외교・안보 효과를 염두에 두어야 할 것이다. 사실상 세계 각국 정부들은 FTA를 단순히 경제적 이슈로서만 접근하고 있지 않으며, 그들의 보다 궁극적 목표인 평화와 지역안보 확보를 위한 외교정책 수단으로 인식하고 있다. 예를 들어, 미국은 NAFTA에 이어 FTAA(FTA of the Americas)의 형성을 주도함으로써 미주 국가들 간의 경제 및 정치・안보 관계의 긴밀화와 자국의 역내 지도력 강화를 도모하고 있다. 또한 일본은 한・일 FTA 체결을 통해 동아시아 지역의 리더로서 부상하고자 하는 중국과의 경쟁에서 보다 우월한 지위를 차지하려는 의도, 즉 중국의 영향력 증대를 억제하고 역내 주도권을 장악하려는 의도를 보이고 있다.

우리 정부의 FTA 전략은 지나치게 '국가 중심적 시각'에 기울어져 수립되었다는 점을 알 수 있다. 이러한 전략은 국가가 하나의 단일체로서 합리적으로 선택하고 행동한다는 전제하에서 가능하다. 또한 우리 정부의 FTA 전략에 국내 피해집단에 대한 보상책 마련과 국민적 공감대 형성 방안이 아직까지도 제대로 자리 잡지 못하고 있는 것도 바로 이러한 국가중심적 접근법의 편향적 채택에서 그 원인을 찾을 수 있다.

따라서 우리 정부의 FTA 정책은 ① 시장접근의 기회 확대나 산업 구조

조정의 촉진 등 자유무역 정책 추진의 경제적 목표에 부합하는 FTA, ② 국민적 공감대 형성이나 적절한 보상의 제공 등으로 그에 대한 사회적 저항이 크지 않을 것으로 예상되는 FTA, ③ 정부의 중장기 외교목표에 합치하거나 또는 그것과 조화되는 FTA, ④ 외교・안보적 차원에서도 무리가 생기지 않을 FTA 등에 그 우선순위를 두어 추진하는 것이 바람직할 것이다.

또한 우리 정부가 국가 중심적 시각에서 탈피하여 FTA 체결의 우선순위를 명확하고 합리적인 기준에 근거하여 설정한다고 할지라도, 그 수행능력상 결함이 있을 경우 FTA 전략의 실질적 개선효과는 기대하기 어려울 것이다. 한국이 다른 나라와의 FTA 체결과정에서 중시해야 할 점은 우리 정부가 대외 협상능력을 갖추는 것은 물론, 국내 여러 집단들의 다양한 이해관계를 체계적으로 관리하고 통제할 수 있는 조정능력을 갖추는 것이다.

제9장
세계 각국의 자원외교정책

인간의 생활을 위한 식량, 공업적 생산을 위한 원료 혹은 에너지 등은 모두 인간의 생산적 활동에 의해 산출되는 것이지만, 그 인간의 생산적 활동을 하게 하는 원천은 자연 그 자체이다. 자원이란 이처럼 자연에 의해 주어져 인간을 활동하게 하는 한 요소라고 정의할 수 있다.

자원을 분류해 보면 첫째, 좁은 뜻의 천연자원은 자연적 현상인 태양열·물·땅을 들 수 있는데, 이것은 생산물질의 모체가 된다. 이들 자연 속에 생물자원과 광물자원(지하자원)이 존재하는 것이다. 둘째, 자원 이용의 관점에서 재생산이 가능한 자원(식물·동물·물)과 재생산이 불가능한 자원(광물자원·화석연료)으로 분류할 수 있다. 이중 특히 단기적으로는 재생산이 불가능한 자원이 현재의 경제체제하에서 주목되고 있으며, 목재자원과 광물자원(구리·아연·알루미늄·니켈·철광석 등)·화석연료(석유, 천연 가스, 원료탄, 우라늄 등)가 그 주요 대상이다. 셋째, 경제자원으로서의 용도를 기준에서 보면 인간의 생명유지에 필요한 식량자원과 공업생산과정에 필요한 원료자원으로 분류되며, 원료자원은 다시 공업원료(중공업원료·화학원료·경공업원료)와 에너지원(광·열·동력의 원료)으로 나눌 수 있다. 식량자원과 원료자원은 2차·3차로 가공되어 경제발전의 단계에 대응하는 고차적인 인간생활 및 생산 활동의 필요물질로 변화하게 된다. 자원의 내용은 사회적 수요의 확대와 기술 발전에 대응하여 질적·양적으로 변화·유동하고 있다.

1. 에너지 자원의 중요성

오늘날 지구촌 전체로 불고 있는 신자원민족주의 경향은 부존자원에 대한 국가적 통제를 강화하여 자국의 수익 배분 몫을 키우려는 실용주의적 성격을 짙게 하고 있다. 앞으로의 세계는 총으로 세상을 지배하려는 차가운 철(鐵)의 시대가 아니라 에너지 자원을 많이 가지고 있는 나라가 강대국이 되는 뜨거운 열(熱)의 시대가 도래할 것이다.

자원 중에서도 특히 재생산이 불가능한 자원으로서 광물자원과 화석연료 등의 에너지 자원은 국가 경제와 안전에 있어 중요한 전력물자로서 지속적 성장을 위해서 필수불가결한 자원이다. 특히 이라크전 등 중동정세 불안이 장기화되고 있는 가운데 제3차 석유위기가 초래될 가능성도 배제할 수 없다. 중국 등 아시아지역의 에너지 수요가 급증하면서 자원의 수급 불일치가 확대되고 고유가 시대가 도래하고 있기 때문이다. 중동 석유를 둘러싸고, 자원의 미개척지 선점을 놓고 미·중을 비롯해 거대 소비국들 간 에너지 확보 경쟁이 심화되고 있다. 심각한 자원 쟁탈전의 양상으로 치닫고 있는 것이다.

에너지 자원의 문제는 국가 안보의 측면에서 다뤄지고 있고, 그 중요성 또한 점점 더해가고 있다. 세계 각국의 지도자들은 에너지문제를 고도로 중시하고 중동은 물론 러시아, 중앙아시아, 아프리카, 그리고 멀리 남미까지 정상외교를 펼치는 등 에너지의 안정적 확보를 위한 총체적 노력을 경주하고 있다. 미국이 이라크전에 적극 나선 것도 사실상 본래 테러와의 전쟁이라는 목적 이외에 에너지 확보 전략의 일환이라는 숨은 의도가 담겨져 있다고 해석되기도 한다. 일본의 경우, 자원 확보를 위해 정부개발원조(ODA)를 전략적으로 활용하면서 러시아 자원을 둘러싸고는 중국과의 갈등도 불사하고 있는 입장이다. 중국도 국가 생존전략 차원에서 에너지 문제에 접근하고 있으며, 이를 위해 대미관계를 개선하고 자원보유국에 대한 정상외교 및 해외자원 개발에 박차를 가하고 있다. 가히 자원외교의 전성시대라고 볼 수 있다.

자원외교는 말 그대로 에너지의 안정적 확보를 위한 대외적 노력을 의미하며, 에너지 위기에 대응한 양자 및 다자간 차원에서의 국제협력을 의미한다. 자원외교는 정치경제적 목표를 위한 수단으로서의 측면과 목적 자체로서의 의미 두 가지를 동시에 내포하고 있다.

우리나라의 자원외교는 에너지원의 안정적 공급, 한반도 평화 구축, 지역 간 협력 강화 등을 목표로 하고 있다. 그러나 이는 자원이 담고 있는 성격상 단기간 내에 아무런 준비 없이 이뤄질 수 있는 간단한 사안이 아니다. 보다 체계적이고 전략적인 접근과 정책 추진이 긴요하다. 우리로서 자원외교는 에너지 안보의 근간을 이루는 사안으로 21세기 국가 생존전략과도 연계되어 있다. 물론 이는 향후 동북아질서 안정과 평화 만이 아니라 통일한국의 국가번영에도 커다란 영향을 미칠 것으로 판단된다. 고유가 시대의 장기화와 자원외교 환경 변화에 대비하여 자원정책 추진체계 개선을 포함한 종합적인 전략 마련이 매우 중요하다.

2. 자원외교 환경 변화와 정책적 함의

1) 자원외교 환경 변화

첫째, 자원외교 환경 변화에 있어 대표적인 것은 역시 중국 요인의 내두이나. 중국의 경제 발전에 따른 에너지 수요의 급증이 수요불균형을 낳고 있으며, 시장 교란요인으로 작용하고 있는 것이다. 아시아 지역의 석유 수요의 약 1/3을 차지하는 중국의 원유수입이 경제발전의 속도와 규모에 비례하여 '블랙 홀' 모습을 띠면서 급증하면서 동북아 지역의

▌표 9-1▐ 주요국들의 하루 석유소비량

RANK	COUNTRY	(BBL/DAY)	DATE OF INFORMATION
1	United States	19,150,000	2010 est.
2	European Union	13,680,000	2010 est.
3	China	9,400,000	2011 est.
4	Japan	4,452,000	2010 est.
5	India	3,182,000	2010 est.
6	Saudi Arabia	2,643,000	2010 est.
7	Germany	2,495,000	2010 est.
8	Canada	2,209,000	2010 est.
9	Russia	2,199,000	2010
10	Korea, South	2,195,000	2011 est.
11	Mexico	2,073,000	2010 est.
12	Brazil	2,029,000	December 2011 est.
13	France	1,861,000	2010 est.

자료: C.I.A the world factbook. http://www.cia.gov/library/publications/the-world-factbook/

▌표 9-2▐ 주요국들의 석유매장량

RANK	COUNTRY	(BBL)	DATE OF INFORMATION
1	Saudi Arabia	262,600,000,000	1 January 2011 est.
2	Venezuela	211,200,000,000	1 January 2011 est.
3	Canada	175,200,000,000	1 January 2011 est.
4	Iran	137,000,000,000	1 January 2011 est.
5	Iraq	115,000,000,000	1 January 2011 est.
6	Kuwait	104,000,000,000	1 January 2011 est.
7	United Arab Emirates	97,800,000,000	1 January 2011 est.
8	Russia	60,000,000,000	1 January 2011 est.
9	Libya	46,420,000,000	1 January 2011 est.
10	Nigeria	37,200,000,000	1 January 2011 est.
11	Kazakhstan	30,000,000,000	1 January 2011 est.
12	Qatar	25,380,000,000	1 January 2011 est.
13	United States	20,680,000,000	1 January 2011 est.

자료: 위와 같음

원유 및 석유제품의 수급 불균형이 확대되고 있다.

아시아지역의 에너지 수요가 전 세계에서 차지하는 비중은 1970년 14.8%에서 2002년에는 28.9%로 두 배 가량 늘었다. 2020년에는 32%로 예상되고 있다. 아태지역의 석유 소비 점유율은 28%인 데 반하여 석유 매장량은 4%에 불과한 실정이다. 특히 중국의 경우, 석유 수요가 2000~2020년 기간 중 연평균 3.8~4.4% 증가하여 2020년에는 수요 점유율이 10%를 상회할 것으로 전망되고 있다. 이는 동기간 중 세계 전체의 석유수요 연평균 증가율 1.5~1.9%를 크게 넘어서고 있다. 이를 극복하기 위해 중국은 공격적 행보를 하지 않을 수 없게 되었다. 이는 세계 원유시장의 물리적 수급상황을 압박하여 유가의 장기적인 상승 추세를 유지시키는 주요 요인이 될 뿐 아니라, 국제정치적 갈등을 불러일으킬 수 있는 불안요인으로 작용할 우려가 있는 것이다. 역외 석유 의존도가 높아 에너지안보의 취약성이 증대되고 있음에 따라 동북아 석유수급 불균형이 확대되고 '아시안 프리미엄(원유도입 고가격 구조)'도 심화되고 있다. 이 밖에도 BRICs의 일원으로 급성장하고 있는 인도 역시 중요한 변수로 떠오르고 있어 주목된다.

둘째, 최근 고유가시대의 도래와 함께 자원부국 러시아가 새로운 자원공급국으로 부상하고 있다는 점이다. 러시아는 석유 매장량 세계 7위(600억 배럴), 천연가스 매장량 1위(47m³)이며, 국제 에너지 시장에서 석유수출국기구(OPEC)에 못지않은 영향력을 행사하고 있는 것이다. 아울러 러시아는 이와 같은 영향력을 바탕으로 현재 '천연자원=국가패권'이라는 인식하에 자원을 무기로 '1등 국가'로 발돋움하려 노력하고 있다. 이를 위해 석유, 천연가스 등 에너지산업에 대한 중앙통제를 강화하고 에너지자원을 대외정책 수행을 위한 수단으로 적극 활용하고 있다. 이러한 점에서 세계 자원외교 환경에 가장 큰 변화를 주고 있는 나라는 바로 중국과 러시아라고 볼 수 있다. 이들은 자원의 관심을 중동에서 시베리아의 미개척지로 옮겨오게 하고 있다. 매장량, 미개발지 선점의 효과 등을 포함해 기존 자원환경에 판도 변화를 가져오고 있다. 자원 수요국으로서 중국과 자원 공급국으로서 러시아의 부상은 자원외교의 주요인으로 작용하고 있다.

셋째, 자원의 수급 불일치가 더욱 심화될 것이라는 점이다. 즉, 향후 20~30년간 세계 에너지시장의 수급 불일치가 확대되고 현재의 고유가 추세가 장기화될 것으로 예상되고 있다. 공급 측면에서는 중동지역의 정세 불안 및 테러 등 돌발적 사고에 따른 단기적, 우발적 리스크뿐만 아니라 특정 공급원에 대한 과도한 의존 및 투자부족에 따른 장기적, 구조적 리스크가 상존하고 있다. 중동에서는 이라크 문제가 일단락된 이후에도 이란 및 사우디가 새로운 불안 요소로 대두할 가능성이 증대되고 있다.

마지막으로 위의 사안 이외에도 자원 및 에너지 문제는 지구환경 문제와 연계되어 있다. 특히 온실가스 배출 억제에 관한 국제규범인 〈기후변화협약 교토의정서〉가 발효됨으로써 향후 자원외교 환경의 또 다른 변수로 작용할 것으로 보인다. 제2차 공약 기간(2013~2017년)의 온실가스 감축 의무부담에 대한 공식 협상이 이루어짐에 따라 세계 9위의 온실가스 배출국인 한국으로서는 경제 및 산업에 미칠 부담을 최소화 시킬 수 있도록 대외 협상력을 키우고, 국내 시스템의 재정비 등 체계적인 대책 마련이 시급한 상황이다.

2) 정책적 함의: '에너지 안보' 전쟁

자원외교 환경 변화에 따른 가장 중요한 정책적 함의는 무엇보다 에너지 확보를 둘러싼 국가 간 경쟁을 꼽을 수 있다. 에너지를 둘러싼 국제질서 재편 과정에서 자원외교 환경 변화와 함께 에너지 문제는 이제 단순한 경제문제가 아니라 국가안보 문제로 변모하고 있다. 에너지안보 개념에는 ① 안정적 비용, 효과적, 지속 가능한 에너지 공급, ② 효율적이고, 환경 친화적인 에너지 공급 구조, ③ 위기대응 능력, ④ 국제 협력 구축 등이 포함된다.

주요국들은 이를 핵심적 '국가전략 어젠더'로 채택하고 있다. 자원외교가 미래의 국가생존과 번영을 좌우할 사안으로 자리매김하고, 국가안보 차원에서 전략적으로 추진되고 있음을 의미한다. 그만큼 자원외교의 위상과 중요성이 커진 것이라고 볼 수 있다. 반면에 이와 같은 상황하에서 에너지 위기에 대비한 석유 비축 등 동아시아지역의 긴급 시 대응체제는 매우 취약한 상태이다. 이를 테면 현재 동아시아 지역에서 법률상 의무로서의 민간비축 이외에 국가비축을 보유하고 있는 나라는 한국과 일본 두 나라에 불과하다. 중국도 앞으로 4대 석유비축 기지 건설을 통해 30일분까지 석유 비축을 확대할 계획이나, 아직까지는 7일분에 불과한 실정이다. 아시아 지역은 석유를 포함한 에너지 수요는 급증하고 있으나, 이에 따른 위기 시 대응체세는 비흡한 상태에 놓여 있음을 알 수 있다.

3. 주요국의 자원외교 전략과 특징

1) 주요국의 자원외교 전략 및 보유현황

(1) 러시아

가. 러시아의 에너지 · 자원 보유현황

러시아는 천연가스 343억 톤(세계 1위, 26.7%), 석유 95억 톤(세계 2위, 6%), 석탄 1,570억 톤(세계 2위, 15.9%)의 확인매장량을 보유한 세계적인 자원 부국이다. 러시아에서 석유 · 가스산업은 GDP의 25%, 수출의 50%, 통합재정의 33%를 차지하는 핵심 산업이다. 러시아는 미개발지역이 많아 탐사작업에 따라 상당한 매장량 증가가 예상되는 바, 향후 증가 예상 지역은 서시베리아 외에 동시베리아, 북부 대륙붕, 사할린, 북 티만-페초라 지역, 카스피 해 등이 될 것이다.

나. 러시아의 에너지 · 자원 외교

러시아는 에너지 판매시장의 다변화를 위해 전통적 시장인 EU와의 협력을 지속하면서 새로운 시장으로 부상하는 한국, 중국, 일본, 미국,

인도 등 아시아 및 북미지역 국가들과의 에너지 협력을 강화하는 추세이다. 러시아 정부는 한국, 중국, 일본, 미국 등 아태 지역 국가들과의 에너지 협력을 강화하기 위해 유럽 시장에 편중되어 왔던 에너지 교역과 송유・가스관 인프라 구축 및 석유・가스 개발 계획을 극동・동시베리아로 확대하고 있다.

해외 에너지시장에서 경쟁 관계에 놓여 있는 서방 메이저들의 참여를 제한하는 대신 한국, 중국, 일본, 인도 등 아시아 주요소비국들과의 협력을 강화하는 추세이다. 최근 인도 및 중국은 러시아에서의 자원개발사업 참여에 상당한 관심을 보이고 있다.

(2) 미국

가. 미국의 에너지・자원 보유현황

미국은 세계 제1의 에너지 생산・소비・수입국가이다. 에너지자원 보유 면에서는 원유는 세계 11위, 천연가스는 세계 6위, 석탄은 세계 1위의 국가이다. 2005년 1월 확인된 미국의 원유 매장량은 219억 배럴(해양매장 포함)이며 텍사스(22%), 루이지애나(22%), 알래스카(20%), 캘리포니아(18%) 등 4개 주가 전체의 80% 이상을 보유하고 있다.

나. 미국의 에너지・자원 외교

① 에너지관련 법, 정책 및 기준/규제의 발전을 위한 외국・국제기구와 협력

② 효율적인 에너지시스템의 도입 촉진

③ 연방정부의 연구개발 이익 극대화를 위한 국제적 과학 및 기술협력 촉진

④ 에너지부문, 민간부문, 비정부 기관의 역량을 통합하여 미국의 전략적 요충지역의 환경적 안보 문제 해결

⑤ 부시 행정부는 에너지 해외 의존도 절감을 위한 정책에 제1의 우선순위를 부여

⑥ 최근 에너지안보에 대한 세계적인 인식 고조로 미국, 일본, 러시아 등 주요국들은 국가에너지전략을 활발히 수립. 특히 미국은 2001년 부시 행정부 출범과 함께 부통령 책임하에 안보, 환경, 기술개발, 경제성장을 함께 고려하는 장기정책 마련

(3) 중국

가. 중국의 에너지 · 자원 보유현황

중국이 원유 매장량(잔존)은 140.83억 배럴(2005년 1월 1일 기준), 생산량은 3,397,000b/d(2004년 기준)이며 가채매장량은 12년 정도이다. 천연가스는 매장량(잔존)이 43조 8,700만 cf(2005년 1월 1일 기준), 생산량이 30억5,700만cf/d(2004년 기준)로 가채매장량은 33.7년 추정되며, 아직 천연가스의 소비량은 전체 1차 에너지소비율의 3%로 세계평균 24%, 및 아시아 평균 8.8%에 비하여 현저히 낮다.

나. 중국의 에너지 · 자원 외교

① 중동산 원유의 안정적인 확보 및 원유수입선 다변화

② 육로를 통한 안정적인 에너지 확보

③ 해외자원개발로 독자적인 에너지원 확보

④ 전략으로서 외교력과 경제력을 총동원한 '국가총력전': 적극적인 에너지 정상외교 추진, 다자외교보다는 산유국과의 1:1 경제 · 투자협력 중시, 세계 1위의 외환보유고를 활용, 비용보다는 선점에 주력

(4) 일본

가. 일본의 에너지 · 자원 보유현황

석유는 일본의 1차 에너지 총 공급의 52%를 차지하고 있으며, 경제성, 편리성 등의 관점에서 21세기에 있어서도 계속해서 주요한 에너지원으로 남을 것으로 예상되는바, 그 안정적 공급확보가 금후 일본의 에너지 정책상의 중요과제로 남을 것이다. 또한, 원유 거의 전량을 수입하고,

그중 88%를 중동지역에 의존하고 있는 일본의 석유 공급구조는 여타 선진국과 비교해서 매우 취약하기 때문에 일본은 석유의 비축, 자체적 석유개발, 산유국과의 협력 등의 시책을 효과적, 효율적으로 진전시킴으로써 긴급사태에 대비한 체제정비를 모색하고 있다.

나. 일본의 에너지 · 자원 외교

① 긴급 시 대응책의 유지, 강화 방안

IEA에 있어서의 석유비축제도를 중심으로 한 국제적 긴급대응시스템의 정비 및 강화와 ASEAN+3 및 APEC 등 지역적 협력체제 활용을 통해, 아시아 지역에서의 긴급대응 체제의 정비

② 중동 및 에너지 생산국 및 수출연안국과의 우호관계의 유지 및 강화 방안

다국 간 차원의 산유국/소비국대회 촉진, OPEC제국과의 대화를 통해 전략적 파트너십을 구축, 에너지 산유국 및 수출연안국들과의 대화 속계

③ 에너지 공급원의 다양화 방안

석유공급원의 다각화를 진행하는 한편, 필요한 상대국과의 관계강화 및 투자환경의 정비를 추진(예: 사할린 프로젝트 등 러시아와의 에너지 분야의 협력 강화)

④ 에너지원의 다양화 방안

천연가스는 석유에 비해 지역편재성이 낮고 환경에 부담이 적기 때문에 천연가스의 이용확대를 위한 환경정비를 위해 노력(예: 사할린 프로젝트), 재생가능에너지 및 신에너지의 이용에 관한 국제적 협력을 위해 일본 내 협력관계 체제 구축

2) 주요국의 국가별 에너지 정책 비교

세계 각국은 고유가 지속에 따른 장기계획 마련, 〈교토의정서〉 발효에 따른 환경 보호의무 준수, 에너지 고갈 위기의 극복 등을 위한 에너지

■표 9-3■ 주요국의 국가별 에너지 정책

	국가별 주요 에너지 정책
미국	▪ 대중동 석유 의존도 감축을 위해 신,재생 에너지 기술개발 촉진 (2025년까지 대중동 원유수입의 75% 감축 목표) ▪ 가정/상업용 주요 에너지원인 전력 기술 연구개발 지원 강화 (청정석탄발전기술, 태양광, 풍력 발전, 원자력 기술 등) ▪ 수송용 연료의 에너지 효율 향상 및 환경 오염 저감을 위해 하이브리드카, 연료전지 자동차 등의 연구개발 및 보급 확대를 위한 지원 강화
EU	▪ 에너지 효율성 증대를 통한 에너지 총수요 감소(2010년까지 20% 감소) ▪ 풍력, 바이오 매스, 태양광, 수소 및 연료 전지 등의 신, 재생 에너지 사용의 활성화를 통한 재생 에너지소비 비중 확대(2006년 6% → 2010년 12%) ▪ EU 역내 회원국 내의 가스, 전력 시장의 개방을 통한 에너지 공급자의 경쟁 및 에너지원 가격 인하 유도 ▪ 안정적 에너지 공급을 위한 OPEC, 러시아 등 핵심 에너지 공급 국가들과의 협력 강화
일본	▪ 1997년 이래로 태양광, 풍력, 바이오 매스, 연료전지 등 신에너지의 개발 및 보급 촉진 ▪ 신에너지 분야를 하나의 자립적 산업으로 육성키 위한 장기 비전 제시 ▪ 운송, 민생 부문의 고효율 제품 개발 및 이용 확대를 위한 하이브리드카 이용 연료 전지 개발 촉진
중국	▪ 에너지 자급능력 강화를 위해 중국이 풍부하게 보유하고 있는 석탄 관련 사업에 대한 인센티브 및 재정적 지원 확대 ▪ 환경 친화적인 수력 및 태양열 등 재생 에너지 산업의 비중 확대 (2005년 7% → 2020년 15%) ▪ 에너지 저소비 산업구조로의 전환 추진, 에너지 절약 기술 투자 확대, 각종 인센티브를 통한 에너지 고효율 제품 생산 촉진 등을 통한 에너지 절약 우선 (2005년 말 대비 2010년까지 에너지 효율성 20% 증가 목표)
한국	▪ 안정적 에너지 공급 기반 마련을 위한 신,재생 에너지의 보급 확대 (2005년 2.1% → 2030년 9%) ▪ 에너지 효율의 획기적 개선을 통한 에너지 저소비 사회로의 전환 (에너지 원단위 2005년 0.358 → 2030년 0.3)

정책들을 내놓고 있다. 주요 국가들의 에너지 정책은 대체 에너지 개발 등을 통한 에너지의 공급 확대와 에너지 효율성 증대를 통한 수요 관리가 양대 기조를 이룬다. 한편 IEA는 각국의 에너지 정책수립에 있어 에너지 안보, 에너지 효율, 친환경을 기본방향으로 설정하기를 권고한 바 있다. 한국 정부도 국가에너지위원회를 설치하고 '에너지비전 2030'을 제시하였는데, 신재생 에너지의 보급 확대 등을 통한 에너지 자립도 제고, 에너지 저소비 사회로의 전환, 석유의존도 저하 등을 주요 골자로 하고 있다.

4. 한국의 자원외교

1) 한국의 자원외교 전략 추진 동향

먼저 산업자원부는 국가산업과 자원에 대한 총체적 정책 수립 집행의 주무부처로 자원 외교의 추진의 중심추에 해당된다. 산업자원부내 자원외교와 관련된 주무부서는 자원정책실이며, 이는 자원정책심의관, 에너지산업심의관, 원전사업지원단으로 구성되어 있다. 특히 자원정책심의관 소속의 자원정책과, 자원기술과, 자원개발과, 에너지안전과, 신재생에너지팀이 핵심이다. 이밖에도 무역투자실의 국제협력투자심의관 소속의 투자정책과, 투자진흥과, 국제협력과, 아주협력과, 구미협력과 등이 해당된다.

자원 확보정책과 관련해 산자부는 '해외자원개발 기본계획'을 수립, 전략광종의 자주개발 지속 확대 노력, 양자 다자 차원의 에너지자원 협력 추진 등에 중점을 두고 있다. 특히 해외자원개발의 향후 추진 전략 및 방향으로 민간기업 사업 참여 활성화 기반 확충, 전문공기업 자원개발 부문 자생력 강화, 자주개발광물 국내수요 확보 지원, 8대 전략광종별 세부 추진 방안 마련, 자원분야 국제협력 활성화에 주력할 예정이다. 현재 인도네시아・호주・러시아・몽골・베트남・중국・카자흐스탄・

페루 등 8개국과 상호교환 형식의 자원협력위원회 연례 정기회의 형태로 운영 중이며, 동북아 에너지협력체 구성도 추진 중이다.

외교통상부는 자원외교를 ① 평화번영 외교, ② 글로벌 외교, ③ 경제통상 외교 중 평화번영의 외교의 네 가지 핵심과제 중 하나인 '동북아 경제중심 실현을 위한 외교적 기반 확충' 부문에서 취급하고 있다. 이 부문에는 한·중·일 정상선언의 충실한 이행 및 발전, 동북아 물류 협력 강화, 동북아 에너지환경 협력 강화의 내용이 포함되어 있다.

자원외교 부문은 최근까지 단독적인 외교정책 의제로서 다뤄지지 않았다. 외교정책 우선순위에서 비교적 하위에 위치하고 있었다고 볼 수 있다. 외교부장관이 석유 수입의 68%를 차지하고 있는 중동 지역은 물론 아프리카 지역에 최근 15년 동안 서너 차례밖에 방문하지 않는 등 커다란 주목을 받지 못한 점이 이를 반증한다.

2) 한국의 자원외교 추진 현황 및 성과

(1) 자원외교 현황

한국은 세계 4위의 석유 수입국이자 세계 10위의 에너지 소비국이다. 총 에너지의 97%를 수입에 의존하고 있고, 원유 수입 82%가 중동산으로 취약한 에너지안보 구조를 가지고 있는 실정이다. 최근 들어서 대통령을 비롯하여 고위 관리들이 방문외교 형식으로 적극적으로 자원외교를 추진하고 있으며, 남미와 중아아시아 그리고 동남아 등지를 방문하면서 공급원의 다변화를 꾀하고 있다. 2011년 한국-중남미 포럼 결성 및 개최는 이러한 자원외교의 일환으로 이루어진 성과였다.*

* 2010년 12월 26일 카자흐스탄 아다 광구(능록매장량 3,000만 배럴, 일일생산량 2,500배럴)에서 한국 최초의 육상유전(원유생산기지) 개발에 성공함으로써 한국의 넓혀지는 석유영토는 37개국 175개 지역에 달하고 있다.

3) 한국의 자원외교 문제점과 과제

첫째, 최근까지 자원외교 부문은 대외정책의 부차적인 요소로 인식하였을 뿐만 아니라 핵심 의제로 취급되지 않아 정책의 중요성과 추진 측면에서 일정한 한계를 내포하고 있다.

이미 살펴본 바처럼 주요국들의 최고 지도자들이 에너지의 중요성을 인식하고 정상외교에 적극 나서고, 국가전략 차원에서 에너지 문제를 다루고 있는 것과 대조적이다. 이를 테면 지속가능발전위원회는 보고서를 통해 2002년 기준 에너지 수급안정과 환경보호를 위한 에너지기술부문 정부 투자액은 567억 원으로, 정보기술 부문 5,313억 등 여타부문에 비해 크게 부족한 실정으로 에너지 부문에 대한 국가 지도자들의 인식 부족을 지적한 바 있다. 또한 2004년 통일외교통상위원회 외교통상부 국정감사에서도 자원외교의 중요성을 감안하여 에너지 안보를 위한 자원외교역량 강화 방안 강구와 함께 전문인력의 확충, 능동적인 외교 노력을 촉구한 바 있다.

둘째, 자원 확보가 국가중대사라는 인식이 부족한 가운데 총체적 틀에서 전략적 접근을 하기보다는 석유위기 등 에너지 위기 발생 시 대증적 대처에 치중, 체계적인 외교적 대응체제를 마련하지 못한 것으로 평가된다. 앞으로 에너지 확보를 둘러싼 국가 간 경쟁이 더욱 심화되어 나갈 가능성이 높고, 역내 정세 불안정과도 연결되어 있는 만큼 위기관리에 대한 철저한 대비가 긴요하다.

셋째, 자원외교 추진에 있어 관료 순환보직에 따른 전문성의 결여, 부처 간 정책 협의 미흡, 전문가 인적 네트워크의 체계적 활용 미흡 등 정책 효율성 및 전문성 제고의 측면에서 문제점도 나타나고 있다.

넷째, 자원외교가 지닌 정책소재의 특성을 고려하는 자세가 미흡한 까닭에 중장기 접근, 통합, 체계적 관리 체제 구축의 중요성 등에 대한 정책 마인드 제고가 긴요하다. 자원외교 정책결정 구조상의 문제점 및 산자부의 경우 대내 에너지 절약에 전력할 수밖에 없는 상황 등 특성을 고려, 추후 대외적 정책 추진에 있어 자원교섭, 협성체결 등의 전문통상 외교 부문의 보안이 필요하다.

다섯째, 자원 확보가 국가적 차원의 문제라는 인식 및 범정부적 협조 미흡함으로써 해외자원 확보를 위한 투자 부족, 정부 및 기업의 관련 조직과 인력 부족 등 현재의 추진 체계 및 역량으로는 자원전쟁시대의 경쟁에서 이기는데 한계를 지닐 수밖에 없다. 정부 담당 인력은 극소수에 불과하며, 정유사, 종합상사 등 1개 팀(5~7명) 정도가 관련 사업을 전담하고, 석유공사 역시 해외조사, 정보수집 기능이 취약한 상태이다.

종합적으로 현재 우리 자원외교는 중장기 에너지 전략을 수립하고는 있지만, 이제 걸음마 단계에 진입한 수준이라 볼 수 있다. 아직도 세부 실천이 미흡하고, 이제 걸음마 단계에 진입한 수준이라 볼 수 있다. 정부 부처 내 부처 간 조정, 관민(官民) 간 조정 등 대내 정책조정이 부족한 실정이다. 또한 주요 에너지 생산국들과의 에너지 협력이 미약함과 동시에 국제에너지기구에의 참여도 부진하는 등 일관성도 취약성을 노정하고 있는 것으로 평가된다. 향후 에너지 외교의 다변화, 정부, 기업 간 공조, 큰 틀의 에너지 전략 수립 등의 과제가 산적해 있다. 나아가 자원외교 중요성에 대한 인식 전환과 성과 제고를 위한 관-민-학 인적 네트워크 구축 및 정보교류체제 확립도 시급한 것으로 판단된다.

4) 한국의 정책 방향

한국의 자원외교는 에너지원의 안정적 공급, 한반도의 평화 구축, 지역 간 협력 강화 등 정치경제적 목표를 가지고 있다. 우리의 문제점과 과제, 그리고 상기의 내용을 고려해 볼 때, 우리의 기본 방향은 첫째, 자원외교가 국가발전의 중요한 전략 어젠더로서의 인식 및 자리매김을 할 수 있도록 해야 할 것이다. 이에 맞추어 각 부문별 추진방향은 다음의 네 가지로 정리해 볼 수 있다.

첫째, 긴급 대응체제의 강화이다. 석유와 천연가스 등 에너지자원의 전량을 수입에 의존하고 있는 상황에서 에너지의 중요성을 인식하여 에너지절약을 생활화하고, 위기상황에 대응하는 체제를 구축하는 것이 무엇보다 중요하다. 에너지공급의 긴급사태(단기적, 우발적 리스크) 발생 시 대응책에는 에너지비축 확대·에너지 공급국과의 대화·국내수요 억제 및 신속한 정보제공 등이 포함된다. 우리의 비상시 긴급대응체제는 선진국에 비해 손색이 없을 정도로 잘 구비되어 있으나, 자원문제에 대한 근본적 대책 없이는 미봉책에 그칠 우려가 있음에 주목해야 한다. 또한 현재와 같은 대테러전 시대에 에너지 위기관리 시스템은 산자부의 노력만으로는 부족하며, 국가안보 차원의 위기관리 항목에 이를 추가하는 등 범부처 차원의 대응이 필요하다.

둘째, 에너지 생산국과의 우호체제 구축이다. 산유국 및 동북아 국가들과의 에너지 협력을 강화하는 등 에너지의 한정적 확보에 주력하는 한편, 원유수입선 다변화, 해외유전개발 등을 통해 중동산 원유수입 비중을 줄이는 노력을 강화해야 한다. 아시아의 주요 석유 수입국들은 중동으로부터 원유를 수입하는 길 말고는 대안이 없다는 점에서 중동산유국 및 가스생산국과의 협력 강화 등 종합적인 자원전략 전개가 필요하다.

이를 위해서는 중동, 러시아, 중앙아시아 국가에 대한 정상외교를 통해 경제 및 에너지협력 협정 체결, 상호투자 확대 등 합의를 모색하는 것이 바람직하다. 중동지역과 정부 및 민간차원의 자원외교 전개를 강화하여 긴밀한 경제적, 정치적 관계를 확립하는 것은 기본이다. 특히 한국의 이라크 파병문제로 이슬람권의 반한 감정 고조 혹은 중동 산유국과의 관계 악화가 초래되지 않도록 섬세한 외교전략 구사가 긴요하다. 일본의 경우, 환경보호, 인프라 정비, 석유관련 기술개발, 인재육성 등 산유국에 대한 경제개혁을 지원하고, 석유개발기업의 산유국내 에너지 관련 부문 투자를 확대하고 있음을 참조할 필요가 있다.

셋째, 자원공급선 다변화 및 해외 자원개발을 통한 공급 확충이다. 에너지의 중동의존도를 축소하기 위하여 중동지역 이외에 러시아 및 중앙아시아, 남미국가 등과의 에너지협력을 적극 추진하여 에너지의 공급선을 다변화하는 것이다. 특히 현재 상담이 진행 중인 카자흐스탄・러시아・베트남・인도・브라질 등과는 정상외교 성과의 극대화를 위한 후속조치를 조속히 마련하고, 자원보유국과의 정부 간 대화 및 민간 자원협력 채널을 지속적으로 구축해 나갈 필요가 있다. 또한 러・일・중과의 협상을 통해 한반도 인근 자원개발 사업에 지속적으로 참여할 수 있도록 자원외교를 강화하는 것이 바람직하다.

또한 선진국에 비해 크게 뒤져 있는 해외자원개발을 획기적으로 확대할 필요가 있다. 현재 우리나라의 해외에너지개발 투자는 약 50억 달러(일본은 500억 달러)에 불과하고 해외개발 석유수입량은 석유수입량의 3%에 불과한(일본은 13~15%) 실정이다. 우리나라는 현재 베트남・인도네시아・중동 등 22개국의 자원개발에 참여하고 있으며, 향후 2013년까지 해외개발 수입량을 석유수입의 15%, 천연가스 수입의 30%로 제고할 계획이다.

넷째, 동북아 에너지 협력 강화이다. 동북아 지역에서는 러시아의 원유 및 천연가스 개발, 중국・일본・한국의 에너지 수요 증가가 맞물려 에너지협력 레짐이 추진 중에 있다. 특히 동시베리아, 중국, 한국 및 일본을 연결하는 가스 파이프라인 건설은 단순한 에너지협력의 차원을 넘어 21세기에 동 지역의 정치・경제・문화협력을 선도하는 주춧돌 역할을 할 것으로 기대되고 있다. 동북아 지역은 석유의존도가 지나치게 높고 천연가스도 LNG로 전량 수입되고 있는 데다, 지역적으로도 중동의존도가 높기 때문에 에너지공급의 다변화 및 다양한 측면에서 에너지협력이 필요한 상황이다. 동북아는 국별 에너지체계를 유지하고 있어 에너지위기 시 공동대응이 어려운 체제이기도 하다. 이러한 점들을 고려해 현재 진행 중인 APEC 역내 국가 간 에너지협력 사업을 보다 내실화하는 방안을 모색할 필요가 있다. 또한 ASEAN+3 에너지장관들이 합의한 긴급 네트워크 구축, 석유비축 확충, 아시아 석유시장 공동연구 등의 협력방안도 적극적으로 검토하는 것이 바람직하다. 지속적으로 추진해 온 '동북아 에너지협력체' 구축 노력도 함께 경주되어야 함은 물론이다.

제10장 소프트파워, 하드파워, 스마트파워

1. 파워란 무엇인가?

파워는 원하는 결과를 얻을 수 있는 능력이자, 타인의 행동에 영향을 미쳐 어떤 일이 이뤄지게 만드는 능력이다. 이를 종합하면 파워란, 타인의 행동에 영향을 미쳐 자신이 원하는 결과를 얻는 능력이라고 할 수 있다.

과거에는 국제적 규모의 파워 자원을 평가하기가 한결 쉬웠다. 국제정치 무대에서 강대국으로 행세하던 국가의 파워를 테스트하는 전통적인 방법은 바로 '전쟁수행능력'을 시험해 보는 것이었다. 18세기 유럽에서는 인구가 결정적인 파워 자원이었다. 조세와 보병징집의 대상이 되기 때문이었다.

국제정치상의 어젠더는 3단계의 체스게임과 비슷해졌다. 맨 위 단계의 체스판에서는 전통적인 형태의 국가 간 군사적 이슈들이 펼쳐진다. 그러나 국가 간 경제적 이슈들이 전개되는 중간 체스판에서는 파워의 배분이 다극적인 양상을 드러낸다. 이런 장기판에서 통상문제, 독점 금지법 관련 이슈 또는 금융규제문제가 전개될 때, 미국의 헤게모니를 운운하는 것은 사리에 어긋난다. 마지막으로 맨 아래 단계의 체스판에서는 테러행위, 국제범죄, 기후변화, 전염병 확산 등의 초국가적 이슈들이 전개되는데, 이 장기판에서 파워는 광범하게 분산되고, 또 국가와 비국가적 관여주체들 사이에서 어지러운 형태로 편성된다.

하드파워도 회유(당근)와 위협(채찍)에 의존할 수 있다. 그러나 명백한 위협이나 보상수단을 동원하지 않고도 가끔씩 원하는 결과를 얻을 수도 있다. 원하는 것을 얻도록 해주는 간접적인 방법을 흔히 '파워의 제2의 얼굴'이라고 한다. 국제정치상황에서는 어젠더를 설정하고 다른 나라의 호감을 사는 것도 하드파워 못지않게 중요한 셈이다. 이처럼 자신이 원하는 결과를 다른 나라들도 바라게끔 만드는 소프트파워는 위협보다는 끌어들이는 방법을 활용한다.

소프트파워가 일상적인 정치활동의 주요 요소가 되는 민주주의 국가에서 선호대상을 만들어 내거나 호감을 사는 능력은 대체로 매력적인 개성이나 문화, 정치적 가치와 제도, 정당해 보이거나 도덕적 권위를 지닌 제반정책 등 무형자산과 연관되어 있다. 그런데 소프트파워는 설득이나 논쟁으로 다른 사람을 움직이는 능력만을 뜻하지는 않는다. 그 밖에 사람을 사로잡는 능력도 포함되어 있다.

하드파워와 소프트파워 간 차이를 헤아리는 한 가지 방법은, 자신이 원하는 결과를 얻을 수 있는 방법이 얼마나 다양한가를 생각해 보는 것이다.

소프트파워는 협력을 이끌어 내기 위해 무력이나 경제력이 아닌 색다른 통용수단을 활용한다. 즉 ① 공동의 가치와 ② 정당성, 그리고 그런 가치의 실현에 기여해야 한다는 ③ 책임감에 매력을 느끼게 하는 것이다.

하드파워와 소프트파워는 동전의 양면처럼 상관성을 지닌다. 두 파워 간의 차별성은 행위의 특성과 자원의 유형성(有形性)이란 두 가지 측면에서 나타나는 정도의 차이라고 할 수 있다. 명령성 파워(command power) — 타국의 행동을 바꿀 수 있는 능력 — 는 강제나 회유에 의존한다. 반면에 차용성 파워(co-optive power) — 타국이 원하는 바를 구체화시키는 능력 — 는 정치적 선택상의 어젠더를 조작하는 능력에 좌우된다.

한편 양자 간 상호작용의 사례를 보면, 미국 케네디(J. F. Kennedy) 대통령은 1961년 부정적인 세계여론에도 불구하고 핵 실험을 강행했다. 군비경쟁에서 소련이 미국을 앞질렀다는 세계적 인식을 걱정했기 때문이었다. 결국 케네디는 군사적 위세라는 하드파워성 이익을 얻는 대가로 미국의 소프트파워성 위광(威光)의 일부를 희생하고자 했던 것이다.

2003년의 이라크 전쟁은 소프트파워와 하드파워의 상호작용을 보여주는 흥미로운 사례가 되고 있다. 이 전쟁을 벌인 동기 중 몇 가지는 하드파워가 지닌 억지적 효과를 노린 것이었다. 럼스펠드 미 국방장관이 취임할 당시, 미국이 전 세계로부터 종이호랑이, 즉 펀치 한 방 날릴 수 없는 허약한 거인으로 인식되고 있다는 생각 때문에 그런 평판을 완전히 바꿔 놓겠다고 결심한 것으로 알려졌다.

그러나 다른 여러 가지 동시는 소프트파워와 연관되어 있다. 미국의 신보수주의자들(neo-conservatives)은 이라크에 민주주의를 이식시키고 중동의 정치상황을 바꾸기 위해 미국의 파워를 활용할 수 있다고 믿었다. 만약 성공을 거둔다면 그런 전쟁은 스스로 정당성을 지닐 수 있을 것이다.

앞으로 미국이 필요에 따라 세계 어느 지역에서건 군사력을 전개 또는 배치하고자 할 경우에는 다른 나라의 영토와 영공을 통과해야 하는데, 소프트파워 측면의 견제활동이 반감을 조성하여 그런 통과가 어렵게 된다면 하드파워의 행사에 실질적인 영향을 끼치는 셈이 된다. 이라크 전쟁에서 얻은 하드파워상의 이익이 장기적인 면에서 소프트파워상의 손실을 상회하게 될지, 또 소프트파워상의 손실이 얼마나 항구적인 것이 될지에 대해서는 아직 속단할 수 없다. 그러나 이라크 전쟁이 하드파워와 소프트파워 간 상호작용을 살펴볼 수 있는 흥미 있는 케이스가 되고 있음은 분명하다.

표 10-1 파워의 세 가지 형태

	하드파워	소프트파워
행동 스펙트럼 (특성)	강제 회유책	어젠더 설정 매력
	명령성 ←	→ 차용성
자원의 유형 (수단)	무력 보상 제제 매수	제도 가치 문화 제반정책

2. 미국의 파워

탈냉전과 함께 우리를 찾아온 21세기 변환시대의 주연급 주인공들은 여전히 국민국가 또는 국민제국의 모습을 하고 있다. 국민국가들은 국내 정치와 달리 중앙정부가 없어서 생존과 번영을 스스로 책임져야 하는 세계질서의 구조 속에서 21세기에도 여전히 치열한 국가 간 생존경쟁 또는 우위경쟁을 계속하고 있다. 그 결과 형성되고 있는 21세기 세계무대 주인공들의 변환을 제대로 읽으려면 먼저 유럽 중심의 근대국제질서에서 주인공의 위상 결정에 가장 중요했으며, 21세기 세계질서에서도 여전히 중요한 군사비를 기준으로 무대의 주인공을 정리해 볼 필요가 있다.

▌표 10-2▌ 국가별 국방비 지출 비교(1998~2010년)

(단위: 10억 달러)

		1998	1999	2000	2001	2002	2003	2004	2005	2006	2007	2008	2009	2010
미국	국방비	256.1	259.9	280.6	281.4	335.4	417.4	455.3	478.2	528.7	547	607	661	698
	세계비중 (퍼센트)	36	36	35	36	43	47	47	48	46	45	41.5	43	43
중국	국방비	16.9	18.4	23	27	31.1	32.8	35.4	41	49.5	58.3	84.9	100	119
	세계비중 (퍼센트)	3	3	3	3	4	4	4	4	4	5	5.8	6.6	7.3
일본	국방비	51.3	51.2	37.8	38.5	46.7	46.9	42.4	42.1	43.7	43.6	46.3	51	54.5
	세계비중 (퍼센트)	7	7	4	5	6	5	4	4	4	4	3.2	3.3	3.3
영국	국방비	32.6	31.8	36.3	37	36	37.1	47.4	48.3	59.2	59.7	65.3	58.3	59.6
	세계비중 (퍼센트)	4	4	4	4	5	4	5	5	5	5	4.5	3.8	3.7
프랑스	국방비	45.5	46.8	40.4	40	33.6	35	46.2	46.2	53.1	53.6	65.7	63.9	59.3
	세계비중 (퍼센트)	7	7	5	5	4	4	5	5	5	4	4.5	4.2	3.6
러시아	국방비	18.1	22.4	43.9	43.9	11.4	13	19.4	21	34.7	35.4	58.6	53.3	58.7
	세계비중 (퍼센트)	3	3	6	6	2	1	2	2	3	3	4	3.5	3.6
한국	국방비	15.2	15.0	10.0	10.2	13.5	13.9	15.5	16.4	21.9	22.6	24.2	24.1	24.3
	세계비중 (퍼센트)	2	2	1	1	2	2	2	2	2	2	1.7	1.6	1.6

자료: Stockholm International Peace Research Institute, SIPRI Yearbook: Armaments, Disarmament and International Security 각 연도통계; 조영남, 용과 춤을 추자(서울: 민음사, 2012), p. 81 참조.

우선 눈에 가장 띄는 것은 20세기 세계질서 운영의 주연이었던 미국의 지속적인 주도 추세이다. 미국의 군사비는 미국을 제외한 상위 10개국의 총 군사비를 훨씬 상회하고 있다.

다음으로 근대 국제질서 무대주인공의 지표로서 군사력과 함께 쌍벽을 이루었던 경제력은 21세기 세계질서에서도 여전히 핵심적인 역할을 하고 있다. 따라서 〈표 10-3〉과 같이 경제력의 대표적 지표인 국내총생산(GDP)을 기준으로 세계무대를 보면 미국은 전 세계 GDP44.4조 달러 중에 12.5조 달러(28.1%)를 차지하고 있다. 이어서 일본이 4.6조 달러를 점하고 있다. 그다음으로는 독일 2.8조 달러, 이탈리아 1.7조 달러, 캐나다 1.1조 달러, 스페인 1.1조 달러의 순서이다. 그리고 한국・브라질・인도・멕시

▌표 10-3▐ 세계 국내총생산 현황

(단위: 달러)

순위	국가명	국내총생산
-	세계	44조 4330억
-	유럽연합	13조 4461억
1	미국	12조 4857억
2	일본	4조 5713억
3	독일	2조 7973억
4	중국*	2조 2248억
5	영국	2조 2015억
6	프랑스	1조 1059억
7	이탈리아	1조 7662억
8	캐나다	1조 1302억
9	스페인	1조 1266억
10	대한민국	7931억
11	브라질	7927억
12	인도	7754억
13	멕시코	7684억
14	러시아	7662억
15	오스트레일리아	7080억

자료: 2006년 국제통화기금(IMF) 통계자료
*중국의 경우, 2010년 일본과 역전되어 약 5조 달러를 상회하였다.

코·러시아가 0.8조 달러수준이다. 미국의 이러한 경제력 우위는 근대 이후 제2차 세계대전 직후의 경우를 제외하고는 가장 중요한 요소로서 부상하고 있는 기술력의 경우에도, 미국의 연구개발비가 미국 다음의 7대 부국 연구개발비 총합계와 맞먹는다. 종합해 보면, 강대국 역사상 오늘의 미국만큼 국력의 모든 요소에서 우위를 점한 경우는 없었다.

소프트파워는 외교정책의 내용과 외교 스타일을 규정하기도 한다. 모든 국가는 각기의 외교정책을 통해 저마다의 국가이익을 추구한다. 소프트파워란 위협을 가하거나 보상을 제공하지 않고도 다른 나라로부터 원하는 협력을 이끌어 내는 힘이다.

21세기를 맞는 현재 미국은 국제질서를 어느 정도 유지해야 자국의 이해관계를 지킬 수 있다. 미국은 자신뿐만 아니라 다른 나라에도 영향을 미치는 대량살상무기 확산이나 테러행위, 마약문제, 통상, 자원, 생태파괴 등의 대양한 문제와 관련해 멀리 떨어져 있는 정부와 기구, 단체들에 영향력을 행사해야 한다. 국제질서는 상당 부분 공공재 (public good)라고 할 수 있다. 즉 다른 사람 몫을 빼앗지 않으면서 모두가 누리고 소비할 수 있는 재화인 것이다. 미국처럼 큰 나라가 공공재를 증진시키면 이중으로 이익을 얻게 된다. 즉 공공재 자체로부터 이득을 얻고 또 공공재의 주된 조성자가 됨으로써 자체의 소프트파워를 정당화하고 강화시키면서 이익을 얻는 것이다.

외교정책 역시 민주주의와 인권처럼 많은 나라들이 공유하게 되어 그 가치가 증진될 경우 소프트파워를 생성한다. 2000년 대통령 선거운동 기간 중 부시(G. W. Bush)는 미국이 지나치게 대외개입을 해서는 안 된다고 자주 언급했는데, 9·11 이후 부시의 정책이 바뀌면서 중동지역에 민주주의를 정착시키기 위해 미국의 파워를 사용할 필요가 있다고 언명했다. 미국은 해양법 조약이나 포괄적 핵실험금지조약, 대인지뢰금지조약, 국제형사재판소, 지구 온난화 방지를 위한 〈교토의정서〉와 같은 다자간 협정을 체결했지만 의회가 비준을 하지 않았다. 〈교토의정서〉와 같은 일부 조약에 대해서는 대안도 내놓지 않은 채 부시 대통령이 그냥

'사문화'를 선언하기도 했다. 이러한 마무리 방식은 다른 나라들의 반발을 사면서 미국의 소프트파워를 잠식하는 결과를 초래했다.

3. 미국 소프트파워의 원천

로버트 캐플런(Robert Kaplan)은 "미국이 세계적 규모의 제국이라고 말하는 것은 요즘 진부한 이야기가 되었다. 오늘날에는 다루기 힘든 이 세계를 관리하기 위해 전술적인 차원에서 아메리카제국을 어떻게 운용해야 하느냐는 점이 화두가 되고 있다."고 주장했다. 신보수주의적 잡지 *The Weekly Standard*의 편집장 윌리엄 크리스톨은 "미국이 지나칠 정도로 강해질 필요가 있다. 또한 미국이 제국주의적 강대국이라고 규정한다면 그것은 맞는 말이다."라고 주장한다.

영어는 라틴어처럼 세계의 공통어가 되고 있다. 미국 경제력은 세계에서 가장 규모가 크고 미국 문화는 사람들의 마음을 끄는 매력이 있다. 그러나 우월성의 정치를 제국의 정치와 혼동하는 것은 잘못된 일이다. '제국적'이란 용어를 사용하는 것은 오해를 불러일으키기 십상이다. 유럽이 19, 20세기에 해외에 건설한 제국을 연상하는데 그런 제국주의의 핵심적 특성은 직접적인 정치적 지배였다.

미국은 세계 최고의 경제대국으로서 세계 500대 기업의 절반 가까이를 포함하고 있다. 이 수치는 차 순위국인 일본보다 5배나 많은 것이다. 세계 100대 브랜드 중 42개가 미국 소유이고 세계 10대 경영대학원 중 8개는 미국에 있다. 각종 사회 지표를 살펴보아도 비슷한 양상을 보이고 있다.

① 미국으로 이민 오는 사람들의 숫자는 차 순위국인 독일의 6배에 가깝다.

② 한 해 영화 제작편수는 인도가 더 많지만 영화와 TV 프로그램 수출

면에서는 미국이 압도적인 우위를 차지하고 있다.

③ 외국 대학에 적을 두고 있는 전 세계 유학생 160만 명 중 28%가 미국에 소재한 대학에 다니고 있고, 차 순위국인 영국의 비중은 14%에 불과하다.

④ 2002년 현재 미국 교육기관에서 연구활동에 종사하는 외국인 학자는 8만 6천여 명에 이른다.

⑤ 미국은 세계 최대의 도서 출판국이다.

⑥ 미국은 음악관련 제품의 판매 면에서 차 순위국인 일본의 2배를 웃돌고 있다.

⑦ 미국의 인터넷 웹사이트 호스트 수는 일본의 13배 이상이다.

⑧ 역대 노벨상의 물리, 화학, 경제 분야 수상자 중 미국인의 비율이 가장 높다.

⑨ 미국은 노벨 문학상 수상 횟수 면에서 세계 2위로서 1위국인 프랑스를 바짝 뒤 쫓고 있다.

⑩ 미국은 과학 및 학술논문 발표량 면에서 차 순위국인 일본의 4배에 가깝다.

4. 각국의 소프트파워

미국의 해외 개입정책은 현재 안정(stability), 개방(openness), 그리고 접근(access: 안정과 개방이라는 두 개의 목적을 유지하기 위한 능력) 패턴이 주류를 이루고 있고, 세 가지 스마트파워 도구(3D)는 개발(development), 외교(diplomacy), 방어(defense)이다. 이는 지구상의 안보 불안과 극단주의, 테러리즘을 해결하는 필요한 접근방법으로 이해되고 있다. 미국 관점의 스마트파워 개념은 미국 철학 속에 내재되어 있는 전략으로써 9·11테러 이후 부시의 정책에 대한 반작용으로 부상한 하드파워와 소프트파워의 통합 개념이며 미국의 동맹을 강화하고 국제제도 및 기구와 규범을 사용하여 문제를 해결하는 방식으로 각 상황에 맞는 사용가능한 모든 도구들을 동원하는 개념이다. 그리고 동북아에서 미국의 외교정책 과제들을 수행하는데 있어서 특히 스마트파워의 적용은 포괄적인 접근으로 기능하고 있다. 그것은 미국 동맹들의 영향력 강조, 양자 및 다자적으로 적대국과 협상, 개발지원의 진흥, 공공외교, 경제통합, 그리고 다른 국가들과 강한 지역 파트너십 형성을 통한 방법으로 실제화되고 있다.

일본의 스마트파워 전략은 일본 자위대의 이라크에서의 소프트파워 투사와 관련된다. 2006년 이라크사태 때 일본 육상자위대를 파견한 것은 일본이 하드파워를 어떻게 소프트한 목적으로 사용했는가를 보여주는 좋은 사례가 되었다. 그러나 여전히 일본 헌법은 하드파워 사용을 제약하는 요인이다. 왜냐하면 일본의 평화헌법은 일본을 군사적 공격으로부터 보호하기 위한 것 이외에는 일본의 군사력을 하드파워 목적으로 사용하는 것을 금지하고 있기 때문이다.

소프트파워의 필요성과 관련, 사실상 일본의 해외파견 특수요원들은 군사작전은 비록 필수적이지만 안보, 사회질서, 통치력, 국가적 하부구조를 재건하고 경제를 활성화시키고 과거의 적들과 화해하기 위해서는 소프트파워가 절실히 필요하다고 여기고 있다. 그리고 이라크의 평화유지 노력과정 중에서 일본자위대가 얻은 교훈은 세 가지이다. 첫째, 평화유지 작전에 있어서 지역주민의 지원이 필요하며 모든 수단과 방법을 동원하여 지지를 획득해야 한다. 둘째, 안보와 재건 또는 안정과 번영사이의 역학관계를 이해하는 것이 필수적이다. 셋째, 일본은 국제 공공자원인 일본자위대의 능력을 최대한 활용하기 위한 정책을 개발해야 한다.

또한 스마트파워 실행을 위한 일본의 과제를 세 가지로 나누어 보면, 첫째, 일본은 현재와 미래의 파트너와 협력 시 일본의 특수한 능력과 절차를 명확히 해야 한다. 둘째, 협력할 대상 국가들의 고유한 능력과 성격들을 이해해야 한다. 셋째, 협력국가들과 협조해서 그들의 장점을 최대한 활용할 수 있는 활동지역을 모색해야 한다는 점이다.

중국의 스마트파워전략 외교정책 목표는 국내적으로는 경제성장과 더불어 가치관과 주류 문화를 재정립하고, 국제적으로는 주요국으로서의 위상을 확립하기 위해 국제무대에서 공공선에 이바지하는 것이다. 중국의 스마트파워 실행 현황을 보면, 국제적으로 중국문화 홍보를 위해 96개국에 369여 개의 공자아카데미(孔子學院)를 설립하여 중국어와 중국문화 체험기회를 제공하고, 만다린어 교육자를 양성하는 등 유교제도 홍보에 진력하고 있다. 또한 유학생 교류를 활성화하고 '중국문화의 해' 등 이벤트성 활동을 통해 중국의 전통과 문화를 다른 국민에게 홍보하고 있다. 경제영역에 있어서 교역과 투자를 확대하면서 중국은 아프리카를 비롯해 해외원조를 증가시킴과 동시에 재난 시 국제구호활동 확대로 스마트파워를 실행하고 있기도 하다.

외교영역에 있어서 중국의 스마트파워 투사노력은 첫째, '낮은 자세(low-profile)'로 상대측의 의견을 듣는 외교 추구. 둘째, 선린우호 외교로 주변국(러시아, 한국, 동남아 국가 등)과 우호관계 증진, 셋째, 중국의 부상이 위협적이지 않고 평화적임을 확신시키는 것이다. 한편 중국의 스마트파워 투사 시의 제약요인으로 첫째, 중국의 경제우선 발전모델의 부작용 즉, 소득격차와 환경오염 등이 나타남으로써 개도국의 모범국가로서 그 이미지가 추락했으며, 중국의 하드파워 강화에 대한 주변국의 의심을 유발할 수 있다는 점. 둘째, 중국의 주류 가치와 문화수출 시스템 결핍. 셋째, 개도국 지원이 환경파괴를 유발할 수 있는 가능성. 넷째, 비정부 부문의 역할이 제한되어 있는 사실이다.

러시아의 스마트파워 전략과 관련, 2007년 7월 메드베데프(D. Medvedev) 러시아 대통령체제하의 신외교정책에서 조셉 나이(J. Nye)의 개념을 사용하고 있지 않지만, 소프트파워의 중요성을 인식하고 있다. 러시아의 외교정책 목표는 하드파워와 소프트파워의 적절한 조합을 통해 달성될 수 있다는 것이다.

신외교정책개념의 주요 내용으로는 첫째, 러시아외교의 최우선순위는 러시아의 대내발전을 위한 유리한 외부환경의 조성. 둘째, 러시아

외교정책의 원칙 있는 지속성 강조. 셋째, 국제상황의 전개에 대처하기 위한 장기적 경향 분석. 넷째, 현 단계의 비전을 설정하고 문제에 적극적으로 대처. 다섯째, 실용주의, 개방, 대결로 치닫지 않는 국가이익 확보, 다양한 접근방식 및 모든 파트너와의 동등한 협력 강조 그리고 여섯째, 국제관계에서 국가의 군사, 경제, 과학기술, 환경, 인구, 정보 요인의 중요성을 강조했다. 러시아의 대외정책 목표에 대해 언급하면서 러시아 국가안보 보장, 주권과 영토 통합성 강화, 국제공동체에서의 강력한 권위 확보, 그리고 러시아의 현대화를 위한 외부환경 형성, 경제변화, 삶의 질 향상, 사회공고화, 헌법체계 기반의 강화, 법과 민주제도의 규칙 준수, 그리고 인권과 자유의 실현에 중점을 두고 있음을 알 수 있다.

그리고 현대 국제안보환경에 대해서, 현대는 비전통적 안보위협 즉 테러리즘, 마약, 조직범죄, WMD 확산, 이민, 기후변화, 전염병 등에 대처하기 위해서는 전 세계적 협력이 필요하다는 점을 인정하고 있다. 따라서 오늘날 분쟁양상을 보면 승리는 군사적 승전에 의한다기보다는 역량 있는 민주 국가를 건설할 수 있도록 도와주는 것이라는 점을 강조하면서 소프트파워의 필요성이 증대하고 있음을 인정하고 있다.

이명박 정부의 외교안보 전략과 스마트파워 전략은 집권 초기 'MB 독트린'이라는 이름으로 남북관계, 외교정책 기조, 북핵 포기 프로그램 등에 대해 실용주의 노선의 기조를 밝혔다. 또한 '글로벌 코리아'를 슬로건으로 내걸고 변화하는 안보환경에 대응하기 위해 새로운 안보전략을 발표했다.

한국의 스마트파워 전략구상은 세계 안보환경이 9·11테러사태 이후 급속히 변화하고 있으며 전통적인 군사위협이 지속되고 있지만 테러리즘, 핵무기개발, 기후변화, 환경재난, 가난, 이주, 국제범죄, 유행성질병 등 새로운 비 전통적 안보위협들도 등장하고 있다는데 바탕하고 있다.

최근 한반도의 안보환경은 긴장 수위가 한층 높아지고 있는바, 이는 북한의 6자회담 탈퇴 선언, 로켓발사 실험, 그리고 제3차 핵실험으로 인해 국제사회는 북한에 대한 제제의 목소리를 높이고 있는 상황이다.

한국은 미국과는 달리 다양한 안보도전에 대응하는 하드파워와 소프트파워 자원 능력과 동원에 있어서 한계에 봉착, 북한이라는 위협에 대처하기 위해서는 미국과의 견고한 동맹유지가 필요한 실정이다.*

5. 한국의 소프트파워와 스마트파워

한 나라의 소프트파워는 주로 세 가지 형태의 자원에 좌우된다. 그 나라의 문화, 그 나라의 정치적 가치관, 그 나라의 대외정책 세 가지이다. 이 중에서 국민들과 가장 밀접하게 관련된 문화를 살펴보자. 어떤 나라의 문화가 보편적 가치를 지니고 또 제반정책을 통해 다른 나라들이 공유하는 가치와 이익을 증진시킨다면, 그 나라가 바람직한 성과를 얻을 가능성은 커지게 된다. 예를 들어 19세기 후반에 프랑스-프로이센 전쟁(普佛戰爭)에서 패배한 프랑스 정부는 자국의 문화를 홍보하고 국가적 위신을 회복하기 위해 알리앙스 프랑세즈를 설립했다. 이는 군사력(하드파워)의 부진을 언어적인 매력(소프트파워), 그 중에서도 프랑스의 문화로 만회하기 위한 전략이었다.

1) 한국의 소프트파워

(1) 정치 외교적 측면

한국은 다양한 정치 외교적 활동을 통해 세계 속에서의 입지를 다지고 있다. 첫째, 한・미 FTA를 성공적으로 추진한 것이다. 이를 통해 한국의 성장은 물론이고, 시장경제와 자유무역의 모범적 사례를 전 세계에 제공하였다. 둘째, G20정상회의의 서울 개최이다. G20은 IMF 회원국들 가운

* 북한 핵문제 해결과 관련, 한국 정부가 고려해야 할 전략적 시사점은 첫째, 미국과의 동맹을 강화, 둘째, 북한 핵 위협에 대한 효과적 대응태세 마련, 셋째, 긴장고조로 인한 국지전 발생 사전방지, 넷째, 북한의 협상테이블로의 복귀를 위한 중국과 러시아와의 외교적 유대강화 등이다.

데 가장 영향력 있는 20개국이 회동한 것이다. G20 국가의 총인구는 전 세계 인구의 3분의 2에 해당하고, 20개국의 국내총생산(GDP)은 전 세계의 90%에 이르며, 전 세계 교역량의 80%가 이들 20개국을 통하여 이루어질 정도로 세계 경제에서 큰 비중을 차지한다. 이러한 국가들의 모임을 서울에서 개최했다는 것은 한국의 경제적 위상이 상당하다는 것을 의미한다. 마지막으로 UN 사무총장이 한국인이라는 점이다. UN 사무총장은 예전의 국제연맹의 사무총장이 지니던 '행정가'로서의 역할에 더해 '정치가'로서의 역할도 행사할 수 있다. 즉, 유엔 사무총장은 '국제공무원의 꽃'인 동시에, 복잡다단한 국제문제들을 적극적으로 나서서 해결해야 하는 위임을 받은 '중재자' 혹은 '지휘자'이다. 이러한 역할을 한국인이 담당한다는 것은 국제정치에서 한국의 이미지가 긍정적으로 비추어지는 데 큰 도움이 되고 있다.

(2) 기술적 측면

21세기는 정보와 지식기술이 부를 창출하는 지식정보사회로, 이와 관련된 기술들이 중요하게 되었다. 이와 관련해 한국은 'IT강국'이라는 수식어도 갖고 있을 만큼, IT분야에서 세계적으로 높은 위치에 있다. 그 자리에 오르기까지 우리 기업과 정부가 많은 노력을 하였고, 지금도 진행 중이다. 우리나라 기업에서는 반도체, 스마트폰, LCD, 디지털카메라 등을 최고의 품질로 생산하고 있는데, 예를 들어 삼성의 스마트폰 '갤럭시(Galaxy)' 시리즈는 미국 애플사의 '아이폰(iPhone)' 시리즈와 경쟁할 만큼 괄목할 만하게 성장하였다. 미국과 경쟁함으로써, 한국의 IT 제품이 세계인들의 머릿속에 '한국=선진국'이라는 이미지를 심을 수 있는 좋은 계기가 되고 있다.

반면, 우리 정부는 IT분야에 적극적으로 관여하면서 외교 수단으로 사용하고 있다. 일명 'IT 외교'는 개도국에서 양자 협력 의제로 IT협력을 포함시키고, 개도국의 IT 전문 기술자들을 한국으로 초청 연수 기회를 지속적으로 제공하는 등 IT분야에서의 입지를 다지는 외교 활동들을 뜻한다. 그리고 2005년에는 정보통신기술(Information & Communication & Technology; ICT) 전문교육 훈련기관인 유엔기구를 국내 최초로 유치함으로써, 국제사회에서 우리나라의 IT 영향력과 위상을 크게 배가시켰다.*

(3) 문화적 측면

최근 전 세계적으로 가장 큰 인기를 얻고 있는 가수는 바로 한국의 '싸이(본명 박재상)'이다. 이것이 바로 문화적 측면에서 한국의 소프트파워를 나타내는 가장 대표적인 사례라고 할 수 있다. 싸이의 '강남스타일' 노래와 말 춤은 선풍적인 인기를 끌어 미국 대선 후보였던 롬니의 홍보수단으로 까지 사용되었고, 싸이는 미국의 유명한 토크 쇼들에 출연함과 아울러 최근에는 옥스퍼드 대학교 등 유수한 기관에서 강연하는 유명인사가 되고 있다. 유튜브 검색 숫자는 10억을 넘어 사상최대의 대기록을 기록하고 있어서 비단 미국뿐만 아니라, 전 세계인들이 싸이의 음악에 열광하고 있음을 확인할 수 있다. 뿐만 아니라 여타 K팝 가수들의 활약상과 K푸드 등은 한류의 세계화에 크게 기여하고 있다.

또한 영화에서도 한국의 활약이 두드러지고 있는데. 박찬욱 감독의 '올드보이'가 칸 국제영화에 대상을 수상하고, 김기덕 감독의 '피에타'가 베니스 영화제에서 황금사자상을 수상하는 등 한국 영화가 각종 국제영화제에서 두각을 나타냄에 따라 K필름도 한류의 성장에 박차를 가함으로써 국가브렌드가 경제적 국부(national wealth)의 중요 자산으로도 크게 기여하고 있음을 알 수 있다.

그리고 한국어를 세계화하기 위해 언어교육원인 '세종학당'의 설립 운영은 매우 좋은 사례이다. 언어의 전파는 소프트파워 증진에 있어서 매우 중요한 요소이다. '세종학당'은 외국어로서 한국어를 배우고자 하는 자를 대상으로 한국어와 한국 문화를 알리고 교육하는 한국어의 세계화 추진기

* 전 세계 약 6만 개에 달하는 국제기구 가운데 한국은 최근 유치한 녹색기후기금 사무국을 포함 27개에 불과하여 미국(3,646), 일본(270), 태국(133) 등에 비하면 초라한 실정이다.

관이다. 한국어 교육 및 한국 문화 확산을 목적으로 2007년 몽골의 울란바토르에 문을 연 이후 현재 전 세계 90개 지역에 설치 운영되고 있다.

2) 한국의 소프트파워 발전 방향

2000년대 들어, 한국은 문화국가로서의 한국의 이미지를 부각시켜 한국에 대한 긍정적인 인식을 확산시키고자 하였다. 또한, 이러한 인식이 한국 상품에 대한 선호로 자연스럽게 이어질 수 있는 분위기 조성에 힘쓰고 있다. 이를 위해서 세계 각국의 여론 형성층을 대상으로 한 대외홍보에 노력을 기울이고, 세계 각국 125개 재외공관을 통해 한국 정치, 경제의 발전상과 고유문화를 적극적으로 홍보하고 있다.

이러한 상황에서, 2009년 대통령직속기관인 국가브랜드위원회가 'Global Korea'란 비전 아래 국가브랜드 제고 활동을 위하여 출범하였다. 이 위원회는 한국의 국가브랜드 수준을 2013년까지 OECD 평균 수준인 15위까지 끌어올리겠다는 목표 아래 SNS를 활용해 적극적으로 활동하고 있다. 또한, 정부 및 민간 차원에서 K-pop, 음식, 문화 등의 전파에 많은 노력을 하고 있다.*

월드컵을 비롯한 각종 국제 스포츠 행사 유치 이후로는, 김연아, 박지성 등의 스포츠 선수들을 활용한 스포츠 마케팅을 하는 등의 소프트파워 전파를 위한 다각적인 노력을 하고 있다.

3) 한국의 공공외교를 통한 스마트파워

한국의 스마트파워 외교 전략은 공공외교를 핵심적으로 사용하고 있다. 공공외교란, 전통적인 방식의 외교(정부와 정부 간의 외교)에서 벗어

---

* 문화콘텐츠산업의 장점은 청년일자리의 확대라는 측면에서도 지속 성장되어야 한다. 10억 원 투자 시 고용효과는 반도체 4.2명, 자동차 6.4명인 데 비해 문화서비스업은 12.6명에 달하기 때문이다.

나 상대 국가의 국민들에게까지 직접 깊숙이 스며드는 외교라고 볼 수 있다. 공공외교는 1960년대 냉전시대 때 공산권을 상대로 펼친 외교에서 유래한 것인데, 2001년 9・11테러 이후 다시 각광받고 있다.

지금 전 세계를 강타한 싸이의 강남스타일 신드롬도 한국의 문화를 세계 곳곳에 전한 측면에서 공공외교라고 볼 수 있다. 공공외교는 상대국가의 국민들뿐만 아니라 비정부, 비국가 행위자들에게도 적용되는 개념이다. 한국은 이러한 공공외교를 국가 이미지개선 등에 이용하고 있는데, ODA 정책 등 기여외교 등도 여기에 포함된다. 하지만 한국이 다른 나라 국민들에게 내놓을만한 자원이 없다는 것이 현실이다.

우리나라도 공공외교 활동을 전개하고 있는데 한류도 여기에 포함된다. 한국에 관심을 갖게 한다는 이유에 있어서는 넓은 의미에서 충분히 공공외교라고 볼 수 있다. 삼성, LG의 전자제품이 세계 곳곳에서 훌륭한 평을 받고 있는 것도, 무한도전과 비빔밥 광고도 자국의 문화적 이미지로 접근하는 방식이기 때문에 모두 공공외교이다.

재난 발생지역 등에 원조를 보내는 ODA 정책을 통해서도 국가 이미지 재고에 힘을 쓰고 있다. 한 가지 예로, 한국은 리비아 사태에 군사적인 지원은 실행하지 않았지만 리비아 대사관을 중심으로 건설회사, 병원인력 등의 원조를 보냈고 이에 굉장히 우호적인 반응을 얻었다.

하지만 우리나라의 공공외교는 부족한 면이 많다. 뒤늦었지만 외교통상부에 공공외교를 전담하는 부서도 생겼고, 최근엔 루마니아의 바이올리니스트 알렉산드루 토메스쿠를 공공외교 친선대사에 임명, 요르단 국영방송과 수교 50주년 인터뷰, 네덜란드와 수교 50주년 기념 학술회의를 개최하는 등 다양한 방면에서 한국의 인지도를 높이기 위해 활동하고 있고 공공외교 네트워크 구축을 위해 힘쓰고 있는 모습은 앞으로의 발전 가능성을 보여주고 있다. 이러한 공공외교 활동들은 소프트파워 강화에 핵심적인 역할을 담당하고, 소프트파워가 중요한 한국의 스마트파워도 더불어 성장할 수 있을 것이다.

소프트파워는 하드파워를 온전히 대체할 수 없으며, 둘 중 어느 것이 더 중요하다기보다는 나라를 위해 하드파워와 소프트파워는 꼭 필요하다. 이러한 생각에서 그 양자를 적절히 조합해 시너지를 발생시키는 스마트파워가 출현했다. 한국은 국제적으로 중견국이다. 강대국에 버금가는 군사력이나, 하드파워는 부족하지만 국제적으로 강대국만큼의 영향력을 끼칠 수 있는 나라이다. 이러한 상황에서, 한국의 스마트파워는 소프트파워가 중심이 될 수밖에 없다. 또한 한국은 많은 자원을 가지고 있지도 않고 해외의존도가 높은 이유로 해서 전략적인 외교는 꼭 필요하다. 그렇다면, 한국은 문화적 자원과 외교역량 등을 키워 스마트파워를 강화시켜 나가야 할 것이다.

4) 한국의 스마트파워 문제점

스마트파워는 소프트파워만으로 이루어지는 것이 아니라 하드파워에 기반을 둔 소프트파워를 뜻한다. 탈냉전 이후로, 양극화되었던 분위기가 다극체제로 변하면서, 국가들 간의 안보문제보다 오히려 비(非) 국가폭력이 증가되는 추세가 만연하고 있는데 이러한 과정에서 전통적 국가론에서 탈피해야 할 필요가 있다. 그런 면에서 소프트파워가 더욱 중요해졌으나 국가 안보에 있어서 가장 중요시되는 것은 역시 하드파워이다.

군사력, 경제력 등이 뒷받침되지 않은 채 매력을 끄는(charming)정책만으로 나라의 안보를 보장할 수 없다. 이런 면에서 한국의 하드파워는 상당히 취약함으로 소프트파워에 상대적으로 비중이 쏠리는데, 그래도 소프트파워 면에서도 불안한 면이 많다. 개발외교와 기여외교에 중요한 수단인 ODA정책은 국내에서도 지지도가 낮은 상태에서 경제원조를 제공하고 있으나 효과는 의문시된다.* 또한, 한미 간의 외교에서는 북핵 논의가 불가피한데, 대미 외교에 더하여 대북 정책까지 어젠더를 설정해야하며, 주한미군 및 한국군의 해외파병 등도 포괄해야 함으로 신중하면

---

* 한국은 현재 127개국을 상대로 3천 건이 넘는 프로젝트에 약 8억 달러의 공적개발원조(Official Development Assistance; ODA)를 제공하고 있다.

서도 체계적인 배려와 연구가 요청되고 있다.

위에서와 같이 한국의 관민이 소프트파워 강화를 위해 노력함에도 불구하고, 한국의 소프트파워 전략은 한식의 홍보, 국제스포츠 행사에의 참여, 연예 분야 등에 집중된다는 비판을 받고 있다. 언론에서 매번 한국 가수들의 한류 열풍이나 드라마 등에 대한 기사들이 주류를 이루는 현실이 이를 방증한다. 이로 인해, 오지(奧地)나 열악한 조건에서 벌이는 힘겨운 봉사활동 모습, 세계평화와 안전을 위해 불편한 환경 속에서도 봉사하는 평화유지활동상, 한국어 전파와 교육을 위해 후진국의 악조건을 무릅쓰고 고통을 인내하는 교육담당자들의 눈물겨운 드라마 같은 유형의 소재를 담은 소프트파워 개발은 상대적으로 기피되는 현상을 시정해 나가야 한다.

제11장
리더십과 국가발전

1. 지도자의 중요성

훌륭한 지도자에 대한 동경(憧憬)은 모든 공동체와 국가에 있어 공통적이다. 지도자 선출 과정과 결과에 따라 사회 구성원의 행불행이 좌우되며, 지도자의 정책결정과 선택에 따른 전쟁과 평화는 지도자를 선출하거나 갖게 된 공동체 구성원의 운명을 좌우하게 된다.

지도자가 발휘하는 리더십 분야는 매우 다양하다. 그리고 민주주의 사회와 공개사회(open society)는 각 분야에서 다양한 지도력을 필요로 하는 까닭에 지도자의 자질과 덕목도 그만큼이나 복합적인 성격을 요청하고 있다.

① 정치부문에서 대통령, 수상, 총리 등은 권력의 독점과 분배를 통해 국민에게 비전을 제시하는 역량을 발휘한다.

② 외교 및 국제관계에 있어서 리더십은 기존의 전통 외교 분야뿐만 아니라 환경, 에너지, 자원, 테러 등에서 뛰어난 능력을 요구한다.

③ 군사, 국방, 안보 등에서도 특별한 리더십을 필요로 하는데, 평시 및 국난 극복 시의 지도자가 보여주는 카리스마적 용기와 지혜는 역사의 귀감으로 기록되고 있다.

④ 경제 및 기업활동에서도 정책담당자와 기업 총수 그리고 CEO의 역할은 지식기반경제의 기초 확립만이 아니고 피부로 느끼는 국민경제의 윤택함을 보장해 주기도 한다.

⑤ 종교 영역에서도 뛰어난 지도자들을 동경하는 경우도 허다하다. 원효대사, 사명대사, 로마 교황들, 마틴 루터 킹 목사, 김수환 추기경, 법정 스님은 종교세계에서의 영적 지도자들로서 기억되고 있다.

⑥ 스포츠는 그 본질적 특성만큼이나 리더십을 요구한다. 근대 올림픽 창시자 쿠베르탕 남작, 2002년 월드컵에서 한국의 4강 신화를 세울 당시 히딩크 감독이 보여준 리더십을 한국인은 모두 기억하고 있다.

⑦ 지식정보화 시대의 인터넷 및 디지털혁명은 새로운 시대적 혁명으로서 자리매김하고 있는데, 빌 게이츠와 스티브 잡스는 결코 지워지지 않을 명성을 누려나갈 것이다.

2. 리더십 개념

국어사전에 의하면. 리더십이란 무리의 지도자로서 갖추어야 할 자질, 일을 결정하는 능력, 무리를 통솔하는 능력, 사람들에게 존경과 신뢰를 얻는 능력 따위이다. 그리고 "바랄 것이 없는 곳에서 희망을 갖도록 해주는 자", "집단의 활동을 하나의 공동목표를 향해 이끌어나가는 개인의 행동", "부여된 임무를 효과적으로 수행하기 위해 갖춰야 할 지식, 기술, 태도, 가치관, 행동" 등으로 이해할 수 있다.

이러한 리더십과 관련, 연고주의/정실주의(人治)의 유산 개선, 정부불신 불식과 정부운영의 신모델 모색과 더불어 포퓰리즘(Populism)에 근거하는 리더십 경계는 민주주의 사회의 발전을 위해 불가피한 과제가 되고 있다.

3. 지도자의 일반적 덕목

(1) 지도자의 자세

적극적, 진취적, 긍정적이어야 한다. 항상 새로워져야 한다는 의미에서 변화일신(變化日新), 자강불식(自强不息)이 요청되고 있다.

아데나워(K. Adenauer) 수상과 브란트(W. Brandt) 수상, 리콴유(李光耀)와 박정희 대통령의 사례처럼 정책의 일관성과 지속성을 유지해야 한다.

(2) 미래에 대한 비전

〈잠언(箴言)〉에 "비전이 없는 곳에선 백성이 망한다(Where there is no vision, the people perish)."고 했다.

이스라엘(6백만) vs. 아랍국가들(1억 8천만)과의 관계, 李光耀와 마하티르(말레이시아) 수상 그리고 호지명(胡志明)의 리더십, 독일 통일과 콜(H. Kohl) 수상의 역할 등에서 교훈을 얻을 수 있다.

(3) 확고한 정치철학

드골(C. de Gaulle)의 탈미자주화 지향, 푸미폰 태국 국왕의 정치적 중립과 민주주의에 대한 확신, 영국 대처(M. Thatcher) 수상의 만성적 노동자 파업 퇴치는 정치철학의 초지일관의 의미를 대변해 주고 있다.

(4) 도덕성

도덕성은 도덕적 역량이고, 도덕성 자체가 권력 및 정치적 힘이다.

케네디(Kennedy)가의 4남인 에드워드 케네디, 닉슨, 게리 하트, 클린턴의 도덕성은 자주 회자되는 실례이다.

(5) 뛰어난 지성

현대사회의 동적이고 광범위한 변화의 내용과 새로운 흐름을 정확히 파악하는 능력은 현대사회의 hard power, soft power, smart power 속성과 특징을 숙지하는 데 필수불가결한 요소이다.

(6) 건강

돈(錢)보다 명예, 그리고 명예보다 건강 잃는 것은 모두를 버려야 한다는 뜻이다.

당나라 시절 관리 뽑을 때의 네 가지 기준은 身: 바른 신체와 자세, 言: 교양과 설득력, 書: 문필 및 지식과 학구열, 判: 판단력이었다.

카터(J. Carter) 대통령과 조깅, 브레즈네프 이후 안드로포프와 체르넨코의 연속 사망, 옐친의 건강문제, 덩샤오핑의 건강관리법 등은 참고할 필요가 있다.

4. 서양인 리더십

미국 뉴햄프셔 주에 있는 러시모어(Rushmore) 산에 조각된 4인의 '큰 바위 얼굴'의 의미는 훌륭한 지도자를 동경하는 미국인들의 염원을 표현한 것이다.

초대 대통령 조지 워싱턴(George Washington)은 '안정'의 측면에서 가장 으뜸으로 칭송받고 있다. 그는 대지주 귀족계급에 속했으나 군에 자원입대하여 리더십을 인정받아 장군이 되었고, 침착성과 인내력 또한 뛰어난 인물이었다. 다양한 분야에서의 리더십은 인사문제에 있어서도 중용적으로 관리함으로써 훌륭한 후임자들을 대통령으로 두게 되어 미합중국의 국기(國基)를 닦을 수 있었으며, 국민의 지지로 3선도 가능했으나 스스로 자진하여 대통령직을 사임하였다.

제3대 대통령 토마스 제퍼슨(T. Jefferson)은 '이상' 부문에서 존경받고 있다. 그는 약관 33세 때 독립선언서를 기초하였으며, 헌법 수호와 권력의 남용을 매우 우려하였으며, 미국 민주주의의 수호자로서의 명성대로 여전히 국민적 존경을 받고 있다.

제16대 대통령 링컨(A. Lincoln)은 '통일'이라는 관점에서 흠모와 존경의 대상이 되고 있다. 빈곤한 어린 시절의 교훈에서 경건한 신앙심을 갖게 되었고, 부지런한 독서습관은 타인의 말을 경청하는 지혜를 가져다 주었으며, 노예해방을 위한 남북전쟁의 승전보가 국민통합만이 아니라 현금에 있어서도 인권역사의 금자탑을 이루는 것으로 평가되고 있다.

제26대 대통령 루즈벨트(T. Roosevelt)는 '추진력'에 있어서 미국 역사에 길이 빛을 내고 있다. 그는 작가, 탐험가 그리고 군인으로서의 화려한 경력과 아울러 연방정부의 권한을 강화하는 데 크게 기여하였다. 특히 미국의 태평양 및 아시아로의 진출과 해외확장에 있어서 중요한 역할을 담당하기도 했다.

맥아더(Douglas MacArthur) 장군은 한국전쟁 당시 인천상륙작전(1950. 9.15.)을 통해 세계 군사작전상 가장 훌륭한 상륙작전을 지휘했다.

케네디(J. F. Kennedy) 대통령은 쿠바(Cuba) 미사일 사건 발생 시 카리브 해에 대하여 해상봉쇄작전을 훌륭하게 지휘했던 공로가 있다.

잭 웰치(Jack Welch)는 가장 뛰어난 경영전문인(CEO)로서 GE를 통해 '웰치혁명(Welch Revolution)'을 보여주었다.

처칠(Winston Churchill) 수상은 영국사상 가장 위대한 지도자이고, 본인의 열등의식을 스스로 잘 극복하고 특히 제2차 세계대전에서의 리더십만이 아니고, 전쟁사 집필로 노벨상을 수상했다.

5. 중국인 리더십

동양인으로서 세계제국을 건설한 몽골의 제왕 칭기즈 칸은 워싱턴 포스트 지가 선정한 세계를 움직인 역사적 인물 중 첫 번째 자리를 차지해 왔다. 유목민족의 타고난 그의 스피드전략관은 오늘날의 '노마드 정신'의 원조이자 귀감으로 자리매김하고 있다. 그는 대제국을 건설하는 과정에서 부하들을 인덕(仁德)으로 대하였고, 병기와 병법을 개발함에 창의력을 집중했으며, 카리스마적 리더십을 유감없이 발휘하였던 인물이다.

중국의 왕도정치와 덕치는 많은 현인들에 의해 규범화되었다. 손자(孫子)는 지도자 조건을 용(勇), 지(智), 인(仁), 엄(嚴), 신(信)으로 제시하였다. 동양의 유교적 전통은 1인 통치의 지배질서이고 동양적 전제주의 전통을 지니고 있다. 그리고 인치(人治)는 혈연과 지연 그리고 파벌 등으로 엮인 형태로써 오늘날 상해방(上海幇)이라든지 태자당(太子黨) 등이 그 사례이다.

마오쩌둥의 정치리더십의 특색은 홍(紅) 일변도이다. 그는 1950년대를 통해 가오캉(高崗)을 숙청했고, 이후 3면홍기운동과 반우파투쟁인 백화제방(百花齊放)을 추진했는데, 대부분이 공산주의 혁명이론에 근거한 좌파적 모험주의의 산물이었다.

그리고 여산회의(廬山會議)를 거치면서 1960년대에 와서는 사회주의 교육운동과 문화대혁명(문혁)을 전개하였다. 정권 수립 이래 최대의 권력투쟁이었던 문혁 이후 비림비공(批林批孔)운동을 추진하면서 계속혁명노선을 지향했다. 1970년대에는 측근인 저우언라이(周恩來) 및 덩샤오핑을 비판하기도 했다.

저우언라이의 정치리더십은 일생을 외교관, 행정가로서의 만년 2인자 위치 고수하였던 때문에 자주 한 고조(漢 高祖)와 소하(蕭何) 관계에 비견되어 왔다. 그는 항상 권력투쟁에서 한 발 물러나 관조하는 한편 그 후유증 수습에 전심전력을 다해 왔다. 또한 그는 인민의 편에 서서 판단하고, 행동하였기 때문에 인민의 지극한 사랑을 받는 지도자로서 그려지고 있다.*

덩샤오핑의 정치리더십은 전(專) 우위론에 입각해서 실용주의노선을 견지하였다.

그는 1970년대 후반부터 실사구시의 바탕인 '흑묘백묘론(黑猫白猫論)'에 근거하여 사상해방과 4개현대화를 적극 추진해 나갔다. 1980년대에는

* 암 투병 시 의사들에게 자신보다 다른 환자를 더 돌보기를 권유하던 모습은 인민들에게 감동 그 자체를 불러일으켰다.

'역사결의'와 '모택동평가'운동, 개혁개방노선을 꾸준히 견지해 나갔으며, 1989년 천안문 사태를 경과하면서도 선부론(先富論)을 굽히지 않았으며, 1990년대 초반에도 남순강화(南巡講話)를 단행하였고 현대화를 위한 개혁개방노선의 끈을 놓지 않았다.

6. 일본인 리더십

일본 역사에서 막부(幕府)시대와 전국(戰國)시대를 시대별로 나누면 아래와 같다.

- 鎌倉(카마쿠라) 막부시대(1192～1333)
- 室町(무로마치) 막부시대(1336～1573)
- 戰國시대(1573～1603)
- 江戶(에도) 막부시대(1603～1867)
- 明治(메이지) 천황(1867～1912 在位) 친정 개시

① 坂本龍馬(사카모도 료마)와 그의 개혁방안 '船中八策'(1867)은 서양의 압박을 극복하고 존왕양이(尊王攘夷)의 격동 속에서 국내의 적대 세력간에 피(血)를 흘리지 않고 국체개혁을 이루려는 것을 핵심으로 한 것이었는데, 그 주요 내용은 대정봉환(大政奉還), 상하의정국 설치, 인재등용과 관제개혁, 외교쇄신, 법전제정, 해군확충, 어친병(御親兵) 설치운영, 폐제(幣制) 개혁 등이었다.

② 岩倉具視(이와쿠라 도모미) 사절단의 해외유람(1871.11.～1873.9.)을 통해 서양식의 부평등조약 개정 준비, 선진 서양국가들의 문물과 제도 시찰, 비스마르크의 조언(군주제)을 청취하였다.

③ 福澤諭吉(후쿠자와 유기치)와 탈아세아론 및 탈아입구(脫亞入歐) 주장은 다분히 인종차별론에 근거하고 있었으며, 한국에 대해서는 철저히 반한론 및 정한론(征韓論)을 견지하고 있었다.

④ 伊藤博文(이토오 히로부미)은 일본 제국헌법을 마련함에 있어 대륙계(독일) 헌법구조를 따랐으며, 황국사관에 따라 천황에게 신성불가침을 부여함으로써 신국(神國)일본의 신권적 절대주의 헌법을 제정하였다.

⑤ 吉田 茂(요시다 시게루)는 일본 패전(1945.8.15.) 이후 3차의 내각 조각을 통해 일본 보수정치의 원형을 구현하였다. 그의 친미주의노선은 안보를 미국에 맡기는 한편으로 일본 경제부흥의 발판을 마련하는 데 있었다.

7. 한국인 리더십

세종대왕은 한글 창제, 과학기술 발전, 국방안보의 충실, 인재중용의 큰일을 훌륭하게 수행하였다.

"나의 부덕의 탓!"이라는 소통의 정치 리더십은 이미 6백 년 전 국가의 비전으로 군신관계와 백성들과의 관계에 있어 '與民樂, 治和平, 醉豊亨', 즉 '삶의 즐거움을 하늘 백성과 함께 즐기고, 나라가 화합하고 평화로우며, 취할 정도로 넉넉한 생활과 문명이 꽃피는 사회'를 지향했던 데서 나타난 바 있다.

세종의 위민(爲民), 국민을 아끼는 정치는 아랫사람과 소통하는, 격식과 허물을 멀리하는 관용의 정치이기도 했다. 그리하여 그의 리더십은 '지명창통진실수(智命創通進實修)'로 대변되고 있다.

이순신 장군은 "必死則生, 必生則死"의 호국정신의 화신이다. 나라를 위해 목숨을 초개같이 버릴 수 있는 상황에서만이 비로소 완전한 자기(백성)실현이 된다는 지혜는 그 자신의 처절한 삶의 체험 그 자체였다. "아직 소신에게 12척의 배가 있습니다."라는 구국충정의 비장한 각오는 임진왜란 7년 간 23번의 해전승리, 곧 불패의 장수로 세계해전사에 길이 기록되고 있다.

박정희 대통령은 영욕이 함께하는 현대 지도자이다. 1960년대부터 '한

강의 기적'과 한국 근대화 기초를 확립했던 독일광부 송출, 월남파병, 새마을운동, 수출단지 조성, 중화학공업 건설, 땅굴 대신에 석유비축단지 조성, 경부고속도로 건설 등으로 보릿고개를 극복하는 조국근대화의 초석이 그에 의해 놓이게 되었다. 친미(親美)하되 자주를 챙기는 주체 확립과 먼저 경제를 세우고 통일은 다음이라는 실용적 리더십은 "싸우면서 일하고, 일하면서 싸우자"는 표어처럼 남북관계와 한반도 안전과 평화를 지키려는 투철한 안보의식의 표본이었다.

물론 박정희 리더십에 있어 비민주적이고 반인권적이며 헌법정신을 훼손하는 개발독재 측면을 부정해서는 안 된다. 그러나 그럼에도 불구하고, 덩샤오핑이 박정희를 주목하라!고 했던 것이나, 푸틴이 자립경제력을 갖춘 현대국가 건설 주인공 박정희 자료를 모두 수집하라고 했던 것, 민주주의와 경제건설을 동시 추구했던 러시아와 달리 박정희가 옳았다는 키신저의 지적, 그리고 제2차 세계대전 이후 가장 놀라운 기적은 박정희의 위대한 지도력으로 경제발전 이룩한 대한민국이라는 피터 드러커(P. Drucker)의 언급은 그냥 공치사에 지나는 것은 결코 아니다.

8. 북한의 리더십

전체주의 정치체제의 전형적 모델*로서의 북한 사회주의체제는 북한

* 서구학계가 공산주의체제의 분석을 위해 개발해 온 접근방법들에는 여러 가지가 있다. 몇 가지 중요한 것으로서 첫째, 전체주의적 접근방법(totalitarian approach)이다. 이 접근방법은 전통적으로 자유주의국가들에서 공산주의국가들에 대한 분석·평가방법으로 적용돼 왔다. '전체주의'라는 용어는 원래 독일의 나치즘과 이탈리아의 파시즘체제를 분석할 때 붙여진 이름이었으나, 그 이후 소련의 스탈린 권력구조 연구에 사용하게 되었다. 전체주의적 접근방법 지지자들인 프리드리히(C. J. Friedrich)와 브레진스키(Z. Brzezinski)는 ① 전체주의 이데올로기, ② 일반적으로 1인독재의 단일정당(1당독재), ③ 하나의 이념으로 사회 전체 구성원들을 결속시키는 가치체계(유일사상체계), ④ 심리적·물리적 테러, ⑤ 군, 정보기관 및 하위체계들에 의한 전면적이고 조직적인 통제, ⑥ 대중매체에 의한 완벽한 여론조작, ⑦ 군사력의 강화, ⑧ 중앙관리의 시장통제, ⑨ 중앙당의 절대권력 등을 공산주의체제 특징이라고 보았다. 둘째, 엘리트 접근방법(elite approach)이다. 이는 공산주의국가와 권력의 변화과정을 지배계층(엘리트)의 성격특성을 기준으로 분석하는 것으로, 전체주의적 접근방법의 결함을 다소 보완하는 것이다.

에서 김일성이 집권하는 것과 함께 현시되었다.

1) 김일성의 리더십

김일성 리더십의 특징은 무엇보다 홍(紅) 일변도의 통치행태이다. 집권 초기 사회주의체제의 공통 형식으로서의 동원체제 확립과 추진에는 무엇보다 혁명이념 지향적 체제 확립이 요구되었다. 또한 체제 통합에 절대적 요소로서의 당성(黨性)은 철두철미한 정치적 충성심의 핵심이 되었다. 북한에서의 천리마운동과 일련의 군중노선은 모택동식 대중노선을 참고삼아 추진되었다.

그러나 1950년대 중반 이후부터 '혁명과 건설' 작업 추진과정에서 요청되는 전과 홍의 혼합 형태가 불가피하게 되었다. 이후 정치적 반대세력 숙청사건(8월 종파사건)을 경과하면서 북한 전역을 주체사상과 김일성주의 확립을 위해 동원정치를 철저히 추진해 나갔다. 그럼에도 불구하고, '스탈린의 유전병' 즉, '결핍의 사회주의'를 극복하는 데 실패하고 말았다.

김일성 권력체제의 안정과 유지라고 하는 제일차적 관심은 체제의 안정 기반을 형성하는 당·정·군에서의 '홍' 엘리트 집단의 육성이 중요한 것으로 나타났다. 특히 남북한 대결이라고 하는 상황에서 1960년대

셋째, 관료정치적 접근방법(bureaucratic politics approach) 요지는 공산주의국가의 통치형태에서는 관료주의를 강하게 부정·배격하고 있으나, 현실적으로는 그들의 이론과는 달리 권력의 집중화와 중앙집권적 구조, 장기집권, 선거제도의 비민주성, 당의 절대우위 등으로 관료주의가 쉽게 발생하고 있다. 넷째, 역사·문화적 접근방법(historical-cultural approach)은 어떤 국가의 성격을 이해하는 데 있어서는 그 국가의 역사와 문화적 특성을 전제로 현상을 파악해야 한다는 입장이다. 북한의 경우는 김일성의 특유한 주체사상이 오히려 반맑시즘적인 봉건·유교적인 가치관을 내포하고 있다는 측면에서 이 접근방법은 김일성·김정일 부자의 세습정치, 가부장적 정치구조, 김정일의 인덕정치론 등의 연구에 도움이 되고 있다. 다섯째, 비교분석적 접근방법(analytic comparative approach)으로서, 이 접근방법은 공산주의국가들의 특징들을 추출하여 여타의 공산주의국가들과 상호 비교분석하는 방법이다. 비교방법에는 역사적 또는 현상적 비교방법이 있으며, 보편성과 특수성의 요인도 추출하여 해석할 수 있다. 여섯째, 근대화·발전 접근방법(modernization-developmental approach)으로서, 이는 근대화와 정치발전이 정치체제의 변동에 커다란 변수로 작용한다는 가정에서 성립된 접근방법이다. 공산주의국가들은 강력한 중앙통제와 계획경제 발전모델에 의거하여 집단노동과 강제동원으로 경제발전을 수행해 왔다. 스탈린의 이러한 산업화 발전모델은 북한의 경우에도 그대로 적용되었다.

중반 이후 북한이 4대 군사노선 — 전군의 간부화, 전군의 현대화, 전인민의 무장화, 전국토의 요새화 — 을 설정함으로써 김일성 계열의 군부 엘리트들이 대거 중앙으로 진출했던 것도 이러한 고려와 관련되었다.

김일성은 '홍' 위주의 정책 견지를 위해 자신의 권력 기반을 형성하는 데 기여한 바 있는 다른 파벌의 리더를 거세하지 않으면 안 되었다. 자신의 지위를 확보하기 위해 소비에트화 과정에서 보여준 북한 내의 역량을 오직 극좌적 혁명 엘리트의 육성이라는 데에만 집중적으로 동원하였다. 따라서 혁명 엘리트의 역할은 김일성의 권력과 권위를 확고히 해 주는 시위에 불과한 것이었으며, 이의 연장으로서 혁명 엘리트 집단만이 주로 당·정·군의 고위직 인물로서 각광을 받아 왔기 때문에 기능 및 전문 엘리트의 충원은 상대적으로 대단히 낮은 수준에서 맴돌았을 뿐이다.

그리하여 1970년 11월에 개최되었던 조선노동당 제5차대회는 김일성의 재배체제가 이러한 특색을 띠고 출범한 것을 뜻하게 되었는데, 이는 김일성의 일인지배가 곧 유일체제로 고착화·제도화되는 획기적인 계기로 받아들여졌기 때문이다.

표 11-1 **제5차 당대회의 주요 인물**

정치위원	서 열	비 고
김일성	1	
최용건	2	최고인민회의 상임위원장, 군사
김 일	3	제1부수상, 행정
박성철	4	제2부수상, 외교
최 현	5	민족보위상, 군사
김영주	6	당조직부장, 당무
오진우	7	인민무력부장, 총참모장, 군사
김동규	8	당국제부장, 당무
서 철	9	최고인민회의 외교위원장, 군사
김중린	10	당중앙위 문화부장, 당무
한익수	11	인민군 총정치국장, 외교·군사

▌표 11-2▌ 조선노동당의 핵심 엘리트집단

	비교 연도			비　　고
	1980.10.	1990.3.	1992.2.	
상무위원회 상무위원	김일성	김일성	김일성	총비서
	김정일	김정일	김정일	당비서(사업 전반)
	오진우	오진우	오진우	인민무력부장
	이종옥			
정치국위원	김일성	김일성	김일성	
	김 일	김정일	김정일	
	오진우	오진우	오진우	
	김정일	연형묵	이종옥	부주석
	이종옥	이종옥	박성철	부주석
	박성철	박성철	연형묵	총리
	최 현	한성룡	김영남	부총리, 외교부장
	임춘추	김영남	최 광	군참모총장
	서 철	계응태	계응태	당비서(공안), 최고인민회의 상설회의
	오백용	허 담		법안심의위원장
	김중린	최 광	전병호	당기계공업부장, 당비서(경제)
	김영남	전병호	한성룡	당중공업부장, 당비서(경제)
	전문섭	강성산	강성산*	함북도당 책임비서, 중앙인민위 함북
	김 환	서윤석		인민위원장
	연형묵		서윤석	평남도당책임비서, 중앙인민위 평남
	오극렬			인민위원장
	계응태		서 철	
	강성산			
	백학림			

*강성산은 1992년 12월 11일 연형묵 후임으로 총리에 임명됨

정치권력의 핵을 중심으로 구성된 정치위원들이 한결같이 김일성 일인체제의 형성에 있어 정치적 충성을 받쳐왔던 인물들이라는 점은 5차 당대회에서 확인되었다. 그리고 군부 내에서도 가장 혁명성이 강한 자들이 등장하였고, 당료 중에서도 전물 엘리트는 거의 없고 혁명 엘리트들이 계속 고위직을 점하였다는 사실은 이를 뒷받침해 주는 증거이기도 하다.

특히, 고참 군간부들이 김일성 권력 기반의 주축이 되었다는 것은 그가 이들을 가장 신뢰하는 빨치산 출신의 혁명 제1세대일 뿐만 아니라, 남・북한 대결이라는 환경적 요인에 적극적인 대응할 수 있는 당성이 조금도 의심받을 여지가 없었던 자들이었기 때문이다.

한편 노동당 제6차대회는 1980년 10월 10~14일간 개최되었는데, 당 규약의 개정과 아울러 김정일의 후계자 지위를 공식화했다는 것이 특이한 점이라 하겠다. 먼저 당 규약의 개정된 내용을 살펴보면, 조선노동당은 오직 위대한 수령 김일성 동지의 주체사상과 혁명사상에 의해 지도된다고 함으로써 종래까지 규정되었던 마르크스・레닌주의는 삭제되었고, 김일성의 주체사상(金日成主義)만이 당의 유일사상으로 정형화되었던 것이다.

김정일의 지위는 파격적으로 상승되었다. 〈표 11-2〉에서와 같이 그는 총비서인 김일성에 이어 비서국 비서로 임명됨과 동시에 서열 4위의 정치국위원 및 정치국 상무위원으로 그리고 중앙위원회 위원으로 선출되었으며, 중앙군사위원회의 서열 3위로 급부상하였다. 또한 그는 1990년에 들어서서 국방위원회(위원장 김일성)의 제1부위원장에 임명됨으로써 군부 내에서의 실세로 확고한 위치를 확보하였으며, 1991년 12월 24일에는 인민군 최고사령관직을 맡음으로써 명실상부한 후계자임과 아울러 제2인자로서 당・정・군의 주요 직책을 독점하게 되었다.

북한 정치체제는 여전히 개혁과 개방의 전도가 불투명한 상태이다. 6차 당대회 이후 김정일의 등장에 따른 엘리트들의 세대교체가 이루어졌다고 하더라도 북한 권력구조의 특성으로 볼 때, 신진 엘리트 집단의 성향은 여전히 '홍'의 바탕에 근거하여 '전'을 겸비하고 있는(又紅又專) 것인을 알 수 있다. 그것은 김정일 개인이 1970년대부터 시종일관해서 김일성주의화 작업을 진두지휘해 왔으며, 주체사상이 그에 의해 새롭게 해석되고 설명되어 왔던 과정을 염두에 둔다면, 비록 그의 주위에 테크노크라트계층의 기술관료 엘리트가 구축되어 있다고 하더라도 '홍' 위주의 권력집단 색채를 경시할 수 없기 때문이다. 그러나 이들의 업적이 '전'에 바탕하고 있음도 부인할 수 없는 사실이다. 당 정치국의 경우, 1992년 2월 현재 군부 출신은 김일성을 제외하면 오진우 · 최광 · 서철 3인뿐이고, 나머지는 모두 기술관료 출신으로 충원되고 있음을 알 수 있다.

북한 내에서의 엘리트 교체는 체제 전반에 걸쳐 과거의 '홍' 위주의 자세만으로는 해결할 수 없는 새로운 욕구의 분출이 분명히 존재하고 있음을 입증해 주는 것으로 이해된다. 그럼에도 불구하고 현재까지 북한이 보여주고 있는 현실은 폐쇄지향적임을 지적하지 않을 수 없다. 동구 공산권의 몰락과 소련의 해체, 그리고 중국의 중단 없는 개혁 · 개방 노력 등에 대한 북한의 반응은 한결같이 '우리식 사회주의'의 고수로 일관되고 있기 때문이다. 이러한 북한의 입장은 김일성이 1991년 신년사에서 평화적 이행론을 제시한 이래 동년 5월 5일 김정일의 담화 "인민대중 중심의 우리식 사회주의는 필승 불패이다"에서, 북한에서의 사회주의 건설은 기성 이론으로는 해결할 수 없다고 함으로써 재차 주체사상의 중요성을 강조하였다. 그리고 1992년의 김일성 신년사는 사회주의의 좌절을 부분적으로 시인하되 그 이유를 제국주의자들의 음모로 돌리고 있으며, 1월 3일 발표된 김정일의 담화인 "사회주의 건설의 역사적 교훈과 우리 당의 총로선"은 사회주의 좌절과 자본주의 복귀가 부분적이며 일시적 현상에 지나지 않는다는 다소 낙관적인 견해를 밝히고 있다. 더욱 우리의 주목을 끄는 것은 여기서 북한은 사회주의 좌절이 단순한 외적 요인만이 아닌 마르크스 · 레닌주의 교의(敎義) 그 자체의 이론적 약점에도 원인이 있다고 지적함으로써 다시 한 번 김일성 주체철학으로의 회귀를 주장하고 나섰던 것이다.

2) 김정일의 리더십

김정일도 김일성에 비추어 큰 차별 없는 리더십을 발휘해 왔다. 김정일 역시 철저한 홍(紅) 일변도를 견지하였다. 당 및 군을 분할통지하는 가운데 직접적으로 조직을 장악해 나갔는데, 권력에 대한 과도한 애착이 불러일으킨 부작용으로 인하여 과시적이며 파격적인 행태와 과부하(overload) 정책결정*을 빈번히 범하였다.

김정일은 수평적 의사소통체계의 단절 속에서 통치이데올로기는 철저한 혁명이념 지향의 '붉은기', '선군정치', '강성대국론' 등을 통해 경직성을 벗어나지 못했다. 외교 행태 역시 이러한 강경 위주의 융통성 없는 ① 충격외교, ② 벼랑 끝(brinkmanship) 외교, ③ 일방적 선언외교, ④ 맞받아치기 외교로 일관하였다.

(1) 제도적 기반

북한은 여타 사회주의국가와 마찬가지로 '당-국가체제(Party-State System)'의 형태를 띠고 있다. 북한 사회주의 헌법 제11조(개정 헌법)에 따르면, "조선민주주의공화국은 조선로동당의 령도 밑에 모든 활동을 진행한다."고 규정함으로써 당이 국가위에 군림하는 당-국가체제임을 명시하고 있다. 한편, 김정일 정권의 공식 출범과 발맞춰 1998년 9월 5일 최고인민회의 제10기 제1차회의를 통해 헌법을 개정, 권력기구를 재편함으로써 정권의 제도적 기반을 새롭게 다지게 되었다. 개정 헌법은 주석직을 폐지하고 최고주권기관으로서 최고인민회의 상임위원장이 대외적으로 국가를 대표토록 하였으며, 최고 군사지도기관으로서 국방위원회를, 행정적 집행기관이자 전반적 국가관리기관으로서 내각을 두었다. 특히, 국방위원회의 경우 최고 군사지도기관뿐만 아니라 전반적 국방관리기관으로 규정, 그 역할과 기능을 대폭 강화하였다.

(2) 이념적 기반

김일성 사후에도 북한의 공식 통치 이데올로기는 변함없이 주체사상이다. 황장엽에 따르면, 주체사상이란 '혁명과 건설의 주인은 인민대중이며 혁명과 건설을 추동하는 힘도 인민대중에게 있다는 사상'으로서 이를

---

* 2010년 3월 천안함 폭침사건, 11월 23일 연평도 포격사건 등은 이 사례에 속한다.

좀 더 일반화시켜 '자기 운명의 주인은 자기 자신이며 자기 운명을 개척할 수 있는 힘도 자신에게 있다는 사상'이라고 정의한다.

1972년 9월 17일, "우리 당의 주체사상과 공화국 정부의 대내외 정책의 몇 가지 문제에 대하여"라는 제목의 글에서 최초로 주체사상이 등장한 이래로 북한에서 주체사상은 '우리 당건설의 력사는 김일성동지의 령도밑에 주체사상과 그에 기초한 주체의 당건설사상과 리론을 빛나게 구현하여 온 력사이다'라고 말할 만큼 북한 전 영역의 종과 횡을 가르는 지도이념으로 자리 잡아 왔다. 이에 더하여 김정일은 후계구도 확립 및 권력승계 정당화를 위한 방법으로 주체사상을 체제의 이념적 기반을 삼았다. 즉, 북한의 권력세습에서 나타나는 특징이 있다면 그것은 단순히 지도자의 교체가 아니라 '주체사상의 계승'이란 측면에서 진행되었다는 점이다.

이에 따라 김정일 정권은 주체사상이라는 거대 이념을 고수하면서 한편으로는 변화된 환경에 적절히 대응하기 위해 주체사상의 하위이념 내지 보조이념의 개념으로 몇 가지 이념들을 정권의 기반으로 삼고 있다. 그 대표적인 것이 바로 '우리식 사회주의'와 '선군사상' 그리고 '강성대국론'이다.

(3) '우리식 사회주의'

1980년대 말 동구 및 소련사회주의권의 붕괴를 보면서 체제단속에의 절박함을 느낀 북한은 1990년대 들어 주체사상의 차별성과 우월성을 부각시킨 '우리식 사회주의'를 강조하기 시작했다. 북한이 '우리식 사회주의'에 대해 '자본주의 사회는 물론이고 다른 나라 사회주의와도 구별되는 우리 식의 독특한 사회주의'라고 정의하며 차별성을 두게 된 배경에는 당시의 이러한 시대적 상황이 있었다. 대외적으로 가장 격변의 시기였던 1991년도에 김정일이 논문 '인민대중 중심의 우리식 사회주의는 필승불패이다'를 통해 '오직 우리식 사회주의만이 사회주의체제를 지킬 수 있는 유일한 대안'이라고 언급했다는 점도 이러한 사실을 뒷받침한다.

'우리식 사회주의'는 '우리식 사회주의 3대 진지'를 의미하는 '정치에서의 자주', '경제에서의 자립', '국방에서의 자위'를 확고히 실현하여 '나라의 모든 분야에서 남에게 예속되지도 의존하지도 않고 자체의 힘을 끊임없이 실천해 나가는 주체가 선 나라로 강화 발전해 나가는 것'을 의미한다. 즉, 북한 외부로부터의 위협을 막고자 주체사상에 내재한 독자노선의 의미를 더욱 더 부각시키는 것이다. 따라서 '우리식 사회주의'란 중국, 동유럽, 소련에서 개혁을 해도 그것은 북한과 무관한 것이며 그들과 다르게 현재의 체제를 유지해 나가겠다는 것을 표명하는 것으로 주체사상과의 연결고리를 가지는 북한식 독자성의 표현이라고 할 수 있다.

그리고 체제가 어느 정도 안정기에 접어들고 김정일 정권이 본격적으로 출범하게 된 1998년 이후에도 '우리식 사회주의'는 북한의 통치이념으로서 지속적으로 강조되고 있다. 그 이유는 개혁·개방이 체제안정을 위협할 수 있다는 우려 때문이다. 1999년 1월 1일, 김정일이 조선노동당 중앙위원회 책임일군들과 한 담화에서 "우리는 제국주의자들이 떠드는 '개혁', '개방' 바람에 끌려 들어가서는 절대로 안 됩니다. '개혁' '개방'은 망국의 길입니다. 우리는 '개혁' '개방'을 추호도 허용할 수 없습니다."라고 강하게 언급한 것에서도 개혁과 개방에 대한 북한 지도부의 생각과 태도를 분명히 엿볼 수 있다. 또한, "새 세기는 혁신적인 안목과 기발한 착상, 진취적인 사업기풍을 요구한다."면서도 다른 한편으로는 모든 국가정책이 북한식 사회주의의 올바른 사상적 기초 위에서 추진되어야 한다는 '종자론'을 내세우는 것 역시 이러한 관점에 기인하고 있음을 모순적으로 시사해 주었다.

3) 김정은의 리더십 예측

(1) 2011년 북한의 신년사 내용

2011년 1월 1일 로동신문, 조선인민군, 청년전위 3개 신문 공동사설 신년사에 "북남 사이의 대결상태를 하루빨리 해소해야 한다. 대화와 협력 사업을 적극 추진시켜 나가야 한다."는 기사가 실렸다.

2010년에도 남북관계개선, 민족협력을 강조했으나, 3월 '천안함 폭침사건'과 11월 '연평도 포격사건'이 유발되었다. 그리고 2009년에는 한반도 비핵화실현, 동북아평화 등을 언급했음에도 불구하고, 장거리 로켓 발사(4월)와 2차 핵실험(5월)이 있었다.

신년사에서 경공업(21차례), 인민생활(19), 선군(14), 김정일(8) 순으로 언급되었고, 올해를 경공업의 해로 지정함으로써 1985년 이래 지속적으로 경공업 부문이 강조되어 왔다. 또한 여전한 '주체철', '주체섬유', '주체비료'가 강조되는 가운데 자력갱생을 위한 동원체제 견지도 빠지지 않았다.

그리고 김정은 이름은 언급되지 않고, '당중앙위원회'로 우회적으로 표현하였으며, '김일성민족, 김정일조선' 용어를 사용함으로써 3대세습의 정당성을 선전하였다.

(2) 2012년 북한의 신년사 내용

특징적인 면은 '김정은 영도'에 대한 강조와 달리 '인민생활향상'에 대한 언급은 감소되었다.

올해 북한은 "위대한 김정일 동지의 유훈을 받들어 2012년을 강성부흥의 전성기가 펼쳐지는 자랑찬 승리의 해로 빛내이자"라는 제목으로 신년공동사설을 발표했다. 2010년과 2011년 신년공동사설에서는 '경공업'과 '인민생활향상'이 제목에서부터 강조되었는데, 2012년 신년공동사설에서는 이 같은 표현들이 사라지고 대신 '김정일 유훈'이 자리 잡았다.

이는 2011년 12월 17일 김정일 북한 노동당 총비서가 갑자기 사망함으로써 2012년도 정책의 우선순위가 '인민생활향상'에서 김정은 체제 공고화로 바뀌었음을 보여주는 것이다. 이 같은 사실은 주요 키워드를 가지고 북한 신년공동사설을 분석하면 뚜렷하게 나타난다.

2012년 북한 신년공동사설은 김정일의 과거 활동에 대한 예찬과 그의 삼남 김정은 중심의 유일적 영도 체계 확립 강조에 많은 지면을 할애하고 있다. 그리고 김정은에 대해서는 과거 신년공동사설에서는 전혀 언급이 없었으나, 2012년 신년공동사설에서는 16회나 언급함으로써 2009년부터

2011년까지 매년 신년공동사설에서 김정일에 대해 언급했던 것보다 거의 2배 이상 언급했다. 이는 북한이 2012년에 무엇보다도 김정은의 유일적 영도체계 확립에 주력할 것임을 시사하는 것이었다.

(3) 2013년 북한의 신년사 내용

김정은이 육성연설로 발표(중방・평방・중앙TV, 9:05~9:30)했고, 연설문 골격 및 내용은 공동사설 등 기존의 것과 유사했다. 과거 김일성은 1946~94년간 신년사를 육성연설했던 데 반하여, 김정일은 1995년부터 〈당・군・청년보 공동사설〉 형식으로 서면 발표해 왔었다.

2013년 신년사의 주요 내용을 간추려 보면 다음과 같다.

2012년 평가에서 "대원수님들을 우리 혁명의 영원한 수령으로 높이 모시고 당의 영도 밑에 주체혁명 위업을 빛나게 계승 완성해 나갈 수 있는 확고한 담보를 마련한 역사적인 해"라고 주장했으며, 주요 성과로 △위성 발사 성공, △희천발전소・단천항 완공, △공장 주체화・현대화 △인민 문화복리시설 일신 △12년 의무교육 등을 강조했다.

2013년 과제를 아래와 같이 제시하였다.

- ▶ 투쟁구호로 "우주를 정복한 그 정신, 그 기백으로 경제강국 건설의 전환적 국면을 열어나가자"를 제시
- ▶ (정치) △당중심 결속 및 당조직 역할 강화 △김정일 애국주의 구현이 부강조국 건설의 원동력 △김일성-김정일주의 강조
- ▶ (경제) △생산적 앙양을 위한 총돌격전・사회주의 증산경쟁 강조 △주공전선은 농업과 경공업(알곡 생산목표 달성, 원자재 보장) △4대 선행부문(석탄・금속의 혁신) △경제지도・관리 개선
- ▶ (사회) △사회주의 문명국 건설 △인민 문화복리시설 개건
- ▶ (군사) △국방력 강화 △영군체계・군풍 확립 △실전능력을 갖춘 '일당백' 싸움꾼 △고도의 격동상태 유지 △적 침략 시 무자비한 격멸소탕 및 조국통일대전 △우리식의 첨단무장장비 제작

▶ (대남) △김일성・김정일 조국통일유훈 관철 △남북공동선언 존중 및 철저 이행 △거족적 통일애국 투쟁으로 조국통일 새로운 국면 마련 △대북정책 전환 요구 △외세간섭 및 전쟁・반통일책동 반대

▶ (대외) △선군 기치아래 자주노선 견지 △우호국가들과의 친선협조관계 확대・발전

이에 대한 분석 및 평가는 아래와 같다.

① 김일성 사후 처음으로 육성 '신년사' 형식의 발표가 있었다는 것은 김일성 방식 모방, 동일 이미지 구축 시도와 관계있다.

② 전체적으로 새로운 정책 제시 없이 기존 노선 유지에 중점을 둔 이유는 주체, 선군, 김일성・김정일주의, 사회주의 제도 고수 등 당 중심으로 일심단결하여 '김정일 애국주의 구현'에 집중할 것을 주문하기 위해서였다.

③ 경제강국 건설을 가장 중요한 과업으로 제시한 데에는 "우주를 정복한 그 정신, 그 기백으로 경제강국 건설의 전환적 국면을 열어나가자"를 투쟁구호로 제시한 것과 관련되며, 경제지도・관리 개선 및 "창조된 좋은 경험 일반화"를 강조한 것이 주목할 점이다. 구체적인 방안이나 방식에 대해서는 언급이 없지만 주요 경제과제로 △농업・경공업(주공전선) △선행부문 △새세기 산업혁명 등을 강조한 데서 경제 부문에 관한 열의를 가늠할 수 있다.

④ 군사 분야에서는"통일대전", 김일성의 "일당백" 구호를 강조한 것이 특징이다. "국방공업에서 우리식 첨단무장장비 지속 개발"을 언급함으로써, 장거리미사일 개발을 지속해 나가겠다는 의지를 시사한 것으로 이해되며 지난해와 달리 "유일적 영군체제", "당의 영도적 역할" 등에 대한 언급이 없음은 특이사항이다.

⑤ 대남정책 면에서 기존의 원론적 입장을 재표명하고 있다. '조국통일의 새로운 국면 전환' 등 조국통일 실현 지속을 강조하면서 동족대결정책 철회 및 6・15/10・4선언 이행을 요구하고 있는 반면, 전년도에 이어

대화 및 협력 등에 대한 구체적 언급은 없다.*

⑥ 대외적으로는 일반적 수준에서 언급하고 있다. 대외관계에서 전통적인 자주・평화・친선 이념 및 자주권 존중, 친선협조관계 등만 언급할 뿐이며, 2009~2011년까지는 '비핵화 실현'을 지속 강조해 왔으나, 지난해에 이어 '비핵화 실현' 및 '핵보유국 지위 확보'등 핵문제와 관련된 내용이 누락되어 있다.

9. 세계의 여성 지도자들

대한민국에서 2012년 12월 실시된 대통령선거에서 새누리당 박근혜 후보의 당선으로 한국 헌정사상 첫 여성 대통령 시대가 열리게 되었다.

최근 들어 유럽, 아프리카, 남미 등지에서 여성 대통령이 집권하는 등 전 세계 곳곳에서 여성 리더십이 두드러지고 있다. 세계 각국에서 여성 지도자들이 탄생하는 데는 여성 특유의 섬세한 지도력과 남성을 능가하는 카르스마의 리더십이 있기 때문이다.

최근 수년 간 전 세계 곳곳에서 배출된 여성 대통령을 중심으로 여성 리더십 현황을 살펴본다.

영국의 국가원수 엘리자베스 여왕과 함께 마가렛 대처(Margret Hilda Thatcher) 전 영국 수상은 강력한 리더십으로 영국의 고질적인 만성파업을 진압하며 영국의 경제를 살려냄으로써 영국 정치풍토에 새로운 바람을 불어넣었다. 그녀는 아르헨티나와의 포클랜드 전쟁을 승리로 이끌면서 여성 지도자로서의 나약한 이미지를 단번에 불식시키는 데 성공하였다.

독일판 마가렛 대처로 불리기도 하는 앙겔라 메르켈(Angela Merkel) 총리는 지난 2005년 11월 독일에서 제2차 세계대전 이후 최초의 여성 총리가 되었다. 현재 그녀는 독일을 유럽에서 가장 영향력 있는 나라로

* 2011년에는 대화와 협력 분위기 조성, 남북 내왕 교류 보장 및 협력사업 장려 등 언급함.

이끌고 있다. 그녀는 그리스 부채 위기가 다른 유로존 국가로 전염되지 않도록 매진하며 유로존 경제위기 속에서 지도력을 발휘하고 있으며, 글로벌 경제의 파수꾼을 자처하면서 '철의 여인'으로 군림하고 있다. 8년째 독일을 통치하고 있는 앙겔라 메르켈 총리는 대표적인 여성 지도자이다. 포브스 잡지가 선정한 '세계에서 가장 영향력 있는 여성 100인'에서는 작년에 이어 올해에도 1위를 차지했다. 라이프치히대학 물리학 박사 출신으로 1989년 정치에 입문했으며, 통일 직전 동독 정부의 부대변인으로 활약한 바 있다. 독일 통일 이후 여성청소년부장관(1991), 환경부장관(1994) 등을 역임한 바 있으며, 2000년 들어 여성 최초로 기민당의 당수가 되었으며, 2005년 기민당이 선거에서 주도권을 잡은 뒤 총리로 등극했다.

'미국의 얼굴'로 활약 중인 힐러리 클린턴(Hillary R. Clinton)은 재임기간 중 100곳이 넘는 국가를 순방하는 등 여전히 인기가 높다. 미국의 첫 여성 대통령 후보자의 한 사람인 힐러리 클린턴 상원위원은 출마하게 된다면 영부인 출신으로 대통령 선거에 출마하는 특이한 이력을 가지게 된다.

줄리아 길러드(Julia Gillard) 오스트레일리아 총리는 타임지에서 뽑은 1위의 여성 대통령이며, 호주의 대처로 불리면서 젊은 미모를 자랑하고 있다.

IMF 첫 여성 총재인 크리스틴 라가르드(Christine Lagarde)는 전원 남성인 IMF 집행이사진을 이끌며 유로존 위기국에 대한 구제금융 문제를 해결 중이다. '알파우먼'의 대표주자인 그녀는 IMF 총재직을 맡기 전에 주요 8개국(G8) 첫 여성 재무장관, 미국계 국제 로펌 베이커 & 맥킨지 첫 여성회장을 지냈고, 프랑스의 첫 여성 대통령 후보감으로도 거론되고 있다.

타임지가 선정한 세계 여성 지도자 10인 중 2위에는 아이슬란드의 여성 총리 요한나 시우르다르돗티르(Jóhanna Sigurdardóttir)가 올랐다. 2009년 총리에 당선된 요한나 총리는 아이슬란드 최초의 여성 총리이자 동성애 총리, 좌파 총리 이력을 가지고 있다. 전직 스튜어디스 출신으로

1978년 의정생활을 시작한 후 8개의 계속된 선거에서 모두 승리하며 아이슬란드 역사상 최장수 의원이기도 하다. 세계 최초로 동성애자임을 공개적으로 알린 국가 총리인 그녀는 2002년 동성 연인과의 '시민 결합' 형태의 지위를 인정받은 데 이어 정식 혼인증명서를 발급받았다.

'유럽 정계의 여걸로 불리는 전직 변호사 출신의 타르야 할로넨(Tarja Halonen) 대통령은 2000년 핀란드 최초의 여성 대통령으로 선출된 데 이어 2006년 재선에도 성공했다. 핀란드는 1906년 유럽 최초로 여성에게 선거권 및 피선거권을 부여한 나라로 유럽 국가 중에서도 여성파워가 강한 나라이다.

크리스티나 페르난데스(Cristina Fernandez) 아르헨티나 대통령은 호소력 있는 언변과 카리스마로 유명한 정치인이자 전임 대통령의 부인으로, 세계 최초의 직선 부부 대통령이라는 기록을 남기고 있다.

'브라질의 여전사' 지우마 호세프(Dilma Rousseff) 대통령은 경제성장 둔화와 높은 인플레이션에 온몸으로 맞서고 있다. 그녀는 과거 군사 독재 정권에 맞서다 투옥돼 고문까지 받았다.

인도 국민회의당의 소냐 간디(Sonia Gandhi) 대표는 이탈리아 출신으로서 인도의 정치 명문가 간디 집안으로 시집가서 현재 인도 정치의 중심에 서 있다.

인도 대통령 선거(2007)에서 프라티바 파틸(Pratibha Patil) 후보가 당선되어 1947년 인도 독립 이래 처음으로 여성 대통령이 배출되었다. 소냐 간디 대표의 국민당 소속 '프라티바 파틸'은 집권연립정부(UPA)의 대통령 후보로 확정된 이후, 선거에서 승리하여 제13대 대통령에 취임했다. 그녀는 변호사 출신으로 1962년 정계에 입문했으며, 친 간디 가문의 인물이고, 인도 유일의 여성 주지사 출신이다.

아프리카의 라이베리아에서는 2006년 11월 미국 하버드대학 출신의 엘렌 존슨-설리프(Ellen Johnson-Sirleaf)가 20여 명의 후보를 제치고 대선에서 승리, 아프리카 최초의 여성 대통령에 취임했는데 그녀는 1979년 재경부차관에 취임하면서 정치에 입문했다.

칠레 집권 중도좌파연합의 미첼 바첼렛(Michelle Bachelet) 후보가 대선(2007)에서 승리, 칠레 역사상 최초의 여성 대통령이 되었다. 그녀는 소아과 전문의 출신으로 여성으로는 최초로 국방장관과 보건장관을 역임한 바 있다.

프랑스 사회당의 대선 후보였던 세골렌 루아얄(Segolene Royal) 후보는 지난 프랑스 총선에서 낙선했지만, 프랑스 첫 여성 대통령의 가능성을 품었다는 점에서 프랑스의 여권신장의 대표적 사례이다. 그녀는 사회당의 미테랑 대통령의 보좌관으로 출발하여 환경, 교육, 가족 및 아동담당 장관을 역임하다 2006년 11월 대권 후보로 선출되어 사르코지(Nicolas Sarkozy)에 이어 지지율 2위를 기록하기도 했다.

유엔개발계획(UNDP)의 헬렌 클라크 총재는 미개발 국가의 일자리 창출 및 빈곤 예방에 열정을 쏟고 있다. 글로벌 경제성장의 열매가 지구촌 곳곳으로 분배되도록 조치하는데 기여하고 있다.

미국 민주당 하원의장을 지냈던 낸시 펠로시(Nancy Pelosi)는 글로벌 경제에 큰 영향력을 행사하기도 했다.

미얀마의 아웅산 수치 여사는 미얀마 민주화 운동의 상징이자 정신적 지도자로서 작년 보궐선거로 의회에 입성하였다.

태국의 잉락 친나왓 총리는 오빠 탁신의 뒤를 이어 정치적 정상에 올랐다.

중국공산당에서 서열이 가장 높은 여성인 류옌둥(劉延東) 국무위원은 25명으로 이뤄진 당 정치국에서 유일한 여성이다.

이 외에 전·현직 여성 지도자들을 살펴보면, 인도 최초의 여성 총리 인디라 간디, 필리핀의 코라손 아키노 대통령과 글로리아 아로요 대통령, 인도네시아의 메가와티 수카르노푸트리 대통령, 스리랑카의 찬드라카 반다라나이케 쿠마라퉁가 수상, 파키스탄의 베니자르 부토 총리, 코스타리카의 라우라 친치야 대통령, 뉴질랜드의 헬렌 클라크 총리, 아르헨티나의 이사벨 페론 대통령, 이스라엘의 골다 메니어 수상, 세계 최초의 여성 대통령이었던 아이슬란드의 버그디스 핀보가도티르 대통령, 우크라이나의 율리아 티모셴코 총리 등이 있다.

표 11-3 세계의 주요 여성 지도자(대통령과 총리)

국가명	대통령	총 리	연 도
아르헨티나	이사벨 페론		1974~1976
	크리스티나 페르난데스		2007~현재
영국		마가렛 대처	1979~1990
아이슬란드	비그디스 핀보가도티르		1980~1996
몰타	애거서 바바라		1982~1987
아일랜드	메리 로빈슨		1990~1997
	메리 매컬리스		1997~현재
라트비아	비케 프라이베르		1999~현재
가이아나	자넷 제이건		1997~1999
스리랑카	찬드리카 쿠마라퉁가		1994~현재
파나마	미레야 엘리사 모스코소 데 아리아스		1999~2004
니카라과	비올레타 차모로		1990~1997
스위스	루트 드라이푸스		1999~2000
뉴질랜드		헬렌 클라크	2000~현재
핀란드	타르야 할로넨		2000~현재
필리핀	코라손 아키노		1986~1992
	글로리아 아로요		2001~2010
모잠비크		루이사 디오구	2004~2010
라이베리아	엘런 존슨 설리프		2005~현재
독일		앙겔라 메르켈	2005~현재
칠레	미첼 바첼렛		2006~현재
자메이카		포샤 심프슨밀러	2006~현재
코스타리카	라우라 친치야		2010~현재
인도	프라티바 파틸		2007~현재
호주		줄리아 길러드	2010~현재
대한민국	박근혜		2013~현재

제12장

한국형 발전모델의 정립

1. 스티브 잡스(Steve Jobs) 스토리

대학 1년 때 중퇴한 이후 매킨토시 개발에 성공하였으며, 편리성 개념을 멀티플랫폼으로 접속시킴으로써 스마트폰(design by apple)의 성공을 가져왔다. 잡스는 기술과 인문학의 조화에 깊은 관심을 가졌는데, 이는 대학시절 인문학을 청강하고, 서예에 흥미를 가졌던 데 기인한다. 그의 창의력은 2005년 스탠포드대학 졸업식 연설 끝 부분 "Stay hungry, Stay foolish"에서 잘 나타난 바 있다.

2. 빌 게이츠(Bill Gates) 스토리

대학 2년 마친 후 중퇴했고, 큰 것을 작은 것으로 혹은 남의 것도 잘 베끼는 것이 일등전략이라고 주장해 왔다. 기존의 것을 활용하는 데 뛰어난 재능을 가졌으며, 창조적인 분야에서는 그다지 큰 성과를 내지 못했다. 단순하되 복합성을 동시에 고려하여 끼어 넣는 분야에 관한 한 독보적 능력을 소유하고 있다.*

그는 자신의 성공과 관련하여 많은 언설을 남기고 있다. 예를 들면 "닮아가다 보면 추월할 수 있다." 에디슨의 경우, 독창적이었으나 회사경영에는 실패했는데 이에 대해서는 "에디슨이나 뉴턴보다 나에게 장점이 있다면, 출중해서가 아니라 기존의 훌륭한 것들을 어깨너머로 배웠기 때문이다."라고 했다. 그리고 부자가 될 수 있었던 이유에 대해서는 "나의 경쟁 상대자들(과학자나 최고 물건 만드는 자)이 나보다 못했기 때문이다."고 지적했으며, "Red Ocean을 잘 연구하다보면, Blue Ocean도 따라서 가능해진다."고 밝히기도 했다.

이상에서와 같이 결국 이들에게서 플랫폼전략(platform strategy)이 새로운 전략의 하나로서 자리매김하게 되었음을 알 수 있다. 이는 기존의 것들을 잘 섞는 것만이 아니라, 기업 및 산업이 국가와 복합형을 구성하고, 사용자 및 기업들에 의한 글로벌 융합현상의 외연화를 실현함으로써 기업 및 산업 그리고 국가들 간의 새로운 경쟁질서를 유도해 내는 것이다.

3. 한국의 플랫폼전략

세상에는 성공 또는 실패한 국가와 성공하거나 실패한 기업이 있게 마련이다. 성공국가는 한국으로서 오늘날의 한국발전과 생산성방정식이 밀접한 관계를 가지고 있는 경우와 값싼 노동력 수출주도만으로는 설명이 부족하고 덩샤오핑의 '흑묘백묘론(黑猫白猫論)'*과 세계화전략의 성공에 기인한 중국이 있다.

실패국가로서는 미국과 EU의 일부 국가 등을 꼽을 수 있다. 실패원인으로서는 거시경제에만 너무 집착하여 돈만 찍어 내는 '양적 완화(quantitative easing)'의 방법만으로는 한계가 있기 때문이다.

한편 성공한 기업으로는 플랫폼 경영방식과 신기술 개념 관점에서

* IBM+MS+인터넷 끼어 넣기를 통해 세계적인 거부가 되었다.
* 고양이는 색깔에 관계없이 쥐만 잘 잡으면 된다는 중국의 실용주의 용어

기업을 이끌어 온 한국의 몇 기업과 미국의 Microsoft, Newapple 등이 있으며, 실패한 기업으로서는 Nokia, Oldapple 등이 있다.

한국의 경제발전과 생산성방정식을 살펴보면, 한국이 세계화를 선택의 폭 확대라는 중요성을 인정했던 데 기인한다. 아시아에서의 경제발전 과정은 일본 → 아시아의 4마리 용(한국, 대만, 홍콩, 싱가포르) → 중국과 인도 등(BRICs)으로 이어져 왔다.

한국의 경우는 1962년 1인당 GNP 100달러에서 2010년 2만 달러를 상회하기에 이르렀는데, 200배 증가는 세계 유례없는 신기록이었다.

여기에는 한국의 발전계기 및 전략으로서 한국식의 생산성방정식이 유용하였기 때문이다.* 주요 내용은 ① 의지: 기술 빌려쓰기, 해외유학생 파견, ② 수요창출: 수출주도정책, 교통망 등 인프라 건설, 수출산업단지(자유무역단지) 조성, ③ 경영구조: 서양에선 허용되지 않는 재벌 형성, 불균형성장 불가피, ④ 수출전략과 해외자본 유치 등이다.

한국의 경제권(cluster)은 동아시아 중첩지역에 위치하고 있다. 인구 1백만 이상 도시가 한국 주변에 수십 개 이상 위치하고 있고, 2시간 전후 시간대에 도달가능하다. 한중일 3개국 국제클러스터도 가능한 바, 한국의 세계화는 불가피한 선택이자 불퇴전 조건이다. 때문에 국내의 공업단지가 곧 세계적 차원의 FTA 및 Platform형태의 시너지 효과를 극대화하는 원동력으로 계속 견지 발전시켜 나가야 한다.

4. 최근 한국경제 동향

(1) 2010년 한국경제의 성과

수출은 세계 7위로서 4,674억 달러이고, 수입은 4,257억 달러로 417억 달러 흑자를 기록했다. 총 무역 규모는 세계 9위였으며, 2011년과 2012년

* 일본이나 EU의 거시관점보다 한국 생산성방정식의 중요성이 입증되었다는 의미.

에는 각각 1조 달러 이상을 기록했다.

주요품목은 반도체, 자동차부품 및 자동차, 석유제품, 휴대폰 등 무선통신기기 등이며, 과제로서는 무역의존도가 GDP의 90%를 능가할지도 모른다는 우려를 극복해야 하는 일이다. 대일 역조 위기감은 상존하고 있고, 대중 의존 심화에 대한 새로운 우려 또한 나타나고 있으며, 중소기업들의 수출 비중 하락 현상은 국가경제 운영에 있어 주요 고려대상이 되고 있다.

(2) 최근 대기업의 경영원칙

최근의 주요 대기업 회장들의 신년사에서는 '새로운 10년이 이후의 100년을 좌우한다'고 지적하거나, 새로운 제품 및 사업 개발을 강조하고 있으며, 변화에의 적극적 부응, 지속적 성장과 글로벌 시장 개척, 기업의 사회적 책임 등을 언급하고 있다.

① 이건희 삼성 회장: 향후 10년은 100년으로 나아가는 도전의 시기이고, 지금 삼성제품은 사라지고 10년 뒤 새로운 사업과 제품의 시대가 될 것이므로 투자 규모의 확대를 지적하고. 그리고 '1등 제품과 서비스'의 중요성을 강조하고 있다.

② 구본무 LG 회장: 시장 선도는 불가피한 선택이며, 사업방향의 올바른 설정과 철저한 실천만이 새로운 도약을 약속한다고 지적하고 있다.

③ 정몽구 현대차 회장: 세계시장의 빠른 변화에 부응치 못하면 낙오된다는 점과 또한 질적인 성장을 통한 내실강화를 강조하고 있다.

④ 정준양 포스코 회장: 세계 각지에서 자원개발 중심으로 사업무대를 확대할 것과 가치경쟁을 통한 경쟁의 패러다임을 바꿔야 한다고 언급하고 있다.

⑤ 김승연 한화그룹 회장: 중국으로의 적극 진출과 그린에너지, 바이오 등 차세대 신사업 적극 추진을 약속하고 있다.

⑥ 허창수 GS그룹 회장: 새로운 창의적 세계에 대비하려면 자신부터

바꿔야 한다는 점과 내실 있는 성장과 질적 성장의 중요성을 주문하고 있다.

⑦ 신격호 롯데 총괄회장: 철저한 리스크 및 투자 관리를 통한 내실경영으로 핵심사업의 경쟁력 확보를 강조하고 있다.

(3) 신년 한국경제의 신풍향

전 세계 게임시장은 매출액에 있어 2009년 1,170억 달러를 넘어 2010년에는 1,250억 달러를 상화할 것으로 알려졌다. 한국은 세계시장에서 약 3% 점유율, 매출액 6조 5,000억 원을 기록하고 있다. 아시아에서 한국은 일본과 중국 다음으로 3위 수준이다. 온라인 게임의 경우, 2009년에 1조 5,000억 원의 수출 실적을 보였다.

콘텐츠 산업의 중요성은 출판, 만화, 음악, 영화, 게임, 애니메이션, 방송, 광고, 캐릭터, 에듀테인먼트 분야 등을 통해 나타나고 있다. 한류의 확산과 함께 콘텐츠 산업은 새로운 수출산업으로 각광받으면서 발전해 나가고 있다. 종래의 'Made in Korea(한국제조)'에서 'Created by Korea(한국창조)'로의 질적 도약을 준비하고 있는 셈이다.

한국 콘텐츠산업 수출 실적은 2005년 약 12억 3천만 달러에서 2008년 약 18억 8천만 달러, 2009년에는 약 25억 4천만 달러로 증가추세를 보여왔다. 국내 시장의 협소함을 타개하기 위해서는 해외진출이 불가피하나 게임업계를 비롯한 영화와 애니메이션 분야의 글로벌시장 공략에는 반드시 풍부한 자금력과 투자가 요청되고 있다. 특히 아시아의 경기 호조로 볼륨 존(volume zone)*에 대한 관심이 증가일로에 있는 만큼 이에 대한 적극적인 대처가 필수불가결한 실정이다.

세계 애니메이션 시장규모는 연평균 약 145억 달러로 추정, 한국시장 규모는 약 4천억 원(약 3억 5천만 달러)에 불과한 실정으로서 미국의 영화 한 편 제작비용이 평균 5천억 원임을 감안 할 때, 한국 1년간의

---

* 가계당 연간 가처분소득이 1만~3만 5천 달러에 달하는 중간 소비계층, 즉 대중소비시장을 일컫는다. 인구 규모는 BRICs 중심으로 약 20억에 이르는 것으로 알려지고 있다.

전체 투자비는 3천 5백억 원 정도에 불과하다. 따라서 자금의 영세성 극복 없이는 글로벌시장 공략이 불가능한 실정이다.

(4) 경쟁력 강화방안

인간의 꿈과 상상력은 새로운 지식기반 가치와 문화 시장 창출의 욕구를 자극하므로 "꿈은 이루어진다."는 소신을 잠언(箴言)으로 받아드려야 한다.

나의 창의는 무엇인가를 끊임없이 질문하고 답하는 생활자세가 중요하다. 그러기 위해서는 ① 남이 하는 것을 똑같이 따라하는 방법은 지양하고, ② 독서와 미디어매체에 대하여 친숙함을 가지고 그에 대한 이해력을 높여가는 것을 생활화해 나가야 한다.

스마트시대 변화의 주역은 기술이 아닌 인간/사람이다. 즉, 시간적 속도보다 타인의 마음을 끌어 주는 창의성이 중요하다는 의미는 창의성이 매력적 힘(smart power)의 원천이기 때문이다. 여기서 세계적 안목을 구비해야 하는 이유는 해외연수, 견학, 국내 연구 모든 방법을 동원하여 국제적 감각을 익히는 것과 다양성 포용을 위한 교육, 즉 인종, 종교, 국적별 다양한 사람들과 인재들을 두루 갖추고 이들을 교육하고 훈련하는 것이 동시에 필요하다.

세계의 이목이 쏠리는 가운데 한국이 본격적으로 발전 시동을 걸고 있는 정보기술(IT)분야에서 반드시 필요로 하는 에반젤리스트(Evangelist) 양성이 시급하다. 한국의 산업 현실상 소프트웨어 부문에서의 인력개발과 인적 자원 확보 없이는 미래가 불투명하기 때문에 이 분야의 전도사 육성은 시급한 실정이다.

국가의 경쟁력 강화방안에 대한 관심 촉구는 각국의 다양한 사례를 벤치마킹하고, 세계적 CEO가 추진하거나 권유하는 내용을 세밀하게 관찰하는 것과 직결된다.*

---

* 모차르트 탄생 250주년 기념 오페라는 전 세계의 주목거리였고, 벤치마킹 대상이었다.

이념적 양극화 대치는 국력 소잔의 원흉임을 직시하여 보수 대 진보 논쟁으로부터 자유로워야만 글로벌 시각을 갖출 수 있다는 의식 개혁 및 확립이 요청된다.

현명하고 창조적이고 미래를 대비하는 지도자들(위정자들 포함)은 낡고 헐은 전투적이고 배타적인 이데올로기의 포로가 되어서는 안 되며, 과거사 시비에 매달려 국력 증진을 소홀히 하는 실수를 범해서는 안 된다.

국제사회와 세계시장에서 능력 있는 지도자들은 국가이익을 위해 열정을 바치고 혼신을 다하는 세일즈맨/퍼체이서(purchaser) 역할을 마다하지 않는 자세를 견지하고 있다.

시계의 바늘을 'Back to the Future'로 맞춰서는 안 된다. 희망에 가득한 미래로 정위치 시켜야만 우리 모두의 미래와 장래가 있다.

제13장 한국의 지향가치와 과제

Korea(高麗)는 '높고 아름다운 나라'로서 기원 5세기 이래 사용되어 온 국호이므로 오늘의 대한민국은 대를 이어서 보존해 나가야 한다.

한국은 21세기 국가좌표를 설정하여 이를 실천해 나가야 한다. 이러한 좌표는 한반도와 동북아 그리고 전 세계와 상관성을 가져야 한다.

첫째, 한국은 한반도의 정통성을 지니고 평화지대를 건설해 나가는 데 실천적 주역이어야 한다. 한반도 평화질서관은 무력보다는 문명을 선택함으로써 비롯되었고, 평화민주통일 지향은 동북아 평화질서체제로 연결시켜야 한다.

둘째, 한반도의 지정학적 좌표와 특성은 수천 년 동안 중국대륙계 세력과 일본 및 미국의 해양세력 간의 힘의 각축상이었다. 따라서 한반도는 동북아 세력균형을 통한 생존권 확보라는 목전의 정책을 충실하게 추진해 왔던 만큼 향후에도 한반도와 동북아는 공통적인 생존과 발전의 불가분성을 이루어나가야 한다.

셋째, 한국은 세계 10위권의 국가로 발전을 거듭하고 있다. 역사상 과거 한반도는 강대국들의 고래싸움에 '새우등 터치는 꼴'이라는 수모를 겪어 왔다. 언제나 수동적 자세에서 강한 나라의 힘에 의해 보장되는 환경 속에서 숙명적인 삶을 유지해 왔다. 그러나 이제는 강소국/중견국으로서 타국들이 애지중지하는 돌고래와 같은 입지를 세워가고 있다. 세계 평화와 안정에 한 몫을 다하는 지위와 능력을 갖춘 나라임을 국제사회가 인정하고 있는 터이다. 그래서 한국은 중견국다자회의(건설국가이니셔티브/CPI)*를 이끌어 나갈 준비를 하고 있으며, 전 세계 평화와 안정을 위해 이비지할 비전을 갖추고 있는 것이다.

미국의 쇠퇴에 따른 중국의 강대국화는 국제적 이슈이기도 하고 동북아 그리고 한반도에도 가장 충격적 사태를 몰고 올 수 있다. 한국에게는 중국의 부상에 따른 G2시대의 개막과 양국의 경쟁으로 동북아에 드리워진 지정학적 불안정성이 최대의 도전으로 다가서고 있다.

중국과 일본은 아시아의 패권을 두고 경쟁의 고삐를 늦추지 않고 있다. 최근의 영토분쟁은 하나의 표면적 구실일 뿐이고 이면에는 양국 간의 첨예화된 국가이익 대결이 자리하고 있다. 즉 일본의 국수주의사상(大和魂)과 중국의 중화사상의 격돌이다.

북한은 때때로 전쟁불가피론을 명분 삼아 벼랑 끝 정책을 견지하면서 핵무기로 미국의 이해관계가 심대한 한반도와 동북아를 겨냥하고 있다.

한국은 한편으로 북한이 상대가 되지 못한다는 안일한 시각과 다른 한편 실제적 북한의 호전성이 한국의 인내를 시험하는 범위를 넘어서고 있는 실정이지만 독자적인 수단을 행사할 수 없는 현실에 놓여 있다.

미・중이 충돌해서도 안 되고, 반면 미・중의 담합으로 한・미동맹이 일방적으로 변질되어서는 안 된다. 미국과의 포괄적 전략동맹은 한국 안보의 기축이고 한반도와 동북아의 평화안전판으로 견지되어야 한다.

미국의 '재정절벽' 현상이 아무리 심각하더라도 한국의 주권이 함부로 침해되거나 미국 편익에 따라 한국의 국익이 손실을 입는 사태는 결코

---

* 냉전기 중견국가회의체인 중견국가이니셔티브(MPI)는 강대국 주도의 핵문제에 많이 할애했었다. 그러나 CPI는 환경, 민주화, 테러, 사이버 등 탈냉전 이후의 이슈에 관심을 집중함에 따라 15개국(한국, 캐나다, 터키, 멕시코, 사우디아라비아, 인도네시아 등)이 참여하고 있다. 1차 회의(터키, 2011년)와 2차 회의(멕시코, 2012년)를 거쳐 3차 회의(2013년)가 서울에서 개최될 예정이다.

허용되어서는 안 된다. 한민족이 모르는 사이 한반도의 운명이 결정되어서는 결코 안 된다.

중국의 '중화사상'이 적나라한 무력침범으로 표출되지 않는 한 대중정책에 있어 우호협력이 전제되어야 한다. 대륙으로의 외교간선을 이제 설계대로 시공해 나가야 한다.

중・일이 대립한다 하더라도 한반도가 격전지나 각축장이 되어서도 안 된다. 북한의 공갈적인 위협이 상존하드라도 선제공격이 없는 한 무력행사는 안 된다.

일본과의 관계에서 과거사, 영토 문제 등을 이유로 서로가 국론을 낭비하는 비생산적인 외교전을 지양하면서 적대적 제휴 양상을 극복해 나갈 대승적 대안 마련에 골몰해야 한다.

한반도와 동북아 그리고 세계에 걸친 불확실성이 새로운 질서 창출에 기대를 걸게 만들고 있다. 국제사회의 세계화 흐름 파악에 늦거나 놓친다면 낙오자 처지를 면할 수 없다. 한국이 담당해야 할 과제는 바로 여기에 있음을 직시해야 한다.

지정학 요인은 국력에 따라 달리 이해되고 있으므로 인식 또한 다르다. 우리는 한반도의 운명적 지정학론을 부정할 필요는 없다. 한반도 특수성은 이를 극복해야 한다는 명제를 던져 주고 있고, 평화와 번영과 통일을 이루는 최선의 도리가 이와 관련되기 때문이다.

핵무기는 어떤 구실하에서도 평화에 대체될 수 없다. 한반도의 지정학이 북의 핵 집착으로 표출되었다면 우리는 줄기차게 비핵화를 명분과 실리로 무장해야 할 것이다. 그러므로 한국의 포괄적 및 전략적 동맹의 선택은 한국적 지정학의 불가피한 대응이다.

한반도 평화와 안전은 지정학 운명론에 따라 우리의 운명을 우리가 결정할 수 있는 동북아 질서를 마련하는 데서 가능하다. 한국의 국가적 목표와 진로는 이미 정해졌다. 한국이 처한 현실에서 필연적으로 성취해야 할 일은 전적으로 한국인 모두의 몫이다.

참고문헌

강성현. 21세기 한반도와 주변 4강대국. 서울: 가람기획, 2005.

권희춘. 스마트 경영의 멘토 칭기스칸 리더십. 경제신문사, 2010.

김경원 · 임현진(공편), 세계화의 도전과 한국의 대응. 서울: 나남, 1995.

김계동. 북한의 외교정책과 대외관계. 서울: 명인문화사, 2012.

김계동(외). 동북아신질서: 경제협력과 지역안보. 서울: 백산서당, 2004.

김병렬. 독도냐 다께시마냐. 서울: 다다미디어, 1997.

김상배. "스마트 파워의 개념적 이해와 비판적 검토: 중견국 네트워크 권력론의 시각". 국제정치논총 제49집 4호, 한국국제정치학회, 2009.

김석용 편저. 국가안보의 한국화. 서울: 오름, 2012.

김성철(편). 미 · 중 · 일 관계와 동북아 질서. 세종연구소, 2003.

김우상. 신한국책략: 동북아시아 국제관계. 서울: 나남, 2003.

김태우. 북핵: 감기인가 암인가. 서울: 시대정신, 2006.

김태현 · 신욱희(편). 동아시아 국제관계와 한국. 서울: 을유문화사, 2003.

김현수. 세계도서영유권 분쟁과 독도. 서울: 연경문화사, 2009.

김화옹. 독도는 한국땅. 서울: 인간과 자연사, 1997.

남비사 모요(지음), 김종수(옮김). 승자독식. 서울: 중앙북스, 2012.

데이비드 스믹(지음), 이영준(옮김). 세계는 평평하지 않다. 서울: 비즈니스맵, 2009.

로버트 J. 샤피로(지음), 김하라(옮김) 2020 퓨처캐스트. 서울: 랜덤하우스, 2010.

로버트 W. 메티(지음), 최원기(옮김). 모래의 제국. 서울: 김영사, 2006.

미네르바정치연구회(편). 국제질서의 패러독스. 고양: 인간사랑, 2005.

박광희(편). 21세기의 세계질서: 변혁시대의 적응논리. 서울: 신아세아연구소, 2003.

박치정. 현대지도자론. 서울: 문회당, 1997.

배기찬. 코리아: 다시 생존의 기로에 서다. 서울: 위즈덤하우스, 2007.

백영서(외). 동아시아의 지역질서: 제국을 넘어 공동체로. 서울: 창비, 2005.

브루스터 닌(지음), 안진환(옮김). 누가 우리의 밥상을 지배하는가. 서울: 시대의 창, 2008.

사카이야 다이치(지음), 최현숙(옮김). 문명의 변화를 말한다－동경대강의록. 서울: 동양문고, 2004.

사키키바라 에이스케(지음), 정택상(옮김). 인도를 읽는다. 서울: 황금나침반, 2006.
삼성경제연구소 · KOTRA. BRICs의 기회와 위협. 서울: 삼성경제연구소, 2005.
샨시우파 · 왕샤오훼이(지음), 손상하(옮김). 등소평과 21세기 중국의 전략. 서울: 유스북, 2005.
서진영. 탈냉전기 동북아의 국제관계와 정치변화. 서울: 오름, 2003.
설봉석 외(공저). 세계화와 경제발전. 서울: 형설출판사, 1995.
성현승. 한일 독도 영유권 논쟁의 이해와 그 해결방안. 복현사림, 2011.
소치형. 중국외교정책론. 서울: 골드, 2004.
소치형 · 박치정 · 강석찬. 남북한과 동북아국제관계. 서울: 건국대학교출판부, 2006.
송영우. 외교정책론. 서울: 지영사, 2005.
스티글리츠, 조지프 E.(지음), 송철복(옮김). 세계화와 그 불만. 세종연구원, 2002.
_________. 인간의 얼굴을 한 세계화. 21세기북스, 2008.
시바타 아키오. 자원전쟁. 이레미디어, 2010.
안병영, 임혁백(편저). 세계화와 신자유주의. 서울: 나남, 2001.
앨빈 토플러(지음), 김원호(옮김). 불황을 넘어서. 서울: 청림, 2009.
_________, 김진욱(옮김). 제3의 물결. 서울: 범우사, 1992.
_________, 이규행(옮김). 제3물결. 서울: 한국경제신문사, 1989.
에리히 폴라트, 알렉산더 융 외. 자원전쟁. 영림카디널, 2008.
와다 하루키(지음), 이원덕(옮김). 동북아시아 공동의 집. 서울: 일조각, 2004.
외교통상부. “한국의 문화외교 강화를 위한 추진 전략 및 지역별 차별화 방안”. 외교통상부 2009 정책연구용역보고서, 2009.
유재건(편저). 21세기 한국의 외교정책. 서울: 나남, 1999.
유혜란. “변화하는 외교 환경과 우리의 공공외교”. 국제지역정보 통권173호, 한국외국어대학교 국제지역연구센터, 2010
윤영관. 전환기 국제정치경제와 한국. 서울: 민음사, 1996.
이각범. 2030년 미래 전략을 말하다. 서울: 이학사, 2011.
이상수. “스마트파워전략과 국가안보전략”. u-안보리뷰 Vol. 41, 2009.6.15.
이상우 · 하영선(공편). 현대국제정치학. 서울: 나남출판, 1992.
이승철. 21세기 동북아 국제관계와 한국. 서울: 나남, 2004.
이은명. “중국의 원유 확보전략이 원유시장에 미치는 영향과 시사점”. 에너지경제연구원, 기본연구보고서, 2004-14.
이장훈. 홍군 vs 청군: 미국과 중국의 21c 아시아 패권쟁탈전. 서울: 삼인, 2003.
이진호. 독도영유권분쟁: 과거 현재 그리고 미래. 한국학술정보, 2011.
이춘근. 북한의 군사력과 군사전략. 한국경제연구원, 2012.
재스퍼 베커(지음), 김구섭 · 권영근(옮김). 불량정권: 김정일과 북한의 위협. 서울: 기파랑, 2005.
정세진. 동아시아 국제관계와 한반도: 새로운 평화 모색. 서울: 한울, 2002.
정재호(편). 중국의 강대국화. 서울: 길, 2006.

정진위. 북방3각관계: 북한의 대중·소 관계를 중심으로. 서울: 법문사, 1985.
제레미 리프킨(지음), 안진환(옮김). 3차 산업혁명. 서울: 민음사, 2012.
제임스 맥그리거 번스(지음), 조중빈(옮김). 역사를 바꾸는 리더십. 서울: 지식의 날개, 2008.
조성복. 탈냉전기: 미국의 외교·안보정책과 북한의 핵정책. 서울: 오름, 2011.
조영남. 후진타오시대의 중국정치. 서울: 나남, 2006.
전재성. 한국의 스마트파워 외교전략. 서울: 한울, 2009.
조지프 나이(지음), 양준희(옮김). 국제분쟁의 이해: 이론과 역사. 서울: 한울, 2000.
조지 프리드먼(지음), 손민중(옮김). 100년 후. 서울: 김영사, 2010.
조태식. "소프트파워 시대의 한국 공공외교와 문화예고". 외교 제91호, 한국외교협회, 2009.
차, 빅터 D.(지음), 김일영·문순보(옮김). 적대적 제휴: 한국, 미국, 일본의 삼각 안보체제. 서울: 문학과 지성사, 2004.
찰머스 존슨(지음), 이원태·김상우(옮김). 블로우백. 서울: 삼인, 2003.
최문환. 민족주의의 전개과정. 서울: 삼영사, 1977.
최익용. 리더십이란 무엇인가. 서울: 스마트비즈니스, 2008.
최정운. "매력의 세계정치". 평화포럼21 여름호, 21세기 평화재단·평화연구소.
최태욱. "한국 정부의 FTA 추진전략과 문제점". 미래전략연구원 칼럼, 2005.11.
카를 알브레히트 이멜(지음), 서정일(옮김). 세계화를 둘러싼 불편한 진실. 서울: 현실문화연구, 2009.
코사카 마사타카(지음), 김영작 외(옮김). 해양국가 일본의 구상. 서울: 이크, 2005.
콘돌리자 라이스 외(지음), 장성민(책임편역). 부시 행정부의 한반도 리포트. 서울: 김영사, 2001.
크레인 브린튼(지음), 차기벽(옮김). 혁명의 해부. 서울: 학민사, 1983.
클라이드 프레스토위츠(지음), 이문회(옮김). 부와 권력의 대이동. 서울: 지식의 숲, 2006.
토머스 프리드먼(지음), 김상철·이윤섭(옮김). 렉서스와 올리브 나무. 서울: 창해, 2005.
_________. 세계는 평평하다. 서울: 창해, 2005.
폴 케네디(지음), 변도은·이일수(옮김). 21세기 준비. 서울: 한국경제신문사, 1993.
프리츠 슈마허(지음), 이상호(옮김). 작은 것이 아름답다. 서울: 문예출판사, 2002.
하영선(편). 북핵위기와 한반도평화. 서울: 동아시아연구원, 2006.
하영선. 21세기 한국외교 대전략. 서울: 동아시아연구원, 2006.
하영선·남궁곤(편저). 변환의 세계정치. 서울: 을유문화사, 2012.
한스 마르틴, 하랄드 슈만(지음), 강수돌 (옮김). 세계화의 덫. 서울: 영림카디널, 1997.
헨리 키신저(지음), 권기대(옮김). 중국 이야기. 서울: 민음사, 2012.
호사카 유지. 한일관계사로 본 독도이야기 우리역사 독도. 서울: 책문, 2008.
홍현익. 21세기 대한민국의 한반도 대전략. 서울: 한울, 2012.
홍현익·이대우(공편). 동북아 다자안보협력과 주변 4강. 세종연구소, 2001.

Aron, Raymond. *Peace and War*. Tr. by R. Howard & A. B. Fox, New York: Doubleday, 1966.

Brzezinski, Zbigniew. "How the Cold War Was Played," *Foreign Affairs*. Vol. 51, No. 1(October 1972).

_________. "Living with China," *The National Interest*. No. 59, Spring 2000.

_________. *Stategic Vision: America and the Crisis of Global Power*. New York: Basic Books, 2012.

Clemens, Jr. Walter C.. *The Arms Race and Sino-Soviet Relations*. Stanford: Stanford University Hoover Institution, 1968.

Clough, Ralph N.. *East Asia and U.S. Security*. Washington D.C.: Brookings Institution, 1975.

Friedrich C. J. and Z. Brzezinski. *Totalitarian Dictatorship and Autocracy*. Cambridge, Mass.: Harvard University Press, 1956.

Fukuyama, Francis. *The End of History and the Last Man*. London: Penguin, 1992.

Goldstein, Joshua S.. *International Relations*. New York: Longman, 2001.

Handel, Michael. *Weak States in the International System*. London: Frank Cass, 1981.

Holsti. K. J.. *International Politics: A Framework for Analysis*. Englewood Cliffs: Prentice-Hall, 1988.

Holsti, Ole R., Randolph M. Siverson, and Alexander L. George (eds.). *Change in the International System*. Boulder, Colorado: Westview Press, 1980.

Huntington, Samuel P.. "Clash of Civilization," *Foreign Affairs*. Vol. 72, No. 3, Summer 1993.

Kennan, George F.. "The Sources of Soviet Conduct," *Foreign Affairs*. Vol. XXV, No. 4, July 1947.

Kennedy, Paul. *The Rise and Fall of Great Powers*. New York: Random House, Inc., 1987.

Morgenthau, Hans J.. *Politics Among Nations: The Struggle for Power and Peace*. New York: Alfred A. Knopf, 1967.

Nicolson. Harold. *Diplomacy*. New York: Oxford University Press, 1973.

Overholt, William H.. *The Rise of China*. W. W. Norton & Co., 1993.

Sprout, Harold and Margaret. *The Ecological Perspective on Human Affairs with Special Reference to International Politics*. Princeton: Princeton University Press, 1965.

Toynbee. A. J.. *A Study of History*. London: Oxford University Press, 1961.

찾아보기

(ㄱ)

(ㅂ)

(ㅅ)

(ㅇ)

(ㅈ)

(ㅊ)

(ㅋ)

(ㅌ)

(ㅍ)

(ㅎ)